Picture book to understand "Name of flowers and trees" 1200

Picture book to understand
"Name of flowers and trees"
1200

監修 阿武恒夫

草花・鉢花

カラーリーフ・観葉植物

花木・庭木

コニファー

つる植物

山野草・身近にある野草

洋ラン

主婦と生活社

「花と木の名前」1200が よくわかる図鑑

Picture book to understand
"Name of flowers and trees"
1200

Contents

草花・鉢花　春 Spring　17

花名	花色	高(H:)	ページ
アニソドンテア	●	1m	18
アネモネ	●●●●	25〜40cm	18
アルクトティス	●●●○	50〜70cm	18
アルメリア	●○	20〜60cm	19
イースターカクタス	●●	15〜20cm	19
イカリソウ	●●●●	20〜40cm	19
イキシア	●●●○	50〜90cm	19
イフェイオン	●○	10〜15cm	19
イベリス	●●○	20〜30cm	19
イワカラクサ	●●○	約10cm	20
ウォールフラワー	●●●	30〜80cm	20
エスキナンサス	●		20
エビネ	●●●○複	30〜50cm	20
エリスロニウム	●●●	10〜30cm	20
オーブリエチア	●●○	10〜20cm	21
オキナグサ	●○	15〜35cm	21
オステオスペルマム	●●●○	30〜40cm	21
オトメギキョウ	●	10〜15cm	21
オンファロデス	●●○	20〜40cm	21
カランコエ	●●●●	20〜80cm	21
カルセオラリア	●●●複	15〜40cm	22
カンガルーポー	●●●●	60〜150cm	22
キバナルピナス	●	40〜60cm	22
ギリア	●●○	50〜60cm	22
キンセンカ	●●	20〜60cm	22
クフェア	●●○	30〜50cm	23
クモマグサ	●○	5cm	23
クリサンセマム	●○複	10〜90cm	23
グロキシニア	●●●○	15〜20cm	24
クロッカス	●●○複	10〜20cm	24
クンシラン	●●○	40〜60cm	24
ケマンソウ	●○	40〜80cm	24
サクラソウ	●●●○	15〜20cm	24
シザンサス	●●●●	30〜80cm	24

名前	色	サイズ	頁
シバザクラ	●●●○複	10cm	25
ジプソフィラ・レペンス	○	25cm	25
シャーレポピー	●●	50〜80cm	25
シャガ	○	30〜70cm	25
宿根アリッサム	●	10〜30cm	25
宿根ネメシア	●●○	15〜25cm	26
シラユキゲシ	○	30cm	26
宿根バーベナ	●●●○	10〜100cm	26
シラー	●●●○	10〜80cm	26
シラン	●●○	30〜50cm	27
シレネ・アルメリア	●●○	50〜60cm	27
スイートアリッサム	●●●○	10〜15cm	27
スイートピー	●●●○複	30〜200cm	27
ストック	●●●○	20〜80cm	27
ステイロディスカス	●	20〜30cm	27
スイセン	●●○	10〜45cm	28
ストロベリーキャンドル	●	40〜60cm	30
スノードロップ	○	10〜20cm	30
スノーフレーク	○	30〜40cm	30
スパラキシス	●●●●	60〜80cm	30
スミレ	●●●	5〜20cm	30
セキチク	●●○	10〜20cm	30
セリンセ	●複	30〜50cm	31
ダールベルグデージー	●○	20〜30cm	31
セントポーリア	●●●○●複	5〜20cm	31
ダッチアイリス	●●○	40〜50cm	32
チオノドクサ	●●○	10〜15cm	32
チリアヤメ	●	10cm	32
ツンベルギア	●●○	100〜150cm	32
ディモルフォセカ	●●○	30〜40cm	32
デージー	●●○	15cm	32
ナノハナ	●	60〜80cm	33
ネメシア	●●●○	10〜30cm	33
ネモフィラ	●○複	15〜25cm	33
チューリップ	●●●●●○複	20〜70cm	34
バビアナ	●●●●○	30〜50cm	36
ヒアシンス	●●●●○	15〜20cm	36
ビジョザクラ	●●●○	30〜60cm	36
ビジョナデシコ	●●○	15〜50cm	36
パンジー・ビオラ	●●●●●●○●複	10〜25cm	37
ヒメケマンソウ	●○	25〜35cm	38
ヒメシャガ	●	20〜30cm	38
フリージア	●●●●●●○	30〜50cm	38
フクジュソウ	●	30〜40cm	38
ブラキカム	●●	30〜40cm	38
フリチラリア	●●●●	15〜100cm	39
フランスギク	○	30〜90cm	39
ブルークローバー	●	10cm	39
プリムラ	●●●●●●○複	15〜40cm	40
ブルーデージー	●	20〜40cm	41
ブルビネラ	●●	60〜100cm	41
ベニジウム	●	60〜90cm	41
ベニバナイチゴ	●	15〜25cm	41
ペラルゴニウム	●●●○複	30〜100cm	41
ベロニカ 'オックスフォードブルー'	●	10cm	41
ペンツィア	●	40〜60cm	42
ホタルカズラ	●	15〜20cm	42
マーガレット	●●○	60〜100cm	42
マルコミア・マリティマ	●●○	20〜40cm	43
ムラサキハナナ	●	30〜50cm	43
ムスカリ	●●●○	10〜30cm	43
ラケナリア	●●●○●複	15〜20cm	43
リビングストンデージー	●●●●○		

		10～15cm…43
ラナンキュラス	●●●○複	
		30～50cm…44
リーガースベゴニア	●●●●○	
		30～50cm…44
ラッセルルピナス	●●●●●○	
		50～120cm…44
ローズマリー	●●○	100～200cm…44
ローダンセ	●●○	30～60cm…45
ワスレナグサ	●●○	20～40cm…45
ワトソニア	●●●○	50～150cm…45

草花・鉢花　初夏 Early Summer　46

花名	花色	高(H:)	ページ
アガパンサス	●●○	30～150cm…46
アカリファ	●●○	30～200cm…46
アカンサス	●	100～150cm…46
アグロステンマ	●●○	50～100cm…47
アスチルベ	●●●○	40～100cm…47
アジュガ	●●○	20cm……47
アナガリス	●●○	20～30cm…47
アマリリス	●●○	60～90cm…48
アヤメ	●○	60cm……48
アリウム	●●●●○	30～150cm…48
アルストロメリア	●●●●○複	
		70～200cm…48
アルケミラ・モリス	●	40～50cm…48
アンチューサ	●	20～60cm…49
イソトマ	●	25cm……49
イチハツ	●○	30～50cm…49
エキウム	●●●○	20～60cm…49
エリゲロン	●●●○	30～100cm…49
エレムルス	●●●○	30～180cm…49
オキシペタルム	●	60～100cm…50
オーニソガラム	●●●○	20～60cm…50
オモト	●	30～50cm…50

オリエンタルポピー	●●○	
		100～130cm…50
カキツバタ	●	50～80cm…50
オダマキ	●●●●○	
		20～80cm…51
カーネーション	●●●○	15～120cm…52
ガザニア	●●●○	20～30cm…52
カスミソウ	●●○	50～120cm…52
カマッシア	●	25～80cm…52
カワラナデシコ	●○	30～80cm…52
カンパニュラ・イソフィラ		
	●○	10～20cm…53
カンパニュラ・グロメラータ		
	●●○	150cm………53
カンパニュラ・メディウム		
	●●○	60～100cm…53
カンパニュラ・ラティフォリア		
	●	150cm………53
キショウブ	●	60～150cm…54
キョウガノコ	●	60～150cm…54
ギボウシ	●○	30～100cm…54
クラスペディア	●	60～90cm…54
クリーピングタイム	●	10～15cm…54
キンギョソウ	●●●●○複	
		15～100cm…55
クリアンサス	●	20cm………55
クリヌム	●○	60～90cm…55
クリンソウ	●●○	30～60cm…55
クロタネソウ	●●●○	40～80cm…55
ゲウム	●	30～40cm…56
ゴデチア	●●○	30～50cm…56
木立ベゴニア	●●○	50～100cm…56
コリンジア	●	50～60cm…56
コンフリー	●	50～100cm…56
サルピグロッシス	●●●	50～60cm…56
ジギタリス	●●●○	
		100～150cm…57

植物名	花色	草丈	ページ
シノグロッサム	●● ○	50～100cm	57
シベリアアイリス	●●●●	30～50cm	57
ジャーマンカモマイル	○	30～60cm	57
シャクヤク	●●●	60～70cm	57
シャスターデージー	○	30～90cm	57
ジャーマンアイリス	●●●●●○ 複	60～100cm	58
ジャノヒゲ	● ○	15～20cm	59
宿根フロックス	●●●	70～100cm	59
シンバラリア	●	3～5cm	59
スイセンノウ	●	50～70cm	59
スイレン	●●●●	30～50cm	59
スカエボラ	●	40cm前後	60
スズラン	○	15～20cm	60
スタキス	●●	30～50cm	60
ストレプトカーパス	●●○	10～20cm	60
スプレケリア	●	30cm	60
セイヨウノコギリソウ	●●●●○	30～80cm	60
ゼニアオイ	●	60～150cm	61
タイム	●	15～30cm	61
チャイブ	●	20～30cm	61
ツボサンゴ	●●	30～60cm	61
ティアレア	○	15～30cm	61
ディル	●	約160cm	61
デルフィニウム	●●●●●	30～120cm	62
ドイツアザミ	●●	60～100cm	62
トリテレイア	●●●○	20～60cm	62
ナツユキソウ	○	10～30cm	62
ニーレンベルギア	●○	5～7cm	63
ニワゼキショウ	●●	10～15cm	63
パイナップルミント	斑入り葉を観賞する	40～60cm	63
バジル'ダークオパール'	○	50～80cm	63
ハナシノブ	●	30～100cm	63
ハナショウブ	●●●●	80～120cm	63
ハナビシソウ	●●	20～40cm	64
ビスカリア	●●	30～60cm	64
ヒルザキツキミソウ	●○	30～40cm	64
ファセリア・カンパニュラリア	●	15～20cm	64
フウセントウワタ	○	1～2m	64
フェスツカ	●	20～40cm	64
フッキソウ	○	20～30cm	65
フロックス・ドラモンディー	●●○	20～60cm	65
ヘーベ	●●●	30～40cm	65
ベニバナ	●●	30～40cm	65
ヘリオトロープ	●	30～60cm	65
ヘリクリサム	●●●○	50～100cm	65
ペンステモン	●●●	40～60cm	66
ホオズキ	●	60～90cm	66
ボリジ	●	60～80cm	66
マツバギク	●●●	10～20cm	66
ホタルブクロ	●●	30～80cm	67
マトリカリア	●	40～80cm	67
マンネングサ	●	15～20cm	67
ミヤコワスレ	●○	20～60cm	67
ミムラス	●●● 複	20～40cm	68
メコノプシス	●●	120～150cm	68
モモイロタンポポ	●○	30～40cm	68
モモバギキョウ	●●	30～100cm	68
ヤグルマギク	●●●	30～120cm	68
ラークスパー	●●●	50～90cm	69
ラグルス	○	30～40cm	69
ラバテラ	●	40～100cm	69
ラミアストラム	●	30～40cm	69
リシマキア・コンゲスティフロラ	●	20～30cm	69
リナム	●	50～60cm	69

花名	花色	高(H)	ページ
ユリ	●●●○ 複	50～120cm	70
リナリア	●●●●○ 複	30～50cm	72
リムナンテス・ダグラシー	●	15～20cm	72
リューココリネ	●●	30～40cm	72
ルナリア	●	60～100cm	72
レースフラワー	○	30～100cm	72
レプトシフォン	●●●	約20cm	72
ロードヒポキシス	●●○	7～10cm	73
ロベリア	●●●	10～15cm	73

草花・鉢花　夏 Summer　74

花名	花色	高(H)	ページ
アーティチョーク	●	150～200cm	74
アエオニウム	●	100cm以上	74
アキメネス	●●●	15～80cm	74
アゲラタム	●●	20～60cm	75
アサリナ	●●●	2～5m	75
アサガオ	●●●●●	20～200cm	75
アスクレピアス	●●●○	50～80cm	75
アスター	●●●●	20～60cm	75
アストランティア・マヨール	●●○	30～60cm	76
アスペルラ・オリエンタリス	●	20～30cm	76
アメリカセンノウ	●	70～90cm	76
アメリカフヨウ	●●	50～150cm	76
アルクトテカ	●	30～60cm	76
アンゲロニア	●●	60～100cm	77
インパチエンス	●●●○ 複	30～60cm	77
エキナケア	●●	60～100cm	77
エキノプス	●○	80～100cm	77

花名	花色	高(H)	ページ
エボルブルス	●	20～30cm	78
エリンジウム	●○	40～100cm	78
オシロイバナ	●●●● 複	60～100cm	78
オランダセンニチ	複	30～40cm	78
ガイラルディア	●●● 複	40～60cm	78
ガーベラ	●●●●●	20～60cm	79
ガウラ	●○	60～100cm	79
カカリア	●●	50～60cm	79
カンナ	●●●●○ 複	60～120cm	79
カラー	●●●●	30～100cm	80
キキョウ	●●	50～80cm	80
キバナコスモス	●●●	40～120cm	80
球根ベゴニア	●●●●○	30～50cm	80
キリンソウ	●	10～30cm	81
キルタンサス	●●●	20～30cm	81
キンレンカ	●●●	20～40cm	81
クジャクアスター	●●●●	60～150cm	81
クジャクサボテン	●●●	80～100cm	81
グラジオラス	●●●●○● 複	50～150cm	81
クルクマ	●●	30～80cm	82
クレオメ	●	80～100cm	82
クロッサンドラ	●●	30～80cm	82
グロリオサ	●●	150～180cm	82
ケイトウ	●●●●	30～150cm	82
ゲッカビジン	○	200～300cm	83
コウホネ	●	30～40cm	83
ゴシキトウガラシ	●●●●	70～80cm	83
コリウス	●●●● 複	20～80cm	83
コレオプシス	●●●	40～100cm	83

名前	色	サイズ	頁
コンボルブルス	● ● ○	30〜100cm	84
サポナリア	● ●	50〜60cm	84
サンダーソニア	●	70〜80cm	84
サンビタリア	●	約15cm	84
シダルケア	● ●	40〜90cm	84
シュンギク	●	50〜80cm	84
サルビア	● ● ● ● ○	30〜120cm	85
ジニア	● ● ● ● ● 複	30〜80cm	86
ショウジョウソウ	●	約60cm	86
ジンジャー	● ● ○	70〜200cm	86
スカビオサ	● ● ● ● ●	30〜100cm	86
ストケシア	● ● ● ○	40〜50cm	86
ストレリッチア・レギネ	● ●	100cm	87
センテッドゼラニウム	● ○	30〜80cm	87
ゼフィランサス	● ● ●	15〜30cm	87
ゼラニウム	● ● ● ● ○ 複	20〜60cm	87
ソリダスター	●	60〜70cm	87
センニチコウ	● ● ● ●	15〜50cm	88
タチアオイ	● ● ●	60〜150cm	88
ダンギク	● ● ○	70〜80cm	88
チグリジア	● ● ●	50〜80cm	88
チコリ	●	40〜150cm	88
ダリア	● ● ● ● ● ● ○ 複	20〜150cm	89
ディアスキア	● ● ○	20〜40cm	90
ディプラデニア	● ●	3〜7m	90
トリカブト	●	約100cm	90
トロロアオイ	● ○	150〜250cm	90
トルコギキョウ	● ● ● ● ○ 複	30〜100cm	90
トリトマ	● ● ● ● 複	50〜150cm	91
トレニア	● ● ● ○ 複	20〜30cm	91
ニチニチソウ	● ● ○	30〜60cm	91
ネコノヒゲ	○	40〜60cm	91
バーバスカム	● ● ● ○	50〜150cm	92
ハス	● ● ○	40〜200cm前後	92
バコパ	● ○	5〜15cm	92
ハナキリン	● ● ●	1〜2m	93
ハナタバコ	● ● ○	30〜80cm	93
ハブランサス	● ●	15〜30cm	93
ハルシャギク	複	30〜80cm	93
ヒオウギ	● ●	60〜100cm	93
ヒソップ	● ● ○	50〜100cm	93
ヒマワリ	● ●	40〜200cm	94
ヒメツルソバ	●	8〜15cm	94
ヒメノカリス	○	40〜60cm	94
ヒモゲイトウ	●	50〜100cm	94
フィソステギア	● ○	60〜120cm	95
フウセンカズラ	●	約2m	95
フクシア	● ● ● ○ 複	30〜100cm	95
ブロワリア	● ●	30〜60cm	95
ベゴニア・センパフローレンス	● ● ○	20〜40cm	95
ベニバナサワギキョウ	● ○	60〜110cm	95
ペチュニア	● ● ● ● ○ 複	30〜60cm	96
ヘメロカリス	● ● ● ● ○ 複	30〜130cm	96
ヘレニウム	● ●	50〜100cm	96
ベロニカ・スピカタ	● ●	20〜60cm	96
ペンタス	● ● ○	30〜50cm	96
ホウセンカ	● ● ● ○	30〜40cm	97
ポーチュラカ	● ● ●	15〜30cm	97
ホテイアオイ	●	約20cm	97
マロウ	● ●	100cm前後	97
マツバボタン	● ● ● ○	20〜30cm	97

花名	花色	高	ページ
マツモトセンノウ	●○	約70cm	97
マリーゴールド	●●●○(複)	30〜80cm	98
ミソハギ	●	約1m	98
ミント	●	約90cm	98
ムラサキツユクサ	●●○	50〜100cm	98
メランポディウム	●	20〜40cm	99
モナルダ	●●●	50〜100cm	99
モミジアオイ	●	100〜200cm	99
モントブレチア	●●●	50〜80cm	99
ユーコミス	○	40〜60cm	99
ユウゼンギク	●●●	50〜120cm	99
ラベンダー	●●●	60〜100cm	100
リシマキア	●●●	50〜90cm	100
リアトリス	●●	60〜150cm	100
リモニウム	●●●●●○	30〜100cm	100
ルコウソウ	●●○	100〜200cm	101
ルドベキア	●●●(複)	30〜100cm	101
レウィシア	●●●○	15〜20cm	101
レーマンニア	●●●	30〜50cm	101

草花・鉢花　秋冬　Autumn / Winter　102

花名	花色	高(H:)	ページ
アキチョウジ	●	70〜100cm	102
アシダンセラ	○	60〜100cm	102
アロエ	●●	5m以上	102
ウインターグラジオラス	●●○	30〜90cm	103
オオベンケイソウ	●●	30〜70cm	103
エキザカム	●○	15〜20cm	103
カゲツ	●	1〜3m	103
オキザリス	●●●	10〜40cm	103
キク	●●●●	30〜120cm	104
クリスマスローズ	●●●●●	15〜40cm	106

花名	花色	高	ページ
コスモス	●●●○	150〜200cm	106
コルチカム	●●	20〜30cm	107
サフラン	●	約15cm	107
シオン	●	150〜200cm	107
シクラメン	●●●●●○(複)	15〜25cm	107
シャコバサボテン	●●●○	15〜40cm	107
シネラリア	●●●●○(複)	20〜50cm	108
シュウカイドウ	●	40〜60cm	108
ステルンベルギア	●○	5〜20cm	108
シュウメイギク	●●	50〜100cm	109
ツワブキ	●	15〜60cm	109
ネリネ	●●●●●○	30〜70cm	109
ハエマンサス	●	10〜20cm	109
ハゲイトウ	●●●	80〜150cm	110
ハボタン	●●●	30〜70cm	110
パンパスグラス	●	約3m	110
ヒマラヤユキノシタ	●●○	20〜30cm	110
フジバカマ	●	100〜150cm	110
ホトトギス	●●●●	10〜100cm	110
ミセバヤ	●	25〜40cm	111
ヤブラン	●	約30cm	111
ユーリオプスデージー	●	60〜90cm	111
リンドウ	●●●	15〜100cm	111
リコリス	●●●●○	30〜60cm	112
レックスベゴニア	(複)	30〜50cm	112
ワタ	●	30〜150cm	112

◆コラム
- ●一年草、多年草、球根の特徴と利用方法………………………45
- ●花が咲くのは、老化の兆し………73

カラーリーフ　Color leaf　114

- アカバセンニチコウ………114
- アサギリソウ………114　　テランセラ……114
- イポメア'トリカラー'………114
- オキザリス・レグネリー………115
- コキア………115　　ゴシキドクダミ………115
- サントリナ…………115
- セトクレアセア'パープルハート'………115
- ツルニチニチソウ…………115　　シロタエギク…116
- ニューサイラン………116
- ヘリクリサム・ペティオラタム………116
- ユーフォルビア・マルギナタ………117
- ラムズイヤー…………117　　ラミウム……117
- リシマキア・ヌンムラリア………117
- リボングラス……117

観葉植物　Foliage plant　118

- アグラオネマ………118　　アナナス………118
- アフェランドラ………118　　アレカヤシ………119
- アローカシア………119　　アンスリウム………119
- オオタニワタリ………119　　オリヅルラン………119
- カラジウム………120　　カラテア………120
- コーヒーノキ………120　　クロトン………120
- コルムネア………120　　ゴムノキ類……121
- サンセベリア………122　　シッサス………122
- シェフレラ………122　　シュロチク……122
- シロアミメグサ…122　　スパティフィラム…122
- セネシオ…………123　　ゼブリナ………123
- ディジゴセカ…123　　ディフェンバキア…123
- トラディスカンティア………123
- ネフロレピス………123　　ドラセナ……124
- ビカクシダ…………124
- フィロデンドロン・セロウム………124
- ピレア…………124　　フェニックス……125
- プテリス…………125　　ヘデラ……125
- ブライダルベール……125　　ペペロミア…125
- ポトス………126　　ホヤ・カルノサ……126
- マランタ………126　　モンステラ………126

花木　春　Spring　128

花名	花色	高(H:)	ページ
アザレア	●●●○複	60cm	128
アセビ	●○	1〜3m	128
エニシダ	●●●複	1〜3m	129
エリカ	●●●●	0.5〜2m	129
オオムラサキ	●○複	2.5m	129
ウメ	●●○複	5〜10m	130
オウバイ	●	1〜2m	132
オオデマリ	○	2〜3m	132
オトコヨウゾメ	○	2〜3m	133
カイドウ	●	4〜7m	133
キリシマツツジ	●	2〜4m	133
キブシ	●	4m	133
ギンヨウアカシア	●	4〜10m	133
クルメツツジ	●●●○複	1〜2m	134
クロフネツツジ	●	4〜5m	134
ゲンカイツツジ	●○	1〜2m	134
コデマリ	○	1〜2m	135
コブシ	○	10〜20m	135
サンザシ	●○	1.5〜6m	135
サクラ	●●●○●	4〜25m	136
サンシュユ	●	5〜7m	138
シデコブシ	●	2〜4m	138
シロヤマブキ	○	1〜1.5m	138
ジンチョウゲ	●○	1〜1.5m	138
タムシバ	○	5〜7m	139
ダンコウバイ	●	3〜6m	139
チョウジガマズミ	●	1〜2m	139
ドウダンツツジ	●○複	1〜3m	139
ツバキ	●●●○複		

花名	花色	高(H:)	ページ
		5～10m	140
トサミズキ	●	2～4m	142
ニワウメ	●	1.5～2m	142
ハナズオウ	● ○	2～2.5m	142
ハナミズキ	● ● ○	4～10m	142
ヒイラギナンテン	●	1～1.5m	143
ヒカゲツツジ	●	1～1.5m	143
ヒトツバタゴ	○	10～15m	143
ヒュウガミズキ	●	1.5～3m	143
ヒラドツツジ	● ● ○	2～3m	143
フジ	●	10～20m	144
ボケ	● ● ○ 複	1～2m	145
マンサク	● ● ●	3～7m	146
ミツマタ	● ●	1～2m	146
ミツバツツジ	● ○	2～2.5m	147
モクレン	● ● ● 複	3～15m	147
モモ	● ● ○	1～5m	148
ヤマブキ	●	1～2m	149
ユキヤナギ	●	1～2m	149
リキュウバイ	○	3～4m	149
レンギョウ	●	2～3m	149
レンゲツツジ	● ●	1～1.5m	149

花木 初夏 Early Summer 150

花名	花色	高(H:)	ページ
アジサイ	● ● ● ●	1～2m	150
ウケザキオオヤマレンゲ	○	5～7m	152
ウツギ	● ○	1.5～2m	152
エゴノキ	● ○	4～6m	152
オオベニウツギ	●	2～3m	152
オオヤマレンゲ	○	3～4m	153
カラタネオガタマ	● ●	4～5m	153
ギョリョウバイ	● ● ○	3～4m	153
カルミア	● ● ○	1～5m	153
キングサリ	●	3～5m	154
キンシバイ	●	0.5～1m	154
キンポウジュ	● ○	4～6m	154
クチナシ	○	1～3m	154
シャクナゲ	● ● ● ● ○ 複	2～4m	155
サツキ	● ● ● ● ○ 複	1.5～2m	156
ジューンベリー	○	5～10m	158
スモークツリー	● ●	3～5m	158
タイサンボク	○	10～20m	158
タニウツギ	●	2～3m	158
トキワマンサク	● ○	1.5～3m	158
トチノキ	● ○	10～30m	159
ナツツバキ	○	8～15m	159
バイカウツギ	○	1.5～2m	159
ハクウンボク	○	8～15m	159
ハクチョウゲ	○	60～100cm	159
バラ	● ● ● ● ○ ● 複	0.2～10m	160
ハコネウツギ	複	3～5m	164
ハナエンジュ	● ○	0.5～2m	164
ハンカチノキ	○	3～10m	164
ヒメウツギ	○	0.5～1m	164
ビヨウヤナギ	●	0.7～1m	164
ブーゲンビレア	● ● ● ○	4～5m	164
ブッドレア	● ● ○	2～4m	165
ヘリアンセマム	● ● ● ●	8～15m	165
ホオノキ	○	20～30m	165
ホザキシモツケ	●	1～2m	165
ユスラウメ	● ○	2～3m	165
ボタン	● ● ● ● ○ ● 複	1～2m	166
ヤマボウシ	● ○	5～10m	167
ライラック	● ●	3～7m	167
ワックスフラワー	● ● ○	2～3m	167

花木 夏 Summer 168

花名	花色	草高(H:)	ページ
アブチロン	●●●●○複	1〜2m	168
アベリア	●○	1〜2m	169
キョウチクトウ	●●●○	3〜4m	169
グミ	○	2〜4m	169
コバノズイナ	○	1〜1.5m	169
ザクロ	●○複	3〜5m	169
サルスベリ	●●●○複	3〜7m	170
サンタンカ	●●●	0.5〜1m	170
シコンノボタン	●	1〜3m	170
フヨウ	●●●	2〜3m	170
ダツラ	●●○	2〜3m	170
デイコ	●	3〜10m	171
ナシ	○	10〜15m	171
ノウゼンカズラ	●●●	3〜10m	171
ハイビスカス	●●●●○複	1.5〜2m	172
パキスタキス	●●	1〜1.5m	172
ハギ	●●○複	1〜3m	172
ブドウ	○	2〜3m	172
ブラックベリー	●○	2〜3m	172
ホザキナナカマド	○	2〜3m	173
ムクゲ	●●●○複	3〜4m	173
ランタナ	●●●●○	0.3〜1.2m	173
リョウブ	○	3〜7m	173

花木 秋冬 Autumn/Winter 174

花名	花色	高(H:)	ページ
イイギリ	●	7〜10m	174
ウメモドキ	○	3〜4m	174
カキ	●	3〜10m	174
ガマズミ	○	2〜4m	175
カマツカ	○	3〜5m	175
カラタチバナ	○	50〜70cm	175
カリン	●	5〜8m	175
キンカン	○	1〜2m	175
キンモクセイ	●	5〜8m	176
ギンモクセイ	○	3〜6m	176
クリ	○	5〜10m	176
クロガネモチ	○	10〜15m	176
コトネアスター	○	1〜1.5m	176
クルミ	●	10〜20m	177
コムラサキ	●	1.2〜2m	177
ゴンズイ	●	3〜7m	177
サンゴジュ	○	5〜7m	177
サザンカ	●●○複	5〜15m	178
センダン	●	10〜20m	179
センリョウ	●	50〜80cm	179
チャ	○	3〜5m	179
ナギイカダ	●	30〜80cm	179
ナツメ	●	6〜10m	180
ナンテン	○	1〜3m	180
ニシキギ	●	2〜3m	180
ネコヤナギ	○	1〜2m	180
ヒイラギ	○	7〜10m	181
ヒメリンゴ	○	2〜3m	181
ピラカンサ	○	2〜4m	181
フユサンゴ	○	30〜80cm	182
ホーリー	○	3〜5m	182
マユミ	●	2〜8m	182
マンリョウ	○	0.5〜1m	182
ムラサキシキブ	●	2〜3m	183
ヤブコウジ	○	10〜30cm	183
ユズ	○	4〜6m	183
リンゴ	○	4〜7m	183
ロウバイ	●	2〜3m	183

庭木　Garden tree　184

アオキ……184	アオギリ……185	ミズキ……200	ポプラ……201
アカシデ……185	アカマツ……185	マサキ……201	ムクロジ……201
アカメガシワ……185	アスナロ……185	メギ……201	メタセコイヤ……202
アラカシ……186	イチイ……186	モチノキ……202	モッコク……202
イチョウ……186		ヤツデ……202	ヤマハゼ……203
イヌコリヤナギ'白露錦'……186		ヤマモモ……203	ユーカリ……203
イヌツゲ……187	イヌマキ……187	ユズリハ……203	ユリノキ……203
ウバメガシ……187	エンジュ……188		

コニファー　タケ／ササ　204

コニファー……204
アビス・コリアナ'オーレア'……204
クプレッサス・マクロカルパ
　'ゴールドクレスト'……204
ジュニペラス・バージニアナ
　'スカイロケット'……204
ジュニペラス・サビナ'モンナ'……205
ジュニペラス・サビナ'バリエガータ'……205
ジュニペラス・スクワマータ
　'ブルースター'……205
ジュニペラス・ホリゾンタリス
　'ブルーチップ'……205
チャメシパリス・ピシフェラ
　'フィリフェラオーレア'……205
チャメシパリス・オブトゥーサ
　'ナナルテア'……205
ツヤ・オキシデンタリス
　'ウッドワーディー'……206
ツヤ・オキシデンタリス
　'ラインゴールド'……206
ピセア・アビス'ニディフォルミス'……206
ピセア・グラウカ
　'アルバーティアナコニカ'……206
ピセア・プンゲンス'ホプシー'……206
ピセア・プンゲンス'モンゴメリー'……206
タケ／ササ類……207　マダケ、モウソウチク、キッコウチク、ホテイチク、クロチク、シ

オオベニガシワ……188　オリーブ……188
カイズカイブキ……188　カクレミノ……188
カシワ……188　カエデ類……189
カツラ……190　カナメモチ……190
カミヤツデ……190　カヤ……190
カラタチ……191　ギョリュウ……191
キリ……191　クスノキ……191
クヌギ……191　クマシデ……192
クロマツ……192　クロモジ……192
クワ……192　ゲッケイジュ……192
ケヤキ……193　コウヤマキ……193
ゴヨウマツ……193　コノテガシワ……193
コナラ……194　サカキ……194
サワラ……194　サンショウ……195
シイ……195　シャリンバイ……195
シダレヤナギ……195　シラカシ……196
シラカバ……196　スギ……196
ソテツ……196　ダイオウショウ……196
タギョウショウ……197　タラヨウ……197
チャボヒバ……197　ツゲ……197
トネリコ……197　トベラ……198
ニワトコ……198　ネズミモチ……198
ニオイシュロラン……198　ハナイカダ……199
ハマヒサカキ……199　ヒイラギモクセイ……199
ヒサカキ……199　ヒノキ……199
ヒマラヤスギ……200　ヒメシャラ……200
ブナ……200　プラタナス……200

ホウチク、オカメザサ、クマザサ、チゴザサ

つる植物　　Vine plant　　208

アケビ……208　カロライナジャスミン…208
ツキヌキニンドウ………208
ツリガネカズラ………208
ツルハナナス……208　テイカカズラ……208
トケイソウ………209
ハゴロモジャスミン………209
ハーデンベルギア…209　クレマチス……210
ビナンカズラ……212　プルンバゴ……212
ヘンリーヅタ……212
マダガスカルジャスミン………212
マタタビ………212

山野草　　春　Spring　　214

アズマイチゲ……214　イチリンソウ…214
ニリンソウ……214　イワチドリ……214
エゾエンゴサク…215　オウレン……215
バイカオウレン………215
オオバナエンレイソウ………215
オオミスミソウ…215　カタクリ………215
カッコソウ………216　ガンゼキラン…216
キクザキイチゲ…216　キバナノアマナ216
クマガイソウ……216
ショウジョウバカマ………216
シライトソウ……217　シラネアオイ…217
セッコク………217　セツブンソウ…217
キバナセツブンソウ………217
タイリントキソウ………217
タツタソウ………218　タツナミソウ…218
タンチョウソウ…218　バイカカラマツ218
パンダカンアオイ…218　ヒメフウロ…218
ヒトリシズカ……219　フタリシズカ…219
ヒメリュウキンカ…219　ヤマシャクヤク219

ヤマブキソウ……219　ユキモチソウ…219

山野草　　夏　Summer　　220

アワチドリ………220　イワタバコ……220
ウチョウラン……220　オナガエビネ…220
カキラン………220　キツネノカミソリ220
サギソウ………221　ササユリ………221
ツリガネニンジン…221　ツルラン………221
トキソウ………221　ナゴラン………221
ニオイハンゲ……222　ヒメサユリ……222
フウラン………222　ミズバショウ…222
モモイロテンナンショウ………222
レンゲショウマ………222

山野草　　秋冬　Autumn / Winter　　223

イソギク………223　イワシャジン…223
ウメバチソウ……223　カリガネソウ…223
ナンバンギセル…223　ノコンギク……223

身近にある野草　春　Spring　224

- アマドコロ………224
- オオイヌノフグリ…224
- オドリコソウ……225
- オランダガラシ…225
- カラスノエンドウ…225
- ギシギシ…………226
- キランソウ………226
- コバンソウ………226
- スギナ……………227
- セキショウ………227
- チガヤ……………227
- シロバナタンポポ…228
- ノアザミ…………228
- ハハコグサ………228
- ヒメオドリコソウ…229
- フキ………………229
- ホトケノザ………230
- ムラサキサギゴケ………230
- ラショウモンカズラ………230
- レンゲソウ………230
- ウマノアシガタ…224
- オオジシバリ……224
- オニタビラコ……225
- カキドオシ………225
- キケマン…………225
- キツネノボタン…226
- クサノオウ………226
- スイバ……………226
- スズメノテッポウ…227
- タネツケバナ……227
- タンポポ…………228
- ナズナ……………228
- ハコベ……………228
- ハルジオン………229
- ヒメスイバ………229
- ヘビイチゴ………230
- ムラサキケマン…230

身近にある野草　秋　Autumn　234

- イタドリ…………234
- エノコログサ……234
- オミナエシ………234
- キクイモ…………235
- クズ………………235
- ススキ……………235
- セイタカアワダチソウ………235
- ヒキオコシ………236
- ミズヒキ…………236
- ヨメナ……………236
- イヌタデ…………234
- オナモミ…………234
- カナムグラ………234
- クサフジ…………235
- ゲンノショウコ…235
- ヘクソカズラ……236
- ミゾソバ…………236
- ワレモコウ………236

洋ラン　Orchid　237

- カトレア類………237
- デンドロビウム……238
- パフィオペディラム………239
- オンシジウム……240
- リカステ…………240
- シンビジウム……238
- ファレノプシス…239
- バンダ……………240

身近ある野草　夏　Summer　231

- イブキトラノオ…231
- ウツボグサ………231
- カラスウリ………231
- キバナカワラマツバ………231
- コケイラン………232
- チドメグサ………232
- ツユクサ…………232
- ノカンゾウ………233
- ヘラオオバコ……233
- ヤブカンゾウ……233
- ヨウシュヤマゴボウ………233
- イワダレソウ……231
- オオバコ…………231
- コヒルガオ………232
- チョウジソウ……232
- ドクダミ…………232
- ハンゲショウ……233
- ヤグルマソウ……233

楽しみ方からも探せる

香りを楽しむ植物

- ウオールフラワー………20
- スイートアリッサム………27
- スイートピー……27
- スイセン…………28
- ヒアシンス………36
- ローズマリー……44
- クリーピングタイム………54
- ジャーマンカモマイル………57
- シャクヤク………57
- ストック…………27
- ナノハナ…………33
- フリージア………38
- オモト……………50
- スズラン…………60

タイム………61		アーティチョーク………74	
パイナップルミント………63		シュンギク………84	チコリ………88
ヘリオトロープ………65	ユリ………70	ハス………92	ヒソップ………93
ゲッカビジン………83	ジンジャー………86	ヒマワリ………94	ミント………98
センテッドゼラニウム………87		モナルダ………99	アロエ………102
ハス………92	ヒソップ………93	キク………104	サフラン………107
ミント………98	ラベンダー………100	ツワブキ………109	ウメ………130
エキザカム………103	キク………104	サンシュユ………138	モモ………148
ウメ………130	コブシ………135	クチナシ………154	ジューンベリー………158
シデコブシ………138	ジンチョウゲ………138	ユスラウメ………165	グミ………169
タムシバ………139		ザクロ………169	ナシ………171
チョウジガマズミ………139		ブドウ………172	ブラックベリー………172
フジ………144	モクレン………147	リョウブ………173	ウメモドキ………174
ウケザキオオヤマレンゲ………152		カキ………174	カリン………175
オオヤマレンゲ………153		キンカン………175	クリ………176
カラタネオガタマ………153		クルミ………177	チャ………179
クチナシ………154	タイサンボク………158	ナツメ………180	ヒメリンゴ………181
バラ………160	ブッドレア………165	ユズ………183	リンゴ………183
ホオノキ………165	ボタン………166	イチョウ………186	カヤ………190
ライラック………167	キンモクセイ………176	クワ………192	ゲッケイジュ………192
ギンモクセイ………176	サザンカ………178	サンショウ………195	シイ………195
ヒイラギ………181	ロウバイ………183	ヤマモモ………203	イチリンソウ………214
サンショウ………195		ニリンソウ………214	カタクリ………215
ニオイシュロラン………198		ツリガネニンジン………221	
ヒイラギモクセイ………199		ギシギシ………226	スイバ………226
カロライナジャスミン………208		スギナ………227	フキ………229
ツリガネカズラ………208	テイカカズラ………208	レンゲソウ………230	ドクダミ………232
ハゴロモジャスミン………209		ノカンゾウ………233	イタドリ………234
カトレア………237		キクイモ………235	クズ………235
		ヨメナ………236	

食べられる植物

	索引………241
ナノハナ………33	ローズマリー………44
ギボウシ………54	
ジャーマンカモマイル………57	
チャイブ………61	バジル………63
ユリ………70	

本書の使い方

使い方はいろいろ！ 花壇、コンテナ、庭植えの植栽のプランづくりに。フラワーアレンジメントや生け花の花材選びに。山歩きやハイキングにも、コンパクトサイズで携帯に便利。花を贈るときに花ことばをチェック。歳時記がわりに吟行のお供にご利用いただけます。

[取り上げた植物]

「草花・鉢花」では、一般に出回っている鉢花や苗、切り花を中心に取り上げました。最近人気が出てきた種や、ハーブ、多肉植物、葉や実を観賞するものも取り上げています。

「花木・庭木」では、家庭の植木として使われるものを中心に取り上げました。公園や寺院の庭などで見かけるものも入れています。

そのほか、家庭で育てられる果樹、樹形や葉色ともに個性的なコニファー、ササ、タケもこの項に入れています。

このほか、最近人気のある「カラーリーフ」ほか、「つる植物」、「山野草」、「洋ラン」などは、別項目にして取り上げています。

[本書の特徴]

「花や木」の名前、咲く時期、花の色、草丈からひけて便利です。

花の美しい「草花・鉢花」、「花木」は、春、初夏、夏、秋冬（種類によっては周年）に分けました。春は3、4月、初夏は5、6月、夏は7、8月、秋冬は9〜2月。各パート内は原則的に五十音順になっていますが、構成の都合上、前後している場合があります。

■ **植物名**
園芸店で一般的に用いられている、属名、種名、和名、流通名などを使用しました。

マツバボタン
（松葉牡丹）
別名：ヒデリソウ
スベリヒユ科
❖ 7〜8月
H: 20〜30cm

葉と茎が肉質。地を覆って広がり、さまざまな花色の花をつける。花は一日花。花壇、鉢植え。
P 4〜6月にタネを箱まきし、発芽後に込んでいるところを間引いて育てる。草丈3〜5cmになったら、日当たりがよく、乾燥した場所に定植。
季語 夏。❤ 無邪気。

■ **別 名**
タイトルに使用した植物名以外で、よく使われている名前（属名、和名、地方名など）。

■ **科 名**
その植物が属する科の名称。

■ **花 期**
自然の状態で花が咲く時期。

■ **花 色（葉色・実色）**
主な色を表示しました。●は赤から朱色、●は紅紫、●は淡桃、桃、●はサーモンピンク、●は橙、●は黄、●は茶、●は淡紫、紫、●は淡青、青、○は白、●は緑、●は黒、㊔は複色。花以外は葉、実としました。

■ **「高さ」または「つるの長さ」**。高さは主に茎や幹を立ち上げる植物の高さ。
つるの長さは、からみついて伸びるつる植物の長さ。

■ **（本文）**
その植物の祖先が自生していた場所、特徴、名前の由来、用途（庭植え、花壇、鉢植え、切り花、街路樹、公園木など）など。

■ **管理のポイント**
植えつけの適期と適所、置き場所、水やり、冬越しの方法などを中心にしました。

■ **季 語**
俳句の季語になる植物には、季語のマークと季節を明記しました。

■ **花ことば**
植物にまつわる神話や伝説、生態などからつけられたものを主に記しています。

草花・鉢花

*Flowering plants and Pot plants
at the four seasons*

春の草花・鉢花

Flowering plant and container plant of Spring

春は草花の宝庫。
春を待ちわびていた
かのように、
いっせいに
花開いて
花壇やコンテナを
華やかに彩ります。

アニソドンテア　別名：ヒメフヨウ

アオイ科
◆4〜6月
● H：1m

南アフリカ原産の半耐寒性多年草。木のような茎を立ち上げて、花径2cmぐらいの5弁花をつける。花は一日花だが、次々と咲き続ける。鉢植えで観賞する。
🅿できるだけ日が当たる場所に置き、鉢土の表面が乾いたら水をやる。冬は室内に移し、明るい窓辺に置いて管理する。

アネモネ　別名：ボタンイチゲ

キンポウゲ科
◆3〜5月
●●●●○
H：25〜40cm

地中海地方原産の秋植え球根植物。花色、花形とも豊富なアネモネ・コロナリア（写真）や、野草の趣をもつアネモネ・ブランダがある。花壇、鉢植え、切り花にむく。
🅿10月に水はけのよい日なたに植える。
季語 春。 💬はかない恋。

アルクトティス　別名：ハゴロモギク

キク科 ◆4〜6月
●●●○
H：50〜70cm

南アフリカ原産の非耐寒性多年草。園芸上は秋まき一年草として扱う。葉が白い毛に覆われた銀灰色で、春に長い花茎を伸ばして、先端に径10cmのベニジウムに似た花をつける。花壇、鉢植えなど。
🅿日が当たらないと開花しないので、日当たりと水はけのよい場所に植える。

草花・鉢花 春

アルメリア
別名：ハマカンザシ

イソマツ科
◆3〜4月
○● H:20〜60cm

極めて丈夫で、育てやすい多年草。細い葉の間からたくさんの花茎を立ち上げて、かんざしのような花をつける。花壇の縁取りや鉢植え、切り花にむく。
🅟日なたを好む。高温多湿に弱いので、夏は西日が当たらず、風通しのよいところに植える。
💟同情、可憐。

イースターカクタス
別名：ホシクジャク

サボテン科
◆4〜5月
○● H:15〜20cm

ブラジル原産の多肉植物。扁平な茎を連ねて伸び、先端に1〜3個、星形の花をつける。イースターカクタスは英名で、イースター（復活節）に咲くことから名づけられた。鉢植えにむく。
🅟10℃以下になると生育を止めるので、冬は5℃くらいの室内で管理する。

イカリソウ
別名：サンシクヨウソウ

メギ科 ◆4〜5月
●○○○○
H:20〜40cm

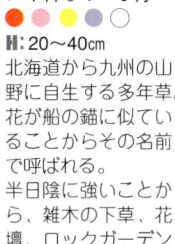

北海道から九州の山野に自生する多年草。花が船の錨に似ていることからその名前で呼ばれる。半日陰に強いことから、雑木の下草、花壇、ロックガーデン、鉢植えに。
🅟春と秋は日が当たり、夏に半日陰になるところが適地。鉢植えは2年に1回植えかえる。

イキシア
別名：ヤリズイセン

アヤメ科
◆4〜5月
●○○○○
H:50〜90cm

南アフリカ原産の球根植物。細長い葉の間から花茎を伸ばし、先端に約10花を穂状につける。花壇、鉢植え、切り花にむく。
🅟関東以南では庭植えも可。水はけと風通しのよいところが適地。酸性土を嫌うので、植えつけ前に苦土石灰をまく。

イフェイオン
別名：ハナニラ

ユリ科 ◆3〜4月
●○ H:10〜15cm

ユリ科の秋植え球根植物。地を這うように伸びる葉の間から花茎をたくさん立ち上げて、6弁の星形花をつける。花径は3〜4cm。葉と球根にニラ臭があるため、ハナニラの和名がついた。グラウンドカバー、花壇の縁取りにむく。
🅟秋に球根を浅植えにする。
💟別れの悲しみ。

イベリス
別名：キャンディタフト

アブラナ科
◆4〜6月
●○○○
H:20〜30cm

一年草で白花をつけるイベリス・アマラ、赤や桃色の花をつけるイベリス・ウンベラタ、多年草で白花をつけるイベリス・センペルウィレンスなどがある。花壇の縁取り、鉢植えにむく。
🅟秋に日当たりと水はけのよいところにタネをまく。

イワカラクサ（岩唐草）

別名：エリヌス・アルピヌス

ゴマノハグサ科
◆3～5月
●●● H:約10cm

最近、鉢花として出回るようになった。地面を這う葉から、春に花茎を立ち上げて、花径1cmのかわいい花をつける。鉢植えのほか、ロックガーデンにむく。
P 夏の暑さに弱いので、半日陰で夏越しさせる。花後に切り戻し、水はけのよい用土で植えかえる。

ウォールフラワー

別名：ニオイアラセイトウ

アブラナ科
◆4～5月
●●● H:30～80cm

秋まき一年草。英国などで土壁に生えることから、この名で呼ばれる。芳香がある。花壇、鉢植え。
P ポットにタネをまき、本葉4～5枚になったら、日当たりと水はけのよい場所に定植する。 逆境にも変わらない愛。

エビネ（海老根）

ラン科 ◆4～5月
●●●○（複）
H:30～50cm

日本の山地に自生する多年草。名花は大変な高額で取り引きされてきたが、近年は人工交配による良花が、比較的入手しやすい価格で次々と出回るようになった。原種には日本の各地に自生するジエビネ、本州中部以西に分布するキエビネ、紀伊半島、四国、九州に分布するキリシマエビネ、ほかに、ニオイエビネ、サルメンエビネ、アマミエビネ、ナツエビネなどがある。鉢花、半日陰の花壇、切り花にむく。
P 庭植えでは腐葉土をすき込んで植える。
季語 春。

エスキナンサス

別名：ハナツルクサ

イワタバコ科
◆5～9月 ●

熱帯アジア原産のつる性多年草。茎を垂れ下げて葉のつけ根に、細長い筒状の橙赤花をつける。普通は室内植物として吊り鉢植えにする。
P 直射日光を避け、年間を通してレースのカーテン越しの光が当たる窓辺に置く。春から秋までは鉢土の表面が白く乾いたら水を与え、冬は多少控えぎみにする。

エリスロニウム

別名：セイヨウカタクリ

ユリ科 ◆3～4月
●●●○ H:10～30cm

北米原産の球根植物。栽培が容易なために、花壇や鉢植えとして親しまれている。白花、黄花、桃花などがあるが、暑さに強い黄花の'パゴダ'（写真）が多く栽培されている。
P 半日陰で水はけのよい場所に、深めに植える。

▲ エビネの交配種
← キエビネ

草花・鉢花　春

オーブリエチア

別名：ムラサキナズナ

アブラナ科
◆3～5月
●●○
H:10～20cm

地中海沿岸原産の多年草だが、園芸上、秋まき一年草で扱う。株を覆って咲く十字花が美しい。花壇、鉢植え、グラウンドカバーにむく。
🅿 秋にタネをまき、本葉7～8枚になったら、日当たりと水はけのよいところに植える。

オキナグサ （翁草）

別名：チゴグサ

キンポウゲ科
◆4～5月
●○
H:15～35cm

本州から九州に自生する多年草。名前は花後に白い毛で覆われた実を、翁の頭に見立てたもの。山野草だが、栽培は容易で、花壇や鉢植えで楽しめる。
🅿 日なたで栽培し、花後と秋に肥料を施すとよい。
季語 春。♡ 裏切りの恋。

オステオスペルマム

別名：アフリカンデージー

キク科 ◆4～6月
●●●○
H:30～40cm

南アフリカ原産の多年草。花色の鮮明なものが次々とつくられて人気を集めている。写真は'オールデイブルミング'。花壇、鉢植え。
🅿 窒素分の多い肥料を施すと、花つきが悪くなるので、夏と冬を除いて薄い液肥を施すとよい。

オトメギキョウ （乙女桔梗）

別名：ベルフラワー

キキョウ科 ◆5～6月 ●○ H:10～15cm

オトメギキョウ（カンパニュラ・ポルテンシュラギアナ）は、株を覆うように小花を咲かせる多花性の多年草。鉢植えやロックガーデンにむく。
🅿 日当たりを好むが、長雨は禁物。花が終わったら半日陰において、涼しく管理する。♡ 感謝。

オンファロデス

ムラサキ科
◆3～5月
●●○
H:20～40cm

最近導入された多年草または秋まき一年草。オンファロデス・カッパドキカ'スターリーアイズ'（写真）と、白花のオンファロデス・リニフォリアがある。花壇、鉢植えむき。
🅿 春と秋は戸外の日の当たるところに置く。夏は半日陰で管理する。

カランコエ

別名：ベニベンケイ

ベンケイソウ科
◆3～5月
●●●●
H:20～80cm

マダガスカル原産の多肉植物。育てやすいので人気がある。一般に出回っているのは、プロスフェルディアナの改良種（写真）。鐘形の花を下垂させる'エンゼルランプ'は別属だが、カランコエとして扱われる。
🅿 湿気に弱いので、水やりは控えめに。

カルセオラリア

別名：キンチャクソウ
ゴマノハグサ科
❖ 3〜5月 ●（複）
H：15〜40cm

南米原産の多年草だが、夏越し、冬越ししにくいので一年草として扱われる。ユニークな袋形の花が株を覆うようにつくので人気がある。鉢植え。

🅿 よく日が当たり、風通しのよいところに置き、花や葉に水がかからないように水やりする。

カンガルーポー

別名：アニゴザンサス
ヒガンバナ科
❖ 4〜7月 ●●●●
H：60〜150cm

オーストラリア原産の多年草。葉はアヤメに似た剣状で、葉の間から長い花茎を伸ばして、筒状花をつける。花形がカンガルーの足に似ていることから、その名がついた。

🅿 日当たりのよいところに置き、春から秋まで肥料を施す。冬は室内で管理する。

キバナルピナス

別名：ノボリフジ
マメ科 ❖ 4〜6月 ● H：40〜60cm

南ヨーロッパ原産の一年草。茎葉ともに白い毛で覆われて銀灰色。茎は分枝しながらまっすぐに伸び、長さ約20cmの黄色い花穂をつける。

🅿 直根性で移植を嫌うので、花壇に直まきするか、ポットにまいて、根鉢を崩さないで定植する。

ギリア

別名：ヒメハナシノブ
ハナシノブ科
❖ 4〜6月
●●○
H：50〜60cm

南北アメリカ原産の多年草または一年草。紫の小花を球状につけるカピタータ、かわいい一重の花を咲かせるトリコロールがある。花壇、鉢植え、切り花にむく。

🅿 日当たりと水はけのよいところに、秋に直まきする。過湿に弱いので水やりに注意する。

➡ トリコロール
➡ カピタータ

キンセンカ （金盞花）

別名：ポットマリーゴールド
キク科 ❖ 3〜5月
●● H：20〜60cm

南ヨーロッパ原産のカレンデュラ・オフィキナリスの園芸品種。花は径7〜8cmと大きく、輝くようなオレンジ色でよく目立つ。
花壇、鉢植え、切り花にむく。

🅿 9月にタネをまく。ポットなどに2〜3粒点まきし、発芽したところで、間引いて1本残す。

季語 夏。

草花・鉢花　春

クフェア

ミソハギ科
3～11月
H:30～50cm

普通、クフェアの名で栽培されるのは一年草のクサミソハギのことで、茎が横に這ってから立ち上がって花をつける。ほかに赤色の筒状花をつけるベニチョウジがある。鉢植えむき。

P クサミソハギは春にタネをまく。ベニチョウジは冬は室内で管理する。

クモマグサ (雲間草)
別名：洋種クモマグサ

ユキノシタ科
3～4月
H:約5cm

園芸店でクモマグサと呼ばれているものは、サキシフラガ・ロサケアで、日本の高山に自生するクモマグサとは別種。本種はイギリスに分布する多年草。夏の高温多湿に弱いので、鉢植えにむく。

P 春は日なたに、夏は風通しのよい半日陰で管理する。

クリサンセマム

キク科　3～6月　H:10～90cm

クリサンセマムはキクの仲間の総称で、園芸上では、北アフリカ原産のクリサンセマム・パルドサム、アルジェリア原産のクリサンセマム・ムルチコーレ、モロッコ原産のクリサンセマム・カリナタムをさす。

パルドサムは草丈15～20cmで白花。ムルチコーレは草丈10～15cmで黄花。カリナタムは草丈60～90cmで、蛇の目模様の華やかな花をつける。いずれも一年草。

花壇、鉢植えに。カリナタムは切り花になる。

P 日当たり水はけのよいところに植える。

1 美しい黄花をつけるムルチコーレ
2 独特の蛇の目模様をもつカリナタム
3 清楚なパルドサム

グロキシニア　別名：オオイワギリソウ

イワタバコ科
❖ 4〜7月、9月
● ● ●
H：15〜20cm

ブラジル原産の球根植物。大型で肉厚の葉の間から長い花茎を伸ばして、ビロードのような光沢ある大きな花をつける。室内で楽しむ鉢花として、4月ころから園芸店に出回る。（写真／サカタのタネ）
🅿 湿度70〜80％で25〜30℃なら蛍光灯下で栽培できる。

クロッカス　別名：ハナサフラン

アヤメ科 ❖ 2〜4月
● ● ○ 複
H：10〜20cm

地中海沿岸地方原産の秋植え球根植物。早春に、ぽっかりと花を咲かせるクロッカスは、ヨーロッパでも、春を告げる花の一つとして人気がある。
花壇、鉢植え、ロックガーデン。群植すると引き立つ。
🅿 水はけのよい砂質土に10月に植える。
♡ 青春の喜び、歓喜。

クンシラン（君子蘭）　別名：クリビア

ヒガンバナ科
❖ 3〜4月
● ●
H：40〜60cm

南アフリカ原産の多年草。大きくて幅広の剣状の葉が左右対称に立ち上がり、春に15〜20個の漏斗状の花をつける。冬の寒さに弱いので、鉢植えにする。
🅿 冬は最低3℃以上の室内で、レースのカーテン越しの日に当てて管理する。
♡ 高貴。

ケマンソウ（華鬘草）　別名：タイツリソウ

ケシ科 ❖ 3〜4月
● ○
H：40〜80cm

中国原産の多年草。高山植物のコマクサに似た花を花茎に沿って1列に並び咲かせる。花を魚のタイに見立て、釣り竿で釣り上げたような形からタイツリソウと呼ばれる。雑木の庭の下草、鉢植え。
🅿 西日が当たらない半日陰が適地。
季語 春。 ♡ あなたに従います。

サクラソウ（桜草）　別名：ニホンサクラソウ

サクラソウ科
❖ 4〜5月
● ● ● ● ○
H：15〜20cm

日本各地の山地の草原に自生する多年草。古くから多くの園芸品種がつくられており、現在でも愛好家による展示会が開かれている。
庭植え、鉢植え。
🅿 早春から初夏まではよく日に当て、花後と秋に肥培する。
季語 春。 ♡ 青春の喜びと悲しみ。

シザンサス　別名：コチョウソウ

ナス科 ❖ 4〜5月
● ● ● ● ○ 複
H：30〜80cm

南米チリ原産の一年草。蝶のような花が株を覆って咲くことから、コチョウソウと呼ばれる。
コンテナ、ハンギングバスケット。
🅿 日当たりと風通しがよいところで、雨が当たらない軒下やベランダで管理する。水のやりすぎに注意。
♡ あなたと踊ろう。

草花・鉢花　春

シバザクラ（芝桜）
別名：モスフロックス
ハナシノブ科
❀ 3〜5月
● ● ● ○ 複
H: 約10cm

茎葉は地面を這って伸び、石垣や地面を覆い尽くし、美しい花のカーペットに染め上げる。乾燥に強いことから、傾斜地の緑化に最適。
P 3月に、開花しているポット苗を購入し、日当たりと水はけのよいところに植えつける。

◀シバザクラ
▼'多摩の流'

ジプソフィラ・レペンス
ナデシコ科
❀ 3〜5月
● ○ H: 25cm

ヨーロッパ・アルプス原産の多年草。カスミソウの仲間だが、匍匐性があって横に広がり、先端を立ち上げて花をつける。花は白色の小花だが、桃色種もある。鉢植え、ロックガーデンにむく。
P 日当たりと水はけのよいところに植える。4〜5月にさし木でふやせる。

シャーレポピー
別名：ヒナゲシ
ケシ科 ❀ 4〜6月
● ● ●
H: 50〜80cm

ヨーロッパ原産の秋まき一年草。茎を直立させて分枝し、茎の先端に花径5〜7cmの花を一輪つける。別名グビジンソウ。花形も一重から半八重、八重咲がある。花壇、鉢植え。
P 日当たりと水はけのよいところに、秋に直まきにする。
季語 夏。♡もろき愛。

シャガ（射干）
アヤメ科 ❀ 4月
○ H: 30〜70cm

半日陰で育つので、庭の下草として利用される。学名がイリス・ジャポニカになっているが、古い時代に中国から渡来したものと考えられる。常緑多年草。和風の庭の下草のほか、日陰のグラウンドカバーにむく。
P 花が終わった直後の5月に植える。
季語 夏。♡私を認めて。

宿根アリッサム
アブラナ科
❀ 4〜5月
● H: 10〜30cm

ギリシャ、ピレネー山脈、アルプス原産の多年草。春に黄色い小花を群がり咲かせる。茎がつる状になるアリッサム・モンタナム、つる状にならず茎先に花穂をつけるアリッサム・サクサティレがある。ロックガーデン、鉢植え。
P 日当たりと水はけのよい砂質土に。

宿根ネメシア

ゴマノハグサ科
◆3〜6月
H:15〜25cm

ネメシアは普通、ストロモサを中心に改良された秋まき一年草だが、宿根ネメシアは南アフリカ原産のフルティカンスなどからつくられた多年草。たくさんの茎を伸ばして、リナリアに似た花をつける。庭植え、鉢植え。
P 冬越しは凍らない程度の防寒が必要。

シラユキゲシ（白雪芥子）

ケシ科 ◆4月
○ H:約30cm

中国南西部の落葉樹林下に自生する多年草。カンアオイに似た葉の間から花茎を伸ばして、頂部に2〜3輪の花をつける。花は白色の4弁花で、花芯は黄色。雑木の下草に植えたり、花壇、鉢植えにむく。
P 夏に地上部がなくなるので、水やりを忘れないように注意する。

宿根バーベナ　別名：ヒメビジョザクラ

クマツヅラ科
◆4〜6月、7〜9月
H:10〜100cm

矮性種には、花つきがよくて這うように伸びるバーベナ・テネラとバーベナの交配種を親につくられた、花色豊富な園芸品種がある。また、草丈1mになるバーベナ・ボナリエンシスがある。矮性種はグラウンドカバーに、高性種はボーダー花壇の後方に植える。
P 花期が長いので、月に1回化成肥料を置き肥する。

→ボナリエンシス
→多花性の矮性種

シラー　別名：ツルボ

ユリ科 ◆3〜5月
H:10〜80cm

丈夫で育てやすい球根植物。3〜4月に開花するシラー・チュンベルゲニア（草丈10〜12cm）、5月に開花するシラー・カンパニュラタ（草丈20〜50cm）、6月に開花する大型のシラー・ペルピアナ（草丈80cm）がある。鉢植え、花壇、ロックガーデン。
P 1度植えたら2〜3年は植えっぱなしでよい。
♡寂しい、哀れ。

→大型のペルビアナ
→カンパニュラタ

草花・鉢花　春

シラン （紫蘭）
別名：ハッキュウ、ベニラン

ラン科 ◆4〜6月
● ○
H：30〜50cm

日本の日当たりよい草地や湿原に自生する多年草。強健で栽培しやすく、花も美しいため、庭植え、花壇、鉢植え、切り花などに広く利用される。

P 秋に日当たりのよい適湿地に植える。2〜3年に1回株分けして植えかえると花つきがよくなる。
季語 夏。

シレネ・アルメリア
別名：ムシトリナデシコ

ナデシコ科
◆4〜5月
● ● ○
H：50〜60cm

ヨーロッパ中南部原産の一年草。茎の上部に粘液を分泌し、虫がつくことから、別名がついた。花壇にむく。

P 日当たりと水はけのよいところが適地。
季語 夏（むしとりなでしこ）。 偽りの愛。

スイートアリッサム

別名：ニワナズナ
アブラナ科
◆3〜6月、9〜10月
● ● ○
H：10〜15cm

線形の小型の葉が密に茂ってクッション状になり、香りをもつ花が株を覆って咲く。一年草。花壇の縁取り、鉢植えにむく。

P 春か秋に苗を求め、日当たりと水はけのよいところに腐葉土をすき込んで植える。
優美。

スイートピー
別名：ジャコウレンリソウ

マメ科 ◆4〜6月
● ● ● ○ (複)
H：30〜200cm

イタリア原産の一年草または多年草。つる性の普通種と、草丈30cmぐらいの矮性種がある。普通種は花壇に支柱を立てたり、ネットに絡ませて立体的に、矮性種は花壇の縁取りに。

P 一晩水につけて膨らんだタネをまく。
季語 春。 私を覚えてほしい。

ストック 別名：アラセイトウ

アブラナ科
◆2〜4月
● ● ● ○
H：20〜80cm

南ヨーロッパ原産の一年草。古代ギリシャでは薬草としていた。茎が分枝するものとしないものがある。花は一重咲きと八重咲きがあり、芳香がある。花壇、鉢植え、切り花にむく。

P 日当たりと水はけよいところに植える。
季語 春（あらせいとう）。 永遠の美。

ステイロディスカス

キク科 ◆3〜5月
● H：20〜30cm

南アフリカ原産の秋まき一年草。マリーゴールドに似た葉をもち、径1.5〜2cmの黄色の花を次々と咲かせる。近年、鉢花として導入され、春から初夏に出回る。花壇、鉢植えにむく。

P 秋にタネをまき、冬は10℃前後で凍らないように管理し、日に当てて冬越しさせる。春に定植する。

スイセン（水仙）

ヒガンバナ科 ◆ 1〜4月 🟡🟡 ⚪ H：10〜45cm

地中海沿岸地方原産の秋植え球根植物。種類が豊富で、60種以上の原種がある。現在見られるものは、主にイギリスなどで改良された園芸品種で、1万種を超える品種がつくり出されている。

主な品種として、ラッパ状の副冠が花弁より長いラッパズイセン、副冠と花弁の大きさのバランス比によって大杯スイセン、小杯スイセン、花の形から八重咲きスイセン、花のつき方から房咲きスイセン、副冠が紅色に染まる口紅ズイセンなどがある。

原種系のものとしては、コンパクトな'テイタテイト'や'バルボコディウム'などが人気を呼んでいる。房咲き系のニホンズイセンは、室町時代に中国を経て日本に渡来して、野生化したもの。

スイセンは群植すると見栄えがするので、花壇植えのときは、同じ品種をまとめて植えるとよい。和風の庭にも調和するので、庭石や石灯籠などに添わせて植えると引き立つ。そのほか、鉢植え、切り花にむく。バルボコディウムなどの小型種は、コンテナの寄せ植えやロックガーデンに植えると風情がでる。

🅿 日当たりと水はけのよいところをよく耕し、9〜10月に堆肥と元肥をすき込んで植えつける。花壇植えの場合は、球根の高さの2〜3倍の深さに植える。花後にリン酸とカリ分の多い肥料を施して球根を太らせる。2〜4年に1回、葉が黄色くなった6月に掘り上げて、ベンレートの100倍液で消毒してから、日陰で乾燥させ、涼しい場所で保存する。

季語 冬。 💛 自己愛。

1 ラッパズイセン
2 八重咲きスイセン
3 'バルボコディウム'
4 ニホンズイセン
5 'テイタテイト'
6 口紅ズイセン（小杯）
7 芳香ズイセン
8 スイセン'白房'
9 'ジョンキル'
10 大杯ズイセン

1

2

3

4

5

草花・鉢花　春

6

7

8

9

10

ストロベリーキャンドル

別名：クリムソンクローバー
マメ科　❖4～6月
● H:40～60cm

ストロベリーキャンドルは種苗会社の商品名。正式名はクリムソンクローバー。もともとは牧草として導入されたベニバナツメクサで、本種はこれの選抜種。グラウンドカバー、花壇、鉢植えにむく。P 暑さ寒さに弱いので、秋まき一年草として扱う。

スノードロップ

別名：ユキノハナ
ヒガンバナ科　❖2～3月
○ H:10～20cm

地中海沿岸地方原産の球根植物。ドイツには、この花が雪に白い色を分けてあげたので、雪の中で咲くようになったという伝説がある。花壇、鉢植え、ロックガーデンにむく。P 秋から春に日が当たり、夏に半日陰になる落葉樹の下などに、10月に植える。

スノーフレーク

別名：スズランスイセン
ヒガンバナ科　❖4月
○ H:30～40cm

地中海沿岸地方に自生する球根植物。剣状の葉の間から花茎を伸ばし、その先端に美しい釣り鐘状の花を数輪下垂して咲かせる。日なたから半日陰の花壇、鉢植えにむく。P 10月に植えつければ丈夫に育つ。株がふえたら、6月に掘り上げて株分けする。♥ 純潔。

スパラキシス

別名：ワンドフラワー
アヤメ科
❖4～5月
● ● ● ●
H:60～80cm

南アフリカ原産の秋植え球根植物。一つの球根から2～3の茎を出して、数個の花をつける。葉は剣形または線形。花壇、鉢植に。P 日当たりと水はけのよいところに植えつける。強い霜が降りるところでは、わらなどを敷き詰めて防寒する。

スミレ（菫）

別名：スモウトリバナ
スミレ科
❖3～4月
● ● ● ● ○
H:5～20cm

日本はスミレ大国といわれるくらい、各地に自生種があり、その数は50種以上といわれている。花壇、鉢植え、ロックガーデンにむく。P 水はけよくして植えつける。季語 春。♥ 誠実、愛（紫花）、無邪気な恋（白花）、幸福（黄花）。

セキチク（石竹）

別名：カラナデシコ
ナデシコ科
❖4～5月
● ● ○
H:10～20cm

中国原産の多年草だが、園芸上は一年草扱い。ヨーロッパや日本で改良された矮性種の三寸セキチクや一回り大きい五寸セキチクなどがある。花壇、鉢植え、ロックガーデンにむく。P 日当たりと水はけのよいところに、元肥を施して植える。季語 夏。♥ 野心。

草花・鉢花　春

セリンセ

ムラサキ科
◆4〜5月
● 複 H:30〜50cm

最近流通するようになった、南ヨーロッパ原産の一年草。花はロウ質の光沢をもつ筒状花で、基本種は筒状部が赤褐色で、先端が黄色の複色。全体が暗紫色（写真：タキイ種苗）のものもある。
花壇、コンテナ。
P 日当たりと水はけのよいところに、10月にタネをまく。

ダールベルグデージー

キク科 ◆4〜7月 ● H:20〜30cm

アメリカ南部からメキシコに自生する春または秋まき一年草。繊細な葉の間から花茎を伸ばして、花径2cmほどの黄花をたくさん咲かせる。花壇、鉢植え。
P 高温にはよく耐えるが、多湿に弱いので、水はけのよい土壌にして植える。

セントポーリア

別名：アフリカスミレ　イワタバコ科 ◆9〜6月 ●●●●●● 複

H:5〜20cm

東アフリカのタンザニア北部とケニア南部の高地にひっそりと自生する常緑多年草。1892年にナチュラリストのウォルター・フォン・セントポール・イレーイエ男爵によって発見された。以来、次々と改良されて、「室内花の女王」と呼ばれるほど、花や葉の形、花色が変化に富む大きなグループを形成している。
鉢植え。
P レースのカーテン越しの光が当たる窓辺に置いて管理する。鉢土の表面が乾いたら水をやる。冬は10℃以上に保つ。
♡ 小さな愛。

1 葉も美しい'マゼンダブルー'
2 垂れて咲く'インディアントレイル'
3 ペンジュラ（原種）
4 縞花の'ペパーミントキャッシー'
5 'ラベンダーレディー'
6 外縞花の'サウスカロライナ'

1

2

3

4

5

6

ダッチアイリス

アヤメ科 ◆4〜5月
●　●
H:40〜50cm

球根アイリスの仲間。スパニッシュアイリスを中心につくられた園芸品種。まっすぐな花茎を出し、先端にアヤメに似た花を2個つける。花壇、鉢植え、切り花にむく。

🄿 秋に3cmほど覆土して植える。酸性土を嫌うので、植えつけるときには石灰をまいて中和させる。

チオノドクサ　別名：ハヤサキユキゲユリ

ユリ科 ◆3月
●
H:10〜15cm

トルコ、ギリシャ原産の秋植え球根。水はけさえよければ、土質を選ばずによく育つ。基本種のルシリアエは花茎を15cm伸ばして、その先に花径2cmの星形の花を数輪つける。花壇、鉢植え、ロックガーデンに。

🄿 10月に日当たりと水はけのよいところに植えつける。

チリアヤメ

アヤメ科 ◆4〜7月
●
H:約10cm

テキサスからチリ、ブラジル南部原産の半耐寒性秋植え球根。線状の葉の間から茎を伸ばして径3cmほどの紫色の花をつける。花は一日花だが、次々と咲き続ける。花壇、鉢植え。芝生に植えてもよい。

🄿 栽培は容易。日当たりと水はけのよいところに、10月ころに深さ7cmで球根を植えつける。

ツンベルギア　別名：ヤハズカズラ

キツネノマゴ科
◆15℃以上で周年
●　●　○
H:100〜150cm

熱帯アフリカ原産のつる性常緑多年草。園芸上は春まき一年草。四角形の茎に矢じり形の葉を対生し、葉のわきに径4cmほどの、濃黄色の花をつける。鉢植え（あんどん仕立て）、吊り鉢。

🄿 春にタネをまいて、5月になってから定植する。

ディモルフォセカ

別名：アフリカキンセンカ
キク科 ◆4〜6月
●　●　○
H:30〜40cm

南アフリカ原産の秋まき一年草。一般に栽培されているのが、ディモルフォセカ・シヌアタで、径5cmほどの橙黄色の花をつける。花壇、鉢植え。

🄿 9月中旬〜10月上旬にタネをまいて、凍らない場所で冬越しさせ、4月に定植。

デージー　別名：ヒナギク、エンメイギク

キク科 ◆3〜5月
●　●
H:約15cm

ヨーロッパに自生する多年草。暑さに弱いので、秋まき一年草として扱う。品種は豊富で、花径2cmの小輪品種から8cmの大輪品種まである。花壇、鉢植え。小輪種を花壇に密植すると毛氈花壇になる。

🄿 日当たりのよい場所に植える。
💬 無意識（赤花）、無邪気（白花）。

草花・鉢花　春

ナノハナ（菜の花）　別名：ハナナ

アブラナ科
◆ 3〜5月
H:60〜80cm

日本に野生する秋まき一年草。ナノハナには油を採種するアブラナも含まれるが、観賞用のナノハナはハナナと呼んで区別している。
花壇、鉢植え、切り花にむく。
P 秋に日当たりと水はけのよいところにタネを直まきにし、間引き栽培する。
季語 春。

ネメシア　別名：ウンランモドキ

ゴマノハグサ科
◆ 3〜5月
○ 複
H:10〜30cm

南アフリカ原産の秋まき一年草。大輪で花色豊富なので、人気がある。
雨に当たると花びらが傷むので、花壇にはむかない。鉢栽培で観賞する。
P 霜の心配がなくなる4月に苗を購入し、水はけのよい用土で植える。

ネモフィラ　別名：ルリカラクサ　ハゼリソウ科 ◆ 3〜5月 ● ○ 複 H:15〜25cm

北アメリカ原産の秋まき一年草。代表的な品種が、青い花をつけるネモフィラ・メンジージー。株いっぱいに咲く澄んだ空色の花から、英名ベイビーブルーアイズ（赤ちゃんの青い瞳）と呼ばれる。花色は青のほか、白、紫がある。変種に黒い花弁の周囲に白い覆輪が入る'ペニーブラック'がある。ほかに、白い花弁の弁先に紫の斑が入るネモフィラ・マクラータ（英名ファイブスポット）がある。
花壇、鉢植え。
P 日当たりと水はけのよいところに、腐葉土をすき込んで植える。

1 清楚な印象のメンジージーの白花
2 ネモフィラ・マクラータ
3 黒い花が魅力の'ペニーブラック'
4 青い花がさわやかなネモフィラ・メンジージー

チューリップ 別名：ウコンコウ

ユリ科 3～5月
H:20～70cm

中央アジア、トルコ、北アフリカ原産の秋植え球根植物。16世紀にヨーロッパに伝わると、盛んに品種改良されて優秀な品種が次々とつくり出され、春を代表する園芸植物になっている。
種類を大別すると、早生種（3月下旬～4月上旬に開花。草丈20～30cm）、中生種（4月上旬～中旬に開花。草丈40～70cm）、晩生種（4月下旬～5月上旬に開花。草丈50cm前後。花弁の周囲に切れ込みが入るパーロット咲き、花弁の先端がとがるユリ咲き、花弁に絞りや縞が入るレンブラント系など）、晩生八重咲き（ボタンのような八重咲きの花をつける）のグループに分けられる。また、最近は、コンパクトな草姿の原種チューリップが人気を集めている。
花壇、鉢植え、切り花にむく。大きめの鉢に植えるときは密植ぎみに、また、寄せ植えにすると引き立つ。
P 10～11月に、日当たりと水はけのよいところに元肥を施して、球根の2～3倍の深さで植える。鉢植えのときは5号鉢で5～6球を目安に植える。冬の間も乾かさないように気をつける。花後、葉が黄色くなったら掘り上げて、陰干しし、古い葉や根をとって、冷暗所で貯蔵する。

季語 春。 博愛。

1 原種ツリパ・ウィッタリー
2 原種ツリパ・タルダ
3 原種ツリパ・ウィルソニアナ
4 房咲き種
5 美しい花形の'プリシマ'
6 八重咲きの花が豪華'アンジェリケ'
7 縦縞がかわいい'ゴールデンデー'
8 ツリパ・クルシアナ・クリサンタ
9 覆輪葉の'ニューデザイン'
10 花弁に切れ込みが入る'フレーミングパーロット'

草花・鉢花　春

35

バビアナ　別名：ホザキアヤメ

アヤメ科
✿ 4～5月
●●●●○
H：30～50cm

南アフリカ原産の秋植え球根。剣状の葉を数本出して、その間から直立した花茎を伸ばし、穂状に筒状花をつける。花壇、鉢植え。

🅿 日当たりと水はけのよいところを選び、腐葉土をすき込んで、元肥を施して植える。鉢植えの場合は、5号鉢に5球が目安。

ビジョザクラ（美女桜）　別名：バーベナ

クマツヅラ科 ✿ 4～6月　●●●●　H：30～60cm

園芸上一年草として扱われる。茎は這うように広がって、小さな花が集まって穂状に咲く。花壇、鉢植え、グラウンドカバーにむく。

🅿 秋にタネをまき、霜よけを施し、4月に定植する。

季語 夏。　💙家族の和合（桃花）、一致協力（赤花）。

ビジョナデシコ（美女撫子）　別名：ヒゲナデシコ

ナデシコ科
✿ 4～6月
●●
H：15～50cm

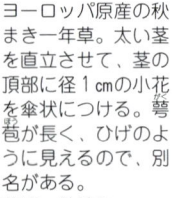

ヨーロッパ原産の秋まき一年草。太い茎を直立させて、茎の頂部に径1cmの小花を傘状につける。萼苞が長く、ひげのように見えるので、別名がある。花壇、鉢植え。

🅿 9月上旬ころにタネをまき、10月に定植する。

💙野心（赤花）。

ヒアシンス

ユリ科 ✿ 3～4月
●●●●●○
H：15～20cm

小アジアや地中海沿岸原産の秋植え球根。16世紀にチューリップ同様に小アジアからヨーロッパに渡り品種改良された。日本には安政年間（1855年ころ）に渡来した。

球根は大型で、太い花茎を立ち上げて、芳香のある花をたくさんつける。花壇、鉢植え、水栽培にむく。

🅿 なるべく大きな球根を選ぶのがポイント。日当たりと水はけのよいところを選び、10～11月に植えつける。鉢植えは5号鉢に1球を目安に植える。花後、葉が黄色くなったら掘り上げて、風通しのよい日陰で保管する。

季語 春。　💙悲哀。

1 桃花の'アンネマリー'
2 ヒアシンスの水栽培
3 'ブルージャケット'

草花・鉢花 春

パンジー・ビオラ

別名：パンジー→三色スミレ、ビオラ→タフテッドパンジー

スミレ科
◆12〜6月
H:10〜25cm

ヨーロッパ、北西アジア原産の秋まき一年草。パンジーの名は、斑の入った花を顔に見立て、フランス語のパンセ（考える）にちなんでつけられた。
花径10〜12cmの超巨大輪種、大輪種、中輪種、ビオラと呼ばれる小輪多花性種がある。
花壇、鉢植え、切り花にむく。

P 秋から出回る苗を購入すると簡単。日当たりと水はけのよい花壇に植える。

季語 春。 ♡もの思い。

1 パンジー。黄の花弁に茶色の筋が入る
2 ビオラ・ダシカ（原種）
3 ビオラ・トリコロール（原種）
4 花びらにフリルが入る品種
5 黒い花弁の'ジェットブラック'
6 ビオラ・マケドニカ（原種）

ヒメケマンソウ （姫華鬘草）

ケシ科 ◆4～7月
● ● ○
H:25～35cm

コマクサの仲間で、園芸的にはケマンソウやヒメケマンソウが普及している。ヒメケマンソウは北アメリカ東部原産の多年草。
花壇、鉢植え、ロックガーデンにむく。
🅿 日当たりと水はけのよいところに植える。冬に落葉したあとも水をきらさないように管理する。

ヒメシャガ （姫射干）

アヤメ科 ◆4～5月
● H:20～30cm

日本の本州、四国、九州、中国に自生する多年草。葉は線形で、20～30cmの花茎の先に2～3花つける。花は径3～5cm。淡紫色で中央部が白で紫の脈が入り、黄色の突起がある。
花壇、鉢植え、ロックガーデン。
🅿 半日陰でやや湿り気のあるところに植える。

フクジュソウ （福寿草） 別名：ガンジツソウ

キンポウゲ科 ◆2～3月
● ● H:30～40cm

北海道から九州の各地の林床に自生する耐寒性多年草。早春に茎を直立させて、茎の頭に1個の花をつける。葉は開花したあとに出るが、葉も晩春になると枯れて、秋まで休眠する。江戸時代から花の美しさが注目されて、多くの園芸品種がある。落葉樹の根締め、日本庭園の石組みに添えるほか、鉢植えに。
🅿 芽出しから開花中は日が当たり、開花後に半日陰になる落葉樹の下などが理想的。鉢植えでは、軽石砂などを混ぜた水はけよい用土で植えつける。休眠中も水ぎれしないように水やりする。
季語 新年。 💬 永遠の幸せ。

▶落葉樹下にむくフクジュソウ
◀橙色の花が美しい '紅ナデシコ'

フリージア 別名：アサギスイセン

アヤメ科 ◆3～4月
● ● ● ● ○ H:30～50cm

南アフリカの喜望峰付近に自生する、秋植え球根植物。寒さを嫌うので関東以北での露地栽培はむずかしい。芳香がある。鉢植え、切り花。
🅿 11～12月に植えつける。鉢植えは5号鉢に7球植えが目安。
季語 春。 💬 清い香り、純潔。

ブラキカム 別名：ヒメコスモス

キク科 ◆4～5月
● ● ● ○
H:30～40cm

オーストラリア原産の秋まき一年草。基部から分枝してこんもりと茂り、径3cmの花をたくさんつける。ヒメコスモスのほかに、花がヨメナに似ることからヒメヨメナの別名がある。花壇、鉢植え、吊り鉢にむく。
🅿 10月にタネをまき、4月上旬に水はけよく植えつける。

草花・鉢花　春

フリチラリア

ユリ科◆3〜6月 ●●○ ●　H:15〜100cm

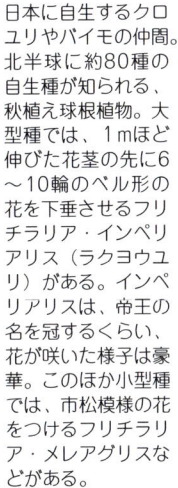

日本に自生するクロユリやバイモの仲間。北半球に約80種の自生種が知られる、秋植え球根植物。大型種では、1mほど伸びた花茎の先に6〜10輪のベル形の花を下垂させるフリチラリア・インペリアリス（ラクヨウユリ）がある。インペリアリスは、帝王の名を冠するくらい、花が咲いた様子は豪華。このほか小型種では、市松模様の花をつけるフリチラリア・メレアグリスなどがある。
花壇、鉢植え、ロックガーデンに。
🅟 秋に日当たりと水はけのよいところに植えつける。花後葉が黄変したら掘り上げて、おがくずの中に埋めて、涼しいところで夏越しする。

1 本州の中部以北に自生するクロユリ
2 中国原産のバイモ
3 大型種のフリチラリア・インペリアリス 'ルブラマキシマ'

フランスギク

別名：オックスアイデージー
キク科◆4〜5月 ○　H:30〜90cm

ヨーロッパからシベリア、西アジアに分布する多年草。長い花茎を伸ばしてその先に花径3〜5cmの一重咲きの白い舌状花をつける。園芸品種に八重咲きがある。花壇、鉢植え、切り花にむく。
🅟 ポット苗を購入して、3月上旬〜中旬、または10月に植えつける。

ブルークローバー

別名：パロケスツ　マメ科◆3〜6月、10〜11月
●　H:約10cm

ヒマラヤからスリランカ原産の耐寒性多年草。クローバーに似た葉をもち、ブルーの蝶形花をつける。鉢植え。
🅟 高温多湿を嫌うので、夏は半日陰の涼しいところで夏越しする。5月、9月にさし木でふやせる。

プリムラ

別名:マラコイデス→オトメザクラ、ポリアンサ→セイヨウサクラソウ、オブコニカ→トキワザクラ

サクラソウ科
◆ 1〜4月
H: 15〜40cm

北半球の広い範囲に分布し、種類、品種ともに多い。主なものに、早咲き多花性のマラコイデス（秋まき一年草）、径5cmの花をつけるオブコニカ（耐寒性多年草）、花色豊富で花つきがよいポリアンサ（耐寒性多年草）、ポリアンサを小型にしたジュリアン、穂状花をつけるヴィアリーなどがある。鉢植え、花壇にむく。
P オブコニカ以外は日当たりのよい場所に置き、薄い液肥を水やりがわりに施す。
♡富貴、神秘な恋、うぬぼれ。

1 花壇を彩るマラコイデス
2 穂状の花をつけるヴィアリー
3 オブコニカ
4 バラの花を思わせるポリアンサ'クラウディア'（サカタのタネ）
5 早春に開花するジュリアン
6 プリムラとムスカリ。早春を彩る花壇

草花・鉢花　春

ブルーデージー
別名：ルリヒナギク 
キク科 ● 4〜6月
●
H:20〜40cm
南アフリカ原産の半耐寒性多年草。花は径4cmの澄んだブルーで、中心花の黄色とのコントラストが美しい。
花壇、鉢植え、切り花にむく。
P 日当たりがよいと、よく花がつくので、日当たりと風通しのよいところで栽培する。夏は半日陰に移し、冬は室内に取り入れて保護する。

ブルビネラ
ユリ科 ● 3〜4月
● ● ○
H:60〜100cm
南アフリカとニュージーランドに自生する秋植え球根植物。線形の葉の間から花茎を立ち上げて花穂をつくり、下から上に順に開花する。
花壇、切り花。
P 日当たりと水はけのよいところを選び、腐葉土をすき込んで、球根の上部が土から出るくらいの浅植えにする。

ベニジウム
別名：ジャノメギク 
キク科 ● 4〜5月
●
H:60〜90cm
南アフリカ原産の秋まき一年草。葉や茎に細毛が密集して、銀灰色に見える。茎の頂部につく花は、径9〜10cmの橙色で蛇の目模様。花は日中に開き、雨や曇天時には閉じる。
花壇、切り花。
P 4月に日当たりと水はけのよいところに植える。乾きに強いので、土の表面が乾いてきたら与える。

ベニバナイチゴ （紅花苺）
バラ科 ● 3〜5月、9〜10月
●
H:15〜25cm
イチゴと同じバラ科のポランティラ属の赤花種を交配してつくった園芸品種で、花を観賞する。'ピンクパンダ'（写真）、'セレナータ'、'サクフ'がある。
花壇、鉢植え、グラウンドカバーにむく。
P 酸性土を嫌うので、苦土石灰をまいて中和させてから植えつける。

ペラルゴニウム
別名：ナツザキテンジクアオイ
フウロソウ科
● 4〜6月
● ● ● ● ○ 複
H:30〜100cm
南アフリカ原産の多年草。ゼラニウムの仲間だが、花は一季咲き。花径5〜8cmの大きな花をつける。
鉢植え。
P 雨に当たると花がすぐ傷むので、雨の当たらないところに置く。
♡ 愛情。

ベロニカ 'オックスフォードブルー'
別名：ベロニカ'ジョージアブルー'
ゴマノハグサ科
● 4〜5月
●
H:約10cm
トルコからコーカサスに自生する耐寒性多年草。茎が横に伸びてカーペット状になり、春に径1cmのオオイヌノフグリに似た花をつける。
花壇、鉢植え、グラウンドカバーに。
P 西日の当たらない日なたから半日陰に。

ペンツィア

キク科 ◆ 4〜6月 ● H: 40〜60cm

南アフリカ北部の砂地に自生する、半耐寒性の一年草。葉は羽状に切れ込み、長く伸ばした花茎の頂部に、径3〜4cmの黄色い球状花をつける。花壇、鉢植え。

P 秋にタネをまき、本葉3〜4枚で鉢にあげ、3月下旬に日当たりと水はけのよいところに植える。

ホタルカズラ (蛍葛)
別名：ホタルソウ、ルリソウ

ムラサキ科 ◆ 4月 ● H: 15〜20cm

日本から台湾、中国に分布する常緑多年草。野山の少し乾いた林下などでよく見かける。4月ころ茎を伸ばして、径1.5cmのルリ色の小花をつける。葉、茎にはざらざらとした毛が生えている。
鉢花、ロックガーデンにむく。

P 鉢植えで出回るので、これを入手すると簡単。 季語 夏。

マーガレット　別名：モクシュンギク　キク科 ◆ 12〜5月 ● ● ○ H: 60〜100cm

カナリー諸島原産の半耐寒性多年草。冬から春にかけて、キクに似た花を咲かせる。寒さに弱いため、普通は鉢花にするが、無霜地帯では、茎や枝が木質化し、露地植えで冬越しする。花は白の一重咲きが基本だが、黄花、桃花があり、八重咲き、花の中心が盛り上がる丁字咲きがある。鉢植え、花壇、庭植え、切り花。

P 春先に出回るポット苗を購入して植えつけると簡単。元肥は少量与える程度にする。花が終わったら株を切り詰めて、半日陰の涼しいところで管理する。

♡ 恋占い。

1 一重咲きの白花品種
2 大きなコンテナで大株に育てるとみごとになる
3 一重咲きの黄花品種
4 一重咲きの桃花品種

草花・鉢花　春

マルコミア・マリティマ

別名：バージニアストック
アブラナ科 ◆ 4～5月、9～10月
H：20～40cm

地中海地域に分布する秋まき一年草。茎が横に伸びて、茎の先に花径1cmの4弁花を咲かせる。花は咲き始めは白だが、徐々にピンクになる。花には芳香がある。鉢花、花壇。
P 春に鉢花を購入して、日なたで管理する。

ムラサキハナナ（紫花菜）

別名：オオアラセイトウ
アブラナ科 ◆ 3～5月
H：30～50cm

北海道から沖縄に自生する秋まき一年草。各地で野生化している。花はナノハナに似た4弁花で紫色。花壇、庭植え、鉢植えにむく。
P タネを直まきし、間引いて栽培する。一度タネをまけば、翌年からはこぼれダネで育つ。

ムスカリ　別名：グレープヒアシンス

ユリ科 ◆ 3～4月
H：10～30cm

ヨーロッパ、小アジア原産の秋植え球根。主な品種に青や紫色の丸い花を房状につけるアルメニアカム、花がまるで羽毛のように見えるプリモスムなどがある。花壇、鉢植え。
P 花壇には、球根の高さの倍の深さで植えつける。

← 羽毛のような花の'プリモスム'
← アルメニアカムの鉢植え

ラケナリア　別名：アフリカンヒアシンス

ユリ科 ◆ 12～4月
H：15～20cm

南アフリカのケープ地方原産の秋植え球根。冬咲き種と春咲き種があり、品種を選べば長く楽しめる。寒さを嫌うので、冬は室内の日が当たる場所に置いて冬越しさせる。鉢植え、切り花。
P 球根が隠れるくらいの浅植えにする。5号鉢で5球が目安。

リビングストンデージー

別名：ベニハリ
ツルナ科 ◆ 4～5月
H：10～15cm

南アフリカ原産の秋まき一年草。地を這うようにして広がり、茎の先に径4cmほどの花を密につける。花は日が当たっている日中に開花し、日没とともに閉じる。グラウンドカバーにむく。
P 水やりは控えめに与える。

ラナンキュラス

別名：ハナキンポウゲ
キンポウゲ科
◆4～5月
🔴🔴🟡🟡 ○ 複
H：30～50cm

東ヨーロッパ、中近東原産の秋植え球根。花径15cm以上のビクトリア・ストレイン系などがあり、原種のゴールドコインも人気がある。
花壇、鉢植え。
P 植える数日前から湿らせたバーミキュライトに球根を埋め、吸水させておく。
♡ 晴れやかな魅力。

← ゴールドコイン
← コンテナ植え

リーガースベゴニア

別名：エラチオールベゴニア
シュウカイドウ科
◆周年
🔴🔴🟡🟡
○ H：30～50cm

球根ベゴニアと根茎性ベゴニアを交配した園芸品種。葉に光沢があり、花は径5～10cmで、一重から半八重、八重咲きがある。
鉢植え。
P 冬はレースのカーテン越しの日が当たる窓辺で管理する。

← 半八重咲きの桃花
← 八重咲きの赤花

ラッセルルピナス

マメ科 ◆4～6月
🔴🌸🟠🟡🟣
🔵○ 複
H：50～120cm

北米原産の大型の多年草で、茎が直立し、60cmほどの花穂をつける。夏に弱いので、暖地では二年草として扱う。
花壇、鉢植え、切り花にむく。
P 移植を嫌うので、6月にタネを直まきして、間引きながら育てる。
♡ 空想。

ローズマリー

別名：マンネンロウ

シソ科 ◆2～4月、10～12月
🌸🔵○
H：100～200cm

地中海沿岸に自生する常緑小低木。ハーブとして知られ、花壇、鉢植えで楽しまれている。直立するタイプと横に這うタイプがあるが、どちらもよい香りを放つ。
P 夏と冬以外、枝先を切りとり、赤玉土小粒などにさし木して簡単にふやせる。

草花・鉢花　春

ローダンセ
別名：ヒロハノハナカンザシ

キク科 ❖ 4〜5月

H：30〜60cm

オーストラリア原産の半耐寒性一年草。分枝した茎の頂部に、かさかさと乾いた花をつける。
花壇、鉢植え、ドライフラワー。

P 秋にタネをまくが、タネは綿毛に覆われていて吸水しにくいので、タネをこすりあわせて綿毛を少なくしてからまく。

ワスレナグサ（勿忘草）
別名：ミョソティス

ムラサキ科 ❖ 4〜5月

H：20〜40cm

ヨーロッパ原産の多年草だが、暑さを嫌うので、秋まき一年草として扱う。毎年こぼれダネで育つ。花壇、庭植え、鉢植えにむく。

P 秋にタネをまいたら十分覆土して乾かさないように管理する。本葉2〜3枚でポットに移植する。

季語 春。

ワトソニア
別名：ヒオウギズイセン

アヤメ科 ❖ 4〜6月

H：50〜150cm

南アフリカ原産の秋植え球根植物。葉は剣状で直立し、葉の周からまっすぐに花茎を出して、グラジオラスに似た花を穂状につける。
花壇、鉢植え、切り花にむく。

P 日当たりと水はけのよいところに、6〜10cmの深さで植える。

一年草、多年草、球根の特徴と利用方法

草花には、花が咲き、タネをむすぶと一年以内に枯れてしまう「一年草」と、毎年、花を咲かせタネを結びながら、長期間にわたって生育する「多年草」（宿根草）があります。

小さな庭やコンテナを華やかに彩るには

一年草は、生育するサイクルが一年以内で終わってしまいます。たとえばこの春、どんなに美しく咲き誇って庭を飾ってくれても、来年、同じように咲いてはくれません。残念に思われますが、この生育サイクルが短いことが品種改良には大いに役立って、パンジー・ビオラのように10月ころから翌年の5月ごろまで咲き続ける開花期間の長いものや、また、花の大きいもの、花色が豊富なもの、花数の多いものなどがたくさんつくられています。

一年草は毎年タネをまき、植えつけを繰り返さなければならないので手間はかかりますが、その分、華やかで美しい花壇が楽しめます。小さな庭を花いっぱいに飾ってみたいときや、カラフルなコンテナガーデンを楽しみたいときには、一年草をおすすめします。また、宿根草を中心にしたナチュラルガーデンの彩りとしても最適です。

緑が生きた落ち着いた庭づくりには

長年にわたって生育する多年草には、生育環境が厳しくなる夏や冬に、葉をなくして根だけで生育するものと、いつも青々とした葉をつける常緑性のものがあります。
品種改良があまりなされていないものが多く、開花期間も1〜2週間と短いものが少なくありません。多年草はどちらかといえば、美しい葉色の組み合わせを楽しみ、短い花期で季節感を知るような庭づくりにむいています。

庭のアクセントやコンテナに最適

多年草の仲間に球根植物があります。雨が少ないなど、生育環境の厳しいところで育つ植物は、茎や根などの一部を太らせて栄養を蓄え、ほかの部分を枯らして雨が降るのをじっと待ちます。この肥大した部分を球根と呼びます。一般に花が大きく、花色も豊富で、よく目立つ花をつけるので、庭のアクセントやコンテナの寄せ植えなどにむいています。

初夏の草花・鉢花

Flowering plant and container plant of Early summer

初夏を迎えると
これまで美しい葉を
茂らせていた多年草が
待ちかねたように
花を開き始めます。

アガパンサス 別名:ムラサキクンシラン

ユリ科
◆5〜7月
● ● ○
H:30〜150cm

南アフリカ原産の多年草。葉間から花茎を立ち上げて、頂部にたくさんの花を咲かせる。草丈1mを超えるものから小型種まで、品種は豊富。花壇、大型のコンテナにむく。

P 水はけと日当たりのよいところに、春か秋に植えつける。

💬 愛の便り。

アカリファ 別名：ベニヒモノキ

トウダイグサ科
◆20℃以上で周年
● ● ○
H:30〜200cm

熱帯原産の低木で、矮性化した園芸品種の'キャットテール'（写真）が、鉢花として出回る。生育には20℃以上必要だが、最低10℃あれば冬越しできる。

P 冬越しした株は4〜5月に、砂、腐葉土を多めにした水はけのよい用土で植えかえる。

アカンサス 別名：ハアザミ

キツネノマゴ科
◆5〜6月
● H:100〜150cm

地中海沿岸、熱帯アジアに自生する大型の多年草。大きな羽状の葉を地際から茂らせる。葉の間から150cmぐらいの花茎を伸ばして、筒状花をつける。庭植え。

P 水はけがよければ、日当たりから半日陰でもよく育つ。大きくなるので、植え場所に注意。

草花・鉢花 | 初夏

アグロステンマ

別名：ムギセンノウ
ナデシコ科
❀ 5〜6月
● ● ○
H：50〜100cm

ヨーロッパでは小麦畑の雑草として厄介者扱いされている。タネをまけば、確実に発芽して、花をつける。庭に群植するとよい。

P 秋によく日が当たるところにタネをまく。直まきして、生育に応じて間引いてもよい。

アジュガ

別名：セイヨウキランソウ
シソ科 ❀ 5〜6月
● ● ○
H：約20cm

ヨーロッパ原産の多年草。日本の野山に自生しているキランソウやジュウニヒトエの仲間。茎は横に広がって伸び、初夏に高さ15cmほどの花穂を立ち上げる。紫の花を段上につけるので、花の塔のように見える。グラウンドカバーに最適。庭植え。

P 日なたでも半日陰でもよく育つ。春か秋に20cm間隔で水はけよく植えつける。

↑斑入りアジュガ
↓花壇を彩るアジュガ

アスチルベ

別名：アワモリソウ
ユキノシタ科
❀ 5〜7月
● ● ● ○
H：40〜100cm

北海道から九州、中央アジアなどに自生する多年草。初夏から夏にかけて、分枝する茎を立ち上げて、アワ粒のような小さな花を円錐形に密につける。庭植え、花壇、鉢植えにむく。

P 半日陰でも育つが、できれば半日以上日が当たるところだと、花つきがよくなる。

季語 夏（泡盛草）。
♡ 恋の訪れ。

↑矮性のアスチルベ
↓アスチルベ（白花種）

アナガリス

別名：ルリハコベ
サクラソウ科
❀ 5〜7月、
　9〜10月
● ●
H：20〜30cm

ヨーロッパ西部に自生する多年草。よく分枝しながら横に広がってこんもりと茂り、夏を除いた初夏から秋まで、径5〜10mmの花を咲かせる。高温多湿を嫌うので鉢栽培にする。

P 日当たりと風通しのよいところで管理し、冬は軒下に置く。

アマリリス　別名：ヒッペアストラム

ヒガンバナ科
● 5〜7月
● ● ○
H：60〜90cm

南アメリカ原産の秋植え球根。太い花茎の頂部に数輪の大きな花をつける。最近はオランダでつくられたポット入り球根が出回っている。花壇、鉢植え。
P 花後は花茎を残して花がらを摘みとり、肥培する。
[季語] 夏。 [♡] おしゃべり。

アヤメ（菖蒲）

アヤメ科
● 5〜6月
● ○　H：約60cm

日本の野山や草原に自生する多年草。剣状の葉の間から花茎を立ち上げ、初夏に紫色の花をつける。庭植え、鉢植えで楽しめる。切り花は茶花になる。
P 乾燥に強いので、日当たりと水はけのよいところに植える。適期は6月。
[季語] 夏。 [♡] よい便り。

アリウム　別名：ハナネギ

ユリ科 ● 4〜6月
● ● ● ● ○
H：30〜150cm

ヨーロッパ、北アメリカ、アジアに自生する秋植え球根植物。ニラなどの仲間で、ネギ坊主に似た花をつける。大きなものでは花茎が150cmに伸びるアリウム・ギガンチウム（写真）がある。花壇、鉢植え、切り花にむく。
P 球根の高さの3倍の深さで植える。
[♡] 無限の悲しみ。

アルストロメリア

別名：ユリズイセン、インカノユリ

ユリ科 ● 5〜7月
● ● ● ● ●
○ 複

南アメリカ原産の秋植え球根。オランダ、イギリスで改良され、多数の園芸品種がある。日本に入ってきてまだ間もないが、花色豊富で、多花性、栽培が容易なことから人気を呼ぶ。花壇や鉢植え、切り花。
P 鉢植えの場合は5号鉢に1球が標準。5cmぐらい覆土する。霜が降りるところでは霜よけが必要。

↑ プルケラ（原種）
↓ 豊富な花色が魅力

アルケミラ・モリス

別名：レディースマントル
バラ科 ● 6〜7月
●　H：40〜50cm

ヨーロッパ東部から小アジアに分布する多年草。株は地を這うように広がり、初夏に花茎を立ち上げて、細かく分枝した先端に黄緑色の小花を多数つける。グラウンドカバー、切り花、ドライフラワーにむく。
P 夏は水ぎれしないように管理する。

草花・鉢花　初夏

アンチューサ
別名：アフリカワスレナグサ

ムラサキ科 ❖5～6月
● H:20～60cm

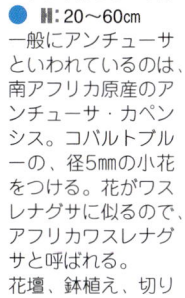

一般にアンチューサといわれているのは、南アフリカ原産のアンチューサ・カペンシス。コバルトブルーの、径5mmの小花をつける。花がワスレナグサに似るので、アフリカワスレナグサと呼ばれる。
花壇、鉢植え、切り花にむく。
🅿 日当たりと水はけよいところに植える。

イソトマ
別名：ローレンチア

キキョウ科 ❖5～10月
● H:約25cm

オーストラリア原産の一年草または多年草。繊細な茎が這うように広がり、花径4cmの星形をした青い花をつける。鉢花として出回り始めた、比較的新しい園芸種。
垂れ下がるので、ハンギングバスケットなどにむく。
🅿 9月にタネをまき、日なたで育てる。

イチハツ（一八）

アヤメ科 ❖5月
◐ ○ H:30～50cm

中国から渡来した多年草。葉は幅広い剣状で、葉よりも高い位置で花をつける。花は紫色または白色で、基部に白いトサカ状の突起がついている。
庭植え、鉢植え、切り花。
🅿 日当たりのよいところが適地。花後に株分けして植えつけるとよい。
季語　夏。　使者。

エリゲロン
別名：ヨウシュアズマギク

キク科 ❖5～6月
● ● ● ○ H:30～100cm

北アメリカ原産の多年草。主な園芸品種としては、小型種でこんもりと茂り、径1.5cmの花をつけるエリゲロン・カルピンスキアヌスがある。花色は白から桃色に変化する。
庭植え、グラウンドカバーに最適。
🅿 5月にタネをまき、秋に、日当たりよいところに植える。

エキウム
別名：シャゼンムラサキ

ムラサキ科 ❖5～8月
◐ ◐ ● ○
H:20～60cm

ヨーロッパ西部から南部原産の一、二年草。株は白い毛で覆われる。茎を直立させて、上部に径2～3cmの花を密につける。高性種のほか、ピンクや青い花を咲かせる矮性種がある。花壇、鉢植え。
🅿 秋に、日当たりと水はけのよいところにタネを直まきする。

エレムルス

ユリ科 ❖5～7月
◐ ◐ ◐ ○
H:30～180cm

中央アジア原産の多年草。30～180cmの花茎を立ち上げて、釣り鐘形または星形の小花をたくさんつける。花穂は目立つ。
庭植え、大型のコンテナ、切り花。
🅿 日当たりと水はけのよいところを選び、10月に植えつける。生育中は十分水を与え、花後は水やりを控え、乾燥を保つ。

オキシペタルム

別名：ブルースター
ガガイモ科
❀ 6〜10月
H: 60〜100cm

ブラジル南部からウルグアイに自生する半つる性植物。多湿に弱いので、春まき一年草として扱う。花は淡青色の5弁花で、咲き進むうちに濃青色から赤みを帯びた色に変化する。庭植え、鉢植え、切り花。

P 鉢植えのまま3〜5℃を保てば冬越しできる。

オモト（万年青）

ユリ科 ❀ 5月
H: 30〜50cm

宮城県を北限に本州、四国、九州に自生する多年草。葉は常緑で革質。花よりも葉の大小、葉の形、斑の入り方など、葉を観賞する。古典園芸として江戸時代から親しまれている。庭植え、鉢植え。

P 庭植えでは砂質土壌に植える。半日陰を好む。

季語 秋（万年青の実）。

オーニソガラム

別名：オオアマナ
ユリ科 ❀ 5〜6月
H: 20〜60cm

南アフリカ、ヨーロッパ、西アジア原産の秋植え球根植物。太い花茎の頂部に径3〜4cmの星形花を数輪つける。強健、多花性のウンベラタム、黄花のダビウムなどがある。花壇、鉢植え、切り花にむく。

P 夏に半日陰になるところに植える。酸性土を嫌うので、苦土石灰をまいて中和するとよい。

↑ ウンベラタム
↓ 黄花をつけるダビウム

オリエンタルポピー

別名：オニゲシ
ケシ科 ❀ 5〜6月
H: 100〜130cm

西南アジア原産の多年草。一年草のシャーレポピーに比べると草丈1m以上と大きく、深く切れ込んだ葉と茎に剛毛がある。高温多湿を嫌うので、暖地では秋まき一年草として扱う。花壇、鉢植え、切り花。

P 日当たり水はけのよいところに植える。

← 赤花種
→ 桃花種

カキツバタ（杜若）

アヤメ科 ❀ 5月 H: 50〜80cm

本州の中部以北に自生する多年草。葉はハナショウブより幅が広く、2〜3cm幅の剣状。葉の間から花茎をまっすぐに伸ばして、径12cm前後の紫の花をつける。庭植え。

P やせぎみの用土に植え、常に根が水に浸るようにして育てる。 季語 夏。 幸せがやってくる。

草花・鉢花　初夏

オダマキ （苧環）

別名：アクイレギア　キンポウゲ科　✿5〜6月　●●●●●○　H:20〜80cm

北半球の温帯、南アフリカに約70種ほど分布する多年草で、日本にもミヤマオダマキなど5種の自生種がある。茎は多少分枝し、その頂部に花をつける。花は5枚の花弁状の萼片と長い距のある花弁で構成されている。園芸店に出回っているのは、ヨーロッパや北アメリカで改良された園芸品種のセイヨウオダマキで、草丈も高く、花色も豊富で華やかである。庭植え、花壇、鉢植え、ロックガーデン、切り花。

🌱 5〜6月にタネをまき、本葉3枚になったら3号ポットに移植する。夏は涼しいところで管理し、秋に定植する。

花語 春。💗 捨てられた恋人（紫花）。

1 ミヤマオダマキ
2 ミュージックシリーズ。中輪多花性の花壇むき品種
3 花色豊富なセイヨウオダマキ'ビーダーマイヤー'
4 黒花種
5 和の庭に合うヤマオダマキ

カーネーション

別名:オランダセキチク
ナデシコ科
◆5～6月
●●●○
H:15～120cm

ヨーロッパ南部原産のダイアンサス・カリオフィルスに、セキチクやそのほかの品種が複雑に交雑して、現在の花色豊富なカーネーションがつくられている。
矮性種は花壇、鉢植えに。切り花。
P 6月、9月にわき芽をさしてふやすことができる。
季語 夏。♡熱愛（桃花）、私の愛は生きている（白花）。

↑'ベビーハート'
↓ミニカーネーション

ガザニア

別名：クンショウギク
キク科 ◆4～6月
●●●●●○ H:20～30cm

南アフリカ原産の半耐寒性多年草。花は径5～6cmと大きく、金属光沢があることから、クンショウギクの別名がある。
花壇、鉢植え、ロックガーデン。
P 秋にタネをまく。本葉2～3枚でポットに移植し、霜よけをして冬越しする。

カスミソウ (霞草)

別名：ムレナデシコ
ナデシコ科
◆5～6月
●●○
H:50～120cm

コーカサス原産の秋まき一年草。細かく分枝した枝に白い小花をつけ、春霞のように見えることからその名で呼ばれる。花壇、鉢植え。
P 9月中旬にタネをまき、10月中旬に日当たりと水はけのよいところに、25cm間隔で植える。
季語 夏。

カマッシア

ユリ科 ◆4～5月
● ○ H:25～80cm

北アメリカ原産の秋植え球根植物。春から晩秋にかけて葉の間から花茎を直立して、青紫の花が集った花穂をつける。庭に群植すると引き立つ。
P 9～10月に日当たりと水はけのよいところに植えつける。酸性土を嫌うので、苦土石灰をまいて中和し、10～15cm覆土する。

カワラナデシコ (河原撫子)

別名:ヤマトナデシコ
ナデシコ科
◆5～10月 ● ○
H:30～80cm

日本各地の草原や河原に自生する多年草。細い茎を数本伸ばして、分枝した茎の頂部に花をつける。花は5弁花で、弁先は羽状に細かく切れ込む。庭植え、鉢植え。
P 日当たりと水はけのよいところを選び、苦土石灰をまいて、土壌を中和してから春に植えつける。
季語 夏。♡大胆。

草花・鉢花 | 初夏

カンパニュラ・イソフィラ

キキョウ科
◆6～10月
● ○ H:10～20cm

イタリア北部からオーストリアにかけてのアルプスに分布する多年草。
葉は心臓形で灰白色、上部にある葉には鋸歯がある。花は星形に開き、径3～4cm。ヨーロッパでは鉢花として人気があるが、高温多湿に弱いので、日本では吊り鉢にして、風通しのよいところに吊るして、垂れて咲く花を観賞することが多い。
鉢植え、ロックガーデン。
🅿 夏は半日陰で風通しのよいところで管理。2～3月ごろにさし芽すると秋に開花する。

カンパニュラ・メディウム

別名：フウリンソウ　キキョウ科 ◆5～7月
● ● ● ● ○ H:60～100cm

ヨーロッパ南部原産の二年草。葉や茎に毛がある。茎は太く分枝しないで、高さ1mぐらいになる。花は長さ5cmぐらいの鐘形。茎の上部にたくさんつける。花壇、鉢植え、切り花。
🅿 5～6月にタネをまき、本葉2～3枚になったら、赤玉土の小粒7、腐葉土3の割合の用土で仮植えし、10月上旬ころに定植する。

カンパニュラ・グロメラータ

別名：リンドウザキカンパニュラ
キキョウ科 ◆5～7月 ● ● ○ H:30～90cm

ヨーロッパ中北部からシベリア原産の多年草。茎、葉に毛が生えている。茎を立ち上げて、頂部と葉のつけ根部分に花を密につける。花は漏斗状。リンドウに似ていることから別名で呼ばれる。切り花で多く見かける園芸品種'スペルバ'は、変種のヤツシロソウとチャボヤツシロソウの交配種で、花が大きい。花壇、鉢植え、切り花。
🅿 丈夫で栽培は容易。肥沃な土壌に秋に植える。

カンパニュラ・ラティフォリア

キキョウ科
◆6～7月
● ○ H:約150cm

ヨーロッパからシベリア、インドのカシミール原産の多年草。茎は直立して、草丈150cmぐらいになる。葉は先がとがった心臓形。花は長さ4～6cmの鐘形で、茎の上部にたくさんつける。花色は紫青色。白花の'アルバ'や、大輪花の'マクランタ'などの園芸品種がある。
庭植え、花壇、鉢植え、切り花にむく。
🅿 涼しい半日陰で、やや湿ったところを好むので、水ぎれさせないようにする。

キショウブ（黄菖蒲）

アヤメ科 ◆5月
H：60～150cm

ヨーロッパ、北アフリカ、中近東に自生し、日本の水辺に野生化している多年草。葉は剣状で、葉の間から茎を伸ばし、3分枝した先に、8花以上の一日花を次々と咲かせる。花は黄色で径8cmぐらい。池の畔に群植すると栄える。

P 花後、または、早春、秋に植えつける。

消息、便り。

キョウガノコ（京鹿子）

バラ科 ◆6～7月
H：60～150cm

日本原産の多年草。葉は手のひらのような形に切れ込み、紅紫を帯びた茎の先に紅紫色の小花を無数に咲かせる。半日陰でも丈夫に育つので、和風の庭の下草に利用される。洋風では、ボーダー花壇の中程から後方の植栽に適している。

P 西日の当たらないところに植える。

季語 夏。

ギボウシ（擬宝珠）別名：ホスタ

ユリ科 ◆5～9月
H：30～100cm

東南アジア原産の多年草で、日本にも10種以上が自生している。半日陰が適地。欧米で人気が高く、多くの園芸品種がある。花も美しいが、葉の色や斑入り葉などを主に観賞する。庭木や庭石の根締め、広い庭ではグラウンドカバーになる。鉢植えにむく。

P 春か秋に植えつける。湿った状態を好むので、水ぎれさせないように管理する。

↑斑入り葉
↓初夏に花をつける

季語 夏。

クラスペディア 別名：ドラムスティック

キク科 ◆5～6月
H：60～90cm

オーストラリア原産の多年草。高温多湿に弱いので秋まき一年草として扱う。葉の間から長い花茎を伸ばし頂部に球状の花をつける。その形状からドラムスティックの別名がある。花壇、鉢植え、切り花、ドライフラワー。

P 秋にタネをまき、4月下旬に日当たりと水はけのよいところに植える。

クリーピングタイム

別名：セルピムソウ　シソ科 ◆6～7月
H：10～15cm

ヨーロッパに広く分布する矮性低木。よく分枝しながら横に広がり、枝先に花をつける。花壇、鉢植え、グラウンドカバーに。

P 4月に、日なたで水はけのよいところに直まきする。

草花・鉢花　初夏

キンギョウソウ （金魚草）
別名：スナップドラゴン
ゴマノハグサ科
◆5〜6月
H:15〜100cm

地中海沿岸原産の多年草だが、夏の暑さを嫌うので、日本では秋まき一年草として扱う。
草丈70〜100cmの高性種、50〜70cmの中性種、30cm前後の矮性種がある。花は花筒を横からはさむと上唇弁と下唇弁が開く。花形が金魚に似る。ほかに花の先端が開いて5弁花に見えるペンステモン咲きがある。花壇、鉢植え、切り花にむく。

P 苗を求めて、日当たりと水はけのよいところに植える。または、秋にタネをまき、本葉4〜6枚になったら2号ポットに移植して管理し、春に植えつける。

季語 夏。出しゃばり。

▲鮮やかな花色をしたキンギョウソウ
▲橙色と黄色。華やかな複色花

クリヌム
ヒガンバナ科
◆6月
H:60〜90cm

日本の暖地に自生するハマユウと同じ仲間の多年草。インドハマユウ、南アフリカ・ナタール原産のクリヌム・ムーレイ、イギリスのパウエルによってつくられたパウエリー（写真）などがある。庭植え、花壇。

P 日なたに植える。

季語 夏（ハマユウ）。

クリンソウ （九輪草）
サクラソウ科
◆5〜6月
H:30〜60cm

日本に自生するサクラソウの仲間。耐寒性多年草。春に花茎を伸ばして、3〜4段サクラソウに似た花を咲かせる。湿地を好むので、池の端に植える。鉢植えとしても楽しめる。

P 半日陰でも育つが、日なたのほうが花つきがよくなる。

季語 夏。

クリアンサス
別名：デザートピー
マメ科 ◆5〜6月
H:約20cm

オーストラリア西部原産の非耐寒性一年草または多年草。砂漠の近くのような乾燥した場所で、茎を這わして育つ。花は全長7〜8cmで、中心部が黒色のブロッチ（目）になる。鉢植え。

P 過湿に弱いので、水はけよい用土で鉢植えにする。水やりは株にかからないように行う。

クロタネソウ （黒種草）
別名：ニゲラ
キンポウゲ科
◆5〜6月
H:40〜80cm

南ヨーロッパ原産の秋まき一年草。茎を直立させ、糸状の細かに裂けた葉をつけ、分枝した頂部に花径3〜4cmの花をつける。花後に風船状の果実を実らせる。庭植え、花壇、鉢植え、切り花。

P 秋に花壇に直まきして、生育に合わせて間引く。

ゲウム　別名：ダイコンソウ

バラ科 ◆5～6月 ●H:30～40cm

北半球の温帯などに自生する多年草または極小低木。日本にも多年草のダイコンソウ（黄花）が自生している。近年、ヨーロッパ南部原産の、赤花種ゲウム・コッキネウム（ベニバナダイコンソウ・写真）などが出回っている。花壇、鉢植え。

P 5月下旬～6月中旬にタネをまき、4月に植えつける。

木立ベゴニア

シュウカイドウ科
◆周年
●●○
H:50～100cm

茎が地上に伸び上がる多年生のベゴニアを総称して木立ベゴニアと呼ぶ。矢竹形、叢生形、多肉茎形、つる性形の4タイプがある。葉の形、色彩ともに変化に富み、観葉植物としても観賞価値が高い。鉢植え。

P 冬でも15℃を保つと、開花する。

ゴデチア　別名：イロマツヨイ

アカバナ科
◆5～7月
●●●○
H:30～50cm

北アメリカ西部の乾燥した海岸地方原産の一年草。花は薄紙細工のようなデリケートな4弁花。雨が当たると傷むので、梅雨の時期と重なる日本では、鉢植えにして軒下などに置いて楽しむ。

P 暖地では秋に、寒地では春にタネを直まきして育てる。

コリンジア

ゴマノハグサ科
◆6～8月
●●
H:50～60cm

北アメリカの太平洋沿岸地域や東部原産の秋まき一年草。茎に沿って輪生する葉のつけ根に唇形の花をつける。現在出回っているのは、カリフォルニア原産のコリンジア・ヘテロフィラ（写真）。花壇、鉢植え。

P 日当たりさえよければ大株に育つ。

コンフリー　別名：オオハリソウ

ムラサキ科 ◆5月
● H:50～100cm

ヨーロッパ原産の多年草。日本には昭和の中ごろにハーブとして持ち込まれた。栄養価が高く、高血圧、動脈硬化によいとされていたが、最近、毒性分が見つかり、食用としては控えるように警告が出されている。花壇、鉢植え。

P 3～6月、9月に日当たりのよい花壇に植えつける。

サルピグロッシス

ナス科 ◆5～7月
●●●
H:50～60cm

ペルー、アルゼンチン原産の春まき一年草。花は径5cmで、花びらにビロード光沢があり、編み目模様が出るものが多い。花形はペチュニアに似ている。鉢植え。

P 花に雨が当たると傷むので、雨に当たらないようにする。日当たりと風通しのよいところに置く。

草花・鉢花 初夏

ジギタリス
別名：キツネノテブクロ 
ゴマノハグサ科
✿6〜7月
H:100〜150cm

ヨーロッパからアジア西部、中部に自生する二年草または多年草。高く直立した花茎を伸ばし、筒状の花を穂状につける。庭植え、花壇、鉢植えにむく。

🅿水はけのよい乾燥ぎみのところが適地。定植後、液肥で肥培。

季語 夏。 ♡熱愛、不誠実。

シノグロッサム
別名：シナワスレナグサ
ムラサキ科
✿5〜6月
H:50〜100cm

中国西部、チベット原産の一年草。葉や茎にかたい毛がある。分枝した枝の先に径6〜10mmのワスレナグサに似た5弁花を多数つける。草丈の高いものは花壇に、矮性種は鉢植えにむく。

🅿暖地では秋まきに、寒地では春まきにする。直まきでよい。

シベリアアイリス
アヤメ科 ✿5月 
H:30〜50cm

コアヤメとアヤメなどの交雑種を総称した園芸グループ。最初のものは1809年につくられ、その後イギリス、カナダ、アメリカなどで改良が進み、多くの園芸種がある。花形や草姿はアヤメに似る。庭植え、花壇。

🅿日当たりのよい花壇に、花後に植えつける。

ジャーマンカモマイル
別名：カモミール
キク科 ✿5〜6月
H:30〜60cm

ハーブティーなどでなじみの深い秋まき一年草で、春から初夏に白い舌状花を咲かせる。花は咲き進むにつれて真ん中の花床部分が盛り上がる。花にはリンゴ香がある。花壇、鉢植え。

🅿4月に、日当たりと水はけのよい場所に直まきし、間引き栽培する。

シャクヤク （芍薬）
別名：エビスグサ
ボタン科 ✿5〜6月 
H:60〜70cm

東アジア、シベリア原産の多年草。古い時期に中国から薬草としてもたらされた。花はボタンに似て、豪華で見栄えがある。庭植え、花壇、鉢植えにむく。

🅿秋に植える。夏に西日の当たらない、肥沃で水はけのよいところが適地。

季語 夏。 ♡内気、はにかみ、恥じらい。

シャスターデージー
キク科 ✿5〜7月
H:30〜90cm

日本のハマギクとフランスギクなどを交配してアメリカでつくられた園芸品種。名前はアメリカのシャスタ山にちなむ。直立した茎の頂部に、ハマギクに似た純白の大輪花をつける。高性種と矮性種があり、花形も豊富。花壇、鉢植え。

🅿春または秋に、日当たりと水はけのよいところに植える。

ジャーマンアイリス

アヤメ科◆5〜6月
●●●●●●●○ 複 H:60〜100cm

ヨーロッパの地中海沿岸に自生するアイリスをもとに、複雑に交配してつくられた園芸品種。アイリスの中ではもっとも花色が豊富で、花も径20cmぐらいと大きい。庭植え、花壇、大きなコンテナに植える。

🅿 6月に植える。日当たりと水はけのよいところが適地。あらかじめ苦土石灰をまいて土壌を中和しておき、根茎が半分くらい土の上に出るように植えつける。鉢植えの場合は、8号鉢に1株とし、芽が鉢の中央になるように植えつける。花が終わった直後に、株分けしてふやすことができる。

1 白と黄色の組み合わせ'ニュートロンダンス'
2 整った花姿'トラスト'
3 紫と黄の組み合わせ'ラグタイム'
4 紫の濃淡の'マジックマン'
5 紫覆輪の'レアトリート'

草花・鉢花　初夏

ジャノヒゲ　（蛇鬚）

ユリ科 ◆6～7月
● ○ H:15～20cm

日本各地、中国の林床などに群生する常緑多年草。庭では古くから下草として植えられ、現在では日当たりの悪いところのグラウンドカバーとして、盛んに利用されている。また、葉が黒いオオバジャノヒゲ'黒竜'が、コンテナガーデンの花材として人気。庭植え、鉢植え。

🌱 水ぎれさせないようにすると葉が美しく育つ。

↑花をつけた'黒竜'
↓日陰で育つジャノヒゲ

季語　夏。

宿根フロックス　別名：オイランソウ

ハナシノブ科
◆6～9月
● ● ● ○
H:70～100cm

北アメリカ原産の多年草。直立した茎の先端に小さな花を傘状につける。花の香りが花魁のおしろいに似ることから、オイランソウと呼ばれる。庭植え、花壇、切り花。

🌱 春に苗を入手し、日当たりと水はけのよいところに植える。

季語　夏。　♡ 温和。

シンバラリア　別名：コリセウムアイビー

ゴマノハグサ科
◆5～11月
● ○ H:3～5cm

地中海沿岸から西アジア原産の多年草。茎を長く伸ばし、地面に接した部分から発根して地面を覆う。花は径8mmと小さいが、春から秋まで咲き続ける。庭植え、鉢植え、グラウンドカバー。

🌱 日当たりから半日陰まで丈夫に育つ。鉢植えは水ぎれに注意する。

スイセンノウ　（酔扇翁）別名：フランネルソウ

ナデシコ科
◆6～9月
● ● ○
H:50～70cm

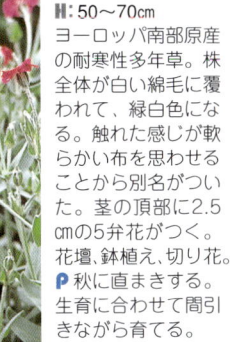

ヨーロッパ南部原産の耐寒性多年草。株全体が白い綿毛に覆われて、緑白色になる。触れた感じが軟らかい布を思わせることから別名がついた。茎の頂部に2.5cmの5弁花がつく。花壇、鉢植え、切り花。

🌱 秋に直まきする。生育に合わせて周引きながら育てる。

スイレン　（睡蓮）

ヒツジグサ科
◆6～9月
● ● ● ○
H:30～50cm

スイレンは、水草の仲間のうちで浮き葉をもつグループの総称。熱帯スイレンと温帯スイレンがある。池や水鉢などで栽培。

🌱 熱帯スイレンも、最近は夏にポット苗が出回るので、水鉢で育てられる。冬は室内で管理する。

季語　夏。　♡ 清純な心。

スカエボラ
別名：ブルーファンフラワー 
クサトベラ科
❖5〜11月
⬤
H：40cm前後

オーストラリア、ポリネシアに多く自生する常緑多年草。花が紫色で扇形をしていることから、ブルーファンフラワーと呼ばれる。日なたから日陰で育つ。
花壇、グラウンドカバー、吊り鉢に利用される。
🅿 さし芽して小苗をつくり、冬は凍らない室内で管理する。

スズラン（鈴蘭）
別名：キミカゲソウ 
ユリ科 ❖5〜6月
○
H：15〜20cm

日本に自生するスズランは、葉の陰に白いベル形の花をつけるが、ヨーロッパ原産のドイツスズランは、花穂が葉と同じ高さまで伸びて、一回り大きい花をつける。庭植え、鉢植え。
🅿 秋に植えつける。鉢植えの場合、5号鉢に3球植えとする。
季語 夏。♡幸福がもどる、純潔、繊細。

スタキス
別名：タイリンカッコウ 
シソ科 ❖5〜7月
⬤ ⬤ ○
H：30〜50cm

コーカサス地方原産の多年草または一年草。茎は横に伸び、30cmぐらいの花茎を立ち上げて、紫色の花を穂状につける。園芸品種に花がピンク色の'ロセア'、紅紫色の'ウィオラケア'、白色の'アルバ'がある。
花壇、鉢植え。
🅿 日当たりがよい、砂質土壌が適地。

ストレプトカーパス
別名：ケープ・プリムローズ
イワタバコ科
❖5〜10月
⬤ ⬤ ⬤ ○
H：10〜20cm

南アフリカを中心に自生する非耐寒性多年草。鉢植え。
🅿 直射日光に当たると葉焼けしやすいので、レースのカーテン越しの日が当たる、明るい窓辺に置く。夏冬通して室内の温度が20℃あれば、周年開花する。

スプレケリア
別名：ツバメズイセン 
ヒガンバナ科
❖5〜6月
⬤
H：30cm

メキシコ原産の春植え球根植物。まっすぐな茎を伸ばして、頂部に1花、ツバメが飛んでいる姿に似た花をつける。そのため、ツバメズイセンの別名がある。庭植え、花壇、鉢植えにむく。
🅿 4月に、日当たりと水はけのよいところを選び、深さ10cmで植えつける。

セイヨウノコギリソウ（西洋鋸草）
別名：アキレア
キク科 ❖5〜7月
⬤ ⬤ ⬤ ⬤ ○
H：30〜80cm

北半球に広く分布する多年草。園芸的に扱われるのはヨーロッパ原産のもので、在来種に比べると、葉が細く切れ込み、花色も豊富。
花壇、鉢植えにむく。
🅿 日当たりと水はけがよい砂質土壌でよく育つ。
季語 夏（鋸草）。
♡戦い、悲嘆の慰め。

草花・鉢花　初夏

ゼニアオイ（銭葵）

アオイ科 ◆6〜10月
H:60〜150cm

南ヨーロッパ原産のマロウ（別名ウスベニアオイ）の変種。茎が無毛であること、花が紅紫色で濃いこと、葉は広心形で浅く切れ込みがあることなどの違いがある。庭植え、花壇。

P 野生化するほど丈夫。日当たりと水はけのよいところに植えれば、手間はほとんどかからない。

季語　夏。

タイム　別名：タチジャコウソウ

シソ科 ◆4〜7月
H:15〜30cm

地中海沿岸地方原産の小低木。基部からよく分枝して地面を這うように伸び、多数の小花をつける。全草にチモールという芳香成分を含み、ハーブとして利用される。庭植え、グラウンドカバー。

P 日当たりと水はけのよいところに、春または秋にタネを直まきする。

チャイブ　別名：セイヨウアサツキ

ユリ科 ◆6月
H:20〜30cm

北半球の温帯から寒帯まで分布する、地下に球茎をもつ多年草。葉は細い円筒形で、花茎を伸ばしてその先に球状の花をつける。葉や若い鱗茎を食用にする。花壇、鉢植え。

P 春か秋に、水はけのよい砂質土壌にタネをまく。葉の収穫は3cmほど残して刈りとると、あとから芽が出てくる。

ツボサンゴ（壺珊瑚）　別名：ヒューケラ

ユキノシタ科 ◆5〜6月
H:30〜60cm

メキシコ北部からアリゾナ州までに分布する多年草。葉は心臓形または円形で、葉の間から花茎を伸ばして、赤い鐘状の花を穂状につける。庭植え、花壇、鉢植え、切り花。

P 秋が植えつけ適期。夏に西日が当たらないところがよい。鉢植えは5号鉢に1株。

ティアレア

ユキノシタ科 ◆5〜6月
H:15〜30cm

北アメリカ原産の多年草。大きく裂けたユニークな葉の間から花茎を立ち上げ、小さな白い花穂をつける。庭植え、花壇、鉢植えにむく。

P 日陰地で、腐植質に富んでやや湿った、水はけのよいところに、鉢植えの場合は、鹿沼土をベースに水はけよく植える。

ディル　別名：イノンド

セリ科 ◆6〜7月
H:約160cm

地中海沿岸、アジア西部、南ロシアに分布する秋まき一年草。太い茎を立ち上げ、その頂部に黄色い小花を密につける。ハーブとして、若葉をサラダやスープに、タネは香辛料になる。庭植え、花壇。

P 春か秋に、あらかじめ苦土石灰をまいて中和したところにタネをまく。生育に応じて間引く。

デルフィニウム

別名：ヒエンソウ 
キンポウゲ科
❀5～6月
H:30～120㎝

ヨーロッパ、北アメリカ原産の多年草。日本では高級切り花として扱われていたが、品種改良が進み、関東地方以西でも秋まき一年草として栽培できるようになった。花壇、鉢植え、切り花。

P 9月下旬ごろにタネまき、11月に植えつける。

↑デルフィニウムの花
↓草丈1～2mと大型になる

ドイツアザミ

別名：ハナアザミ
キク科 ❀5～6月
H:60～100㎝

日本に自生しているノアザミの園芸種。耐寒性多年草。名前は単なる商品名で、ドイツとは関係ない。花壇、鉢植え。

P 窒素肥料を多く施すと、葉ばかり茂って、花つきが悪くなるので注意する。鉢植えは6号鉢に1株が目安。

独立、厳格、人間嫌い。

トリテレイア

別名：ヒメアガパンサス
ユリ科 ❀6～7月
H:20～60㎝

北アメリカ西部原産の秋植え球根植物。まっすぐに伸びた花茎の頂部に、初夏に10輪ほどの星形の花をつけ、次々と咲かせる。花壇、鉢植え、ロックガーデン、切り花。

P 日当たりのよい場所であれば、土質を選ばずに丈夫に育つ。鉢植えは5号鉢に7～9球が目安。

ナツユキソウ

（夏雪草）
別名：シロミミナグサ
ナデシコ科
❀5～7月
H:10～30㎝

ヨーロッパ原産の多年草または一年草。初夏から咲く純白の小花が株を覆うように美しく、茎や葉も白毛に覆われて灰緑色になる。関東以北では多年草になる。花壇、鉢植え、グラウンドカバー。

P 9月にタネを平鉢にまき、11月に日当たりと水はけのよいところに植える。

草花・鉢花　初夏

ニーレンベルギア

別名：ギンパイソウ
ナス科　✿5〜9月
● ○　H:5〜7cm

アルゼンチン、チリ原産の多年草。細い茎の節から根を出して地面を這うように伸びる。花は白い杯形で、株を覆うように咲く。
花壇、鉢植え、吊り鉢、ロックガーデン、グラウンドカバー。
🅿春に市販の苗を買い求めて、日当たりと水はけのよいところに植える。

ニワゼキショウ（庭石菖）

アヤメ科
✿5〜6月
● ●
H:10〜15cm

北アメリカ原産の多年草だが、日本でも野生化し、芝生や道ばたで見かける。葉は線形。花は径1.5cm、花色はピンクまたは青紫で、中心が黄色、基部に赤紫色の帯が入る。花は日が当たると開花する一日花だが、次々と開花する。庭植え。
🅿日なたに植える。

パイナップルミント

シソ科
主に葉を観賞する
H:40〜60cm
地中海沿岸、ヨーロッパ原産の多年草。ハーブ。白い斑が美しい'パイナップルミント'のほかに、清涼感のある香りを放つ'スペアミント'などがある。
ハーブティー、クッキー、料理に使われる。花壇、鉢植えの寄せ植え材料。
🅿春と秋にタネをまいて間引き栽培する。

バジル'ダークオパール'

シソ科　✿5〜6月
○　H:50〜80cm
中近東、インド原産の一年草。葉は光沢のある緑色だが、濃いパープルの葉が美しい'ダークオパール'（写真：タキイ種苗）もある。初夏には白い唇形花を穂状につける。
ハーブとしてスパゲッティなどに用いる。花壇、鉢植え。
🅿5〜6月に日当たりのよい肥沃な土地にタネをまく。

ハナシノブ（花忍）

ハナシノブ科
✿6〜8月
●　H:30〜100cm
北アメリカ、ヨーロッパ、アジアに自生する多年草。日本には九州の山地に自生するハナシノブ、本州中部に自生するミヤマハナシノブ、北海道の高山に自生するエゾハナシノブがある。
花壇、鉢植え。
🅿日当たりと水はけのよいところを選んで、春に植えつける。

ハナショウブ（花菖蒲）

別名：ショウブ
アヤメ科　✿5〜6月　● ● ● ● ○　H:80〜120cm
日本に自生するノハナショウブを改良した園芸品種。江戸時代中期から末期につくられた品種群が、今日の品種群の基礎になっている。花壇、鉢植え。
🅿秋に、夏に半日陰になるところに植える。季語 夏。
♡やさしい心。

ハナビシソウ（花菱草）
別名：カリフォルニア・ポピー

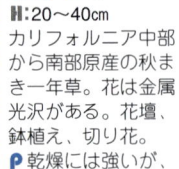

ケシ科 ◆4～6月
●●●○
H:20～40cm

カリフォルニア中部から南部原産の秋まき一年草。花は金属光沢がある。花壇、鉢植え、切り花。
P 乾燥には強いが、過湿に弱いので、日当たりと水はけのよいところが適地。苦土石灰で土質を中和して植える。
季語 夏。 私の希望を入れて。

ビスカリア
別名：コムギセンノウ

ナデシコ科 ◆5～6月
●●●○
H:30～60cm

地中海沿岸地方、シベリア原産の一年草。茎は細かく分枝する。花は径1.5cmの5弁花で、茎の上部に群がり咲かせる。庭植え、花壇、鉢植えにむく。
P 耐寒性が強いので、秋に直まきして育てられる。発芽したら、間引いて、株間15cmぐらいにする。

ヒルザキツキミソウ（昼咲月見草）
別名：エノテラ

アカバナ科 ◆5～6月
● H:30～40cm

アメリカ、メキシコ原産の多年草。マツヨイグサの仲間で、この仲間はほとんど夜に咲くが、本種は昼に咲くのでこの名前がついた。庭植え、鉢植え。
P 春か秋に苗を求めて、日当たりと水はけのよいところに植えれば、ほとんど手間をかけないで育つ。

ファセリア・カンパニュラリア
別名：カリフォルニアン・ブルーベル

ハゼリソウ科 ◆5～6月
● H:15～20cm

本種はカリフォルニア原産の秋まき一年草。赤みを帯びた茎を分枝して横に広がり、その頂部に美しい青い花をつける。鉢植え、吊り鉢。
P 排水のよい砂質の用土で植え、日当たりと風通しのよいところで、やや乾燥ぎみに管理する。

フウセントウワタ（風船唐綿）

ガガイモ科 ◆6～7月
○ H:1～2m

南アフリカ原産の半耐寒性多年草または春まき一年草。普通は春まき一年草として育てる。初夏に白い花を咲かせたあと、丸い風船状の果実をつける。花は目立たないが、果実を観賞する。庭植え、切り花。
P 日当たりと水はけのよい、やせぎみの土地に植える。

フェスツカ
別名：ウシノケグサ

イネ科 ◆6～8月
● H:20～40cm

本州中部以北、北海道、ヨーロッパに自生する耐寒性多年草。葉は内巻きして管状になり、密に茂る。初夏から夏に薄紫を帯びた白緑の小穂をつける。園芸品種に葉が青灰色の'グラウカ'などがある。庭植え、ロックガーデン。
P 日当たりのよい乾燥地にむく。

草花・鉢花　初夏

フッキソウ （富貴草）
別名：キチジソウ

ツゲ科 ❀4〜5月
H:20〜30cm

日本、中国原産の常緑草本状低木で、地下茎で広がる。現在は、日陰のグラウンドカバーとして使われることが多い。花は茎の上部に集まり咲かせる。葉に白覆輪が入るものもある。庭植え、特に雑木の庭の下草にむく。
🅿 湿度が保てる半日陰地が適地。4〜7月さし木でふやせる。
季語 夏。

フロックス・ドラモンディー
別名：キキョウナデシコ

ハナシノブ科
❀4〜6月
H:20〜60cm

北アメリカ原産の秋まき一年草。花は径2〜3cmで、枝先に群がってつく。草丈50〜60cmになる高性種と、20〜30cmの矮性種がある。花壇、鉢植え。
🅿 こまめに花がらを摘むと、花が長く楽しめる。

ヘーベ

ゴマノハグサ科
❀5〜6月
H:30〜40cm

ニュージーランド原産の常緑小低木だが、鉢花として出回っている。初夏につく長い花穂を観賞するだけでなく、つやつや光る葉も観葉植物として楽しめる。
🅿 花後すぐに植えかえる。4月下旬にさし木でふやせる。冬期は5℃を保てる室内で管理する。

ベニバナ （紅花）
別名：スエツムハナ

キク科 ❀5〜6月
H:30〜40cm

西アジア、地中海沿岸地方原産の秋まき一年草。直立した茎に、切れ込みと鋭いトゲのある葉をつける。花はアザミに似た花で、はじめは黄色で、咲き進むにしたがって橙黄に変わる。白花もある。花壇、鉢植え、切り花。
🅿 移植を嫌うので、秋に直まきする。

ヘリオトロープ
別名：キダチルリソウ、コウスイソウ

ムラサキ科
❀5〜6月
H:30〜60cm

南米ペルー、エクアドル原産の常緑小低木。芳香があることから鉢花として親しまれている。
🅿 花つきをよくするには、窒素肥料を控え、よく日に当てて、乾かしぎみに育てる。花後に植えかえる。4月下旬にさし木でふやせる。

ヘリクリサム
別名：ムギワラギク

キク科 ❀5〜9月
H:50〜100cm

オーストラリア原産の一年草。固くて直立した茎を伸ばし、その頂部にカサカサと音を立てる、ムギワラ細工のような乾いた花をつける。花壇、鉢植え、ドライフラワー。
🅿 秋または春に、湿気を嫌うので、砂を混ぜた水はけのよいところにタネをまく。
💗 常に記憶せよ。

ペンステモン

別名：ツリガネヤナギ

ゴマノハグサ科
◇6〜9月
●●●●○
H：40〜60cm

北アメリカ、東アジア原産の多年草。以前は暑さに弱いので一年草扱いにされていたが、品種改良が進み、現在では暑さに強く、花色豊富な品種が多く栽培されている。
花壇、鉢植え、切り花にむく。

🅿 春から初夏に、水はけのよい用土にタネをまく。本葉2〜3枚で3号ポットに移植し、日当たりのよいところで乾燥ぎみに育てる。夏は風通しのよい半日陰に置き、秋に水はけのよいところに植えつける。
6月にさし芽してふやせる。

↗ ペンステモンの花
← 野性的なペンステモン・イソフィルス

ホオズキ（酸漿）

ナス科 ◇実6〜8月
● H：60〜90cm

北海道、本州、四国に自生する多年草。茎の高さは60〜90cmで、葉は卵円形。葉のつけ根に白い花をつける。花後になる果実は球形で赤熟する。よく見る袋状のものは萼で、径6cmぐらいになり、赤色または橙赤色。園芸品種に、大実種のタンバホオズキや、草丈が10〜15cmにしかならない矮性種の三寸ホオズキなどがある。
鉢植え、切り花。

🅿 栽培は極めて容易。日当たりと水はけのよいところに植えつければ、手間なしで育てられる。

【季語】秋（ほおずき、ほおずきのはな）。

↗ ホオズキの花
→ ホオズキの果実

ボリジ

別名：ルリチシャ

ムラサキ科 ◇5〜6月
●
H：60〜80cm

地中海沿岸原産の多年草。ハーブ。葉や茎に細かい毛がある。初夏に青い星形花をうつむきかげんに咲かせる。若葉にキュウリの香りがあり、野菜と同様に使える。葉や花をハーブティーにする。
花壇、鉢植え。

🅿 春または秋に、日当たりと水はけのよいところに植える。

マツバギク（松葉菊）

ツルナ科
◇5〜6月
●●●●○
H：10〜20cm

南アメリカ原産の多年草。這うように茎を伸ばして、肉質の松葉状の葉をつける。花は径2〜7cm。きらきら輝く花が、株を覆うように咲く。
花壇、鉢植え。

🅿 霜が降りなくなったら、日当たりと水はけのよいところに苗を植える。

【季語】夏。💭 怠惰。

草花・鉢花　初夏

ホタルブクロ （蛍袋）

キキョウ科 ◆6〜7月
● ○
H：30〜80cm

北海道の西南部から本州、四国、九州、朝鮮半島、中国に自生する多年草。初夏から夏にかけて、大きな釣鐘状の花を下向きに咲かせる。名前は、子どもがこの花に蛍を入れて遊んだことなどに由来するといわれている。花形が提灯に似ることからチョウチンバナなどの地方名がある。山草として親しまれているが、最近は品種改良が進み、濃い紫色や紅紫色などの園芸品種がある。庭植え、花壇、鉢植えにむく。

P 春に出回るポット苗を入手して、日当たりと水はけのよいところに植える。

季語 夏。

▶ホタルブクロ（赤花種）
◀ホタルブクロ（紫花種）

マトリカリア　別名：ナツシロギク

キク科 ◆5〜6月
● ○
H：40〜80cm

西アジア原産の多年草だが、高温多湿を嫌うので、園芸上は秋まき一年草として扱う。よく分枝した茎を直立させ、枝先に小ギクに似た花をつける。高性種と矮性種があり、花形も一重咲き、八重咲き、ポンポン咲きがある。花壇、鉢植え、切り花にむく。

P 秋にタネをまき、本葉3〜4枚でポットに移す。春に日当たりと水はけのよいところに植える。

▲黄花の'ゴールデンボール'
▼白花の'ホワイトボール'

マンネングサ （万年草）

ベンケイソウ科 ◆4〜6月
●
H：15〜20cm

強健な多肉植物で、乾燥に極めて強い。日本にはオノマンネングサ、メノマンネングサが自生するほか、外国産のメキシコマンネングサ（写真）が栽培されている。日なた、明るい日陰で十分育つ。庭植え、グラウンドカバー。

P 3月に市販のポット苗を植える。

ミヤコワスレ （都忘れ）　別名：ミヤマヨメナ

キク科 ◆5〜6月
● ● ○
H：20〜60cm

日本の本州と四国に自生する多年草、ミヤマヨメナの園芸種で、江戸時代につくられた。地中の地下茎で広がり、初夏にキクのような花を咲かせる。日なたから半日陰で育つ。庭植え、花壇、鉢植え。

P 秋にポット苗を購入して、水はけのよいところに植える。

季語 春。

ミムラス　別名：モンキーフラワー

ゴマノハグサ科
❀ 5〜6月
🌸🟠🟠🟡🟡　複
H：20〜40cm

北アメリカ原産の多年草。高温多湿を嫌うことから、日本では普通一年草として扱う。花色は赤や黄色など派手な地色に、大きな斑点模様のある特異な花を次々と咲かせる。また、普通のミムラスとはイメージの異なる木立性ミムラスがある。よく分枝して広がり、花をたくさんつける。茎が柔らかいので支柱があるとよい。風通しのよい半日陰地を好むので鉢植えに適している。

🅿 秋にタネをまいて凍らないところで管理して、本葉が5〜6枚になったら、5号鉢に1株植える。

▶木立性ミムラス（タキイ種苗）
◀半日陰にむくミムラス

メコノプシス　別名：ヒマラヤの青いケシ

ケシ科　❀ 5月
H：120〜150cm

ヒマラヤ、チベット、中国南西部の高地に自生する耐寒性多年草。夏の暑さを嫌うので、日本では北海道や長野県などの高地で、近年栽培されるようになった。花壇、鉢植え。

🅿 秋か早春に、開花予定株の鉢花を購入し、雨の当たらない軒下で管理すれば、花を観賞できる。

モモイロタンポポ（桃色蒲公英）

別名：センボンタンポポ、クレピス
キク科　❀ 5〜6月
🌸⚪　H：30〜40cm

南イタリア、バルカン半島原産の秋まき一年草。葉はタンポポの葉に似ているが、花は舌状花。寒さを嫌うので、冬は霜よけなどして冬越しさせる。花壇、鉢植え。

🅿 移植を嫌うので、日当たりと水はけのよいところを選んで、タネを直まきする。

モモバギキョウ（桃葉桔梗）

別名：カンパニュラ・パーシシフォーリア
キキョウ科
❀ 5〜7月　🔵⚪
H：30〜100cm

ヨーロッパ、アジア西部、北アフリカに分布する多年草。花茎を直立させ、上部にある葉のつけ根に1〜数花をやや上向きにつける。花は鐘形で径3〜4cm。花壇、鉢植え、切花にむく。

🅿 日当たり水はけのよいところに植える。

ヤグルマギク（矢車菊）

別名：ヤグルマソウ 
キク科　❀ 4〜6月
🟣🌸🟣🔵⚪
H：30〜120cm

ヨーロッパ原産の秋まき一年草。初夏に径3〜4cmの花をつける。花は舌状花が集まったもの。鯉のぼりの竿の頂部を飾る矢車に似ることから、この名がついた。高性種と矮性種がある。庭植え、花壇、鉢植え。

🅿 日当たりと水はけよいところに植える。
季語：夏。　💚愉快。

草花・鉢花 | 初夏

ラークスパー
別名：チドリソウ 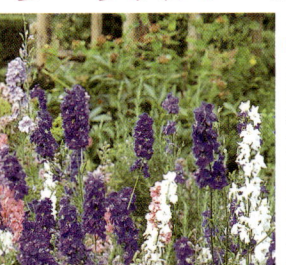
キンポウゲ科
● ● ● ● ○
H：50〜90cm

南ヨーロッパ原産の秋まき一年草。茎を直立させ、初夏に長い花穂をつける。花は径3〜4cmで、長い距をもつ。
花壇、鉢植え。
P 秋にタネをまく。移植を嫌うので、日当たりと水はけのよいところに、堆肥や腐葉土をすき込んで直まきする。
♡ 清明、慈悲。

ラグルス
イネ科 ● 5〜6月
○ H：30〜40cm

地中海沿岸に自生するイネ科の多年草。名前はギリシャ語の「野ウサギのしっぽ」の意で、花穂がウサギの尾に似る。花穂は長さ3〜6cmで、柔らかい毛で覆われている。
花壇、鉢植え、切り花、ドライフラワー。
P 秋にタネを直まきするか、ポットにまいて育苗し、春に植えつける。

ラバテラ
別名：ハナアオイ
アオイ科 ● 6〜10月 
● ○
H：40〜100cm

地中海沿岸地方原産の春まき一年草。初夏から秋にかけて、花径10cmほどのフヨウに似た花をたくさんつける。庭に群植するとよく栄える。鉢植え。
P 4月にタネを平鉢にまき、本葉2〜3枚になったら、日当たりと水はけよいところに植える。花壇に直まきしてもよい。

ラミアストラム
シソ科 ● 5〜6月
● H：30〜40cm

ヨーロッパ西部から西アジアに自生する多年草。葉に銀色の斑入り模様が入る'シルバーカーペット'、グラウンドカバーに使われる'バリエガツム'がある。どちらも初夏に唇形の黄色い花をつける。
庭植え、鉢植え、グラウンドカバー。
P 水はけがよく風通しのよい涼しい場所に植える。

リシマキア・コンゲスティフロラ
サクラソウ科 ● 4〜7月 ● H：20〜30cm

中国、台湾に自生する多年草。以前、プロクンベンスの名前で普及したが、最近自生地が判明し、学名が変わった。茎の先端近くに葉が重なったようにつき、その先に3〜5輪、黄色い花がまとまって咲く。花壇、鉢植え。 P 明るい半日陰でよく育つ。

リナム
別名：ベニバナアマ
アマ科 ● 5〜6月 ● H：50〜60cm

北アフリカ原産の秋まき一年草。地面から細い茎を立てて分枝し、先に光沢のある赤い花をつける。
花壇に群植すると引き立つ。鉢植え。
P 秋に花壇にタネを直まきする。または、ポットに2〜3粒まいて1本に間引き、5cmになったら花壇に植える。

ユリ（百合）

ユリ科 5～6月 ●●●● ○ 複 H:50～120cm

北半球のほぼ全域に自生する秋植え球根。日本には12種の野生種がある。一般に栽培されているのは、複雑に交配してつくられた園芸品種。その数は膨大になるが、交配に用いられた野生種の系統別に分けられる。ここでは、代表的な2つのグループを解説する。

オリエンタル・ハイブリッド(O) 日本のヤマユリ、カノコユリ、ササユリ、タモトユリなどを交配親にしてつくられた園芸品種のグループ。花が大きく、芳香がある。花色は白や桃が目立つ。'カサブランカ'、'スターゲイザー'、'ル・レーブ'などが代表的な品種。

アジアンティック・ハイブリッド(A) オニユリ、スカシユリ、イワトユリなどを交配親にしてつくられたグループ。オリエンタル系に比べると花弁はそれほど反転せず、杯形に開く。草丈も1m以内とやや低く、花色は赤、橙、黄など派手な色合いのものが多い。

庭植え、花壇、鉢植え、切り花。

10～12月に植えつける。植えつけ場所を深く耕して腐葉土や堆肥をすき込んで、球根の高さの3～4倍の深さに植える。鉢植えでは深鉢を用い、球根の高さの2～3倍の深さに植える。

季語 夏。 純潔。

1 鉢栽培にむく'ル・レーブ'(O)
2 オニユリ(原種)
3 テッポウユリからの選抜種'ジョージア'
4 'ミスターサム'(O)
5 'カサブランカ'(O)
6 'グランクルー'(A)
7 カノコユリ(原種)
8 'セレナ'(O)
9 スカシユリとテッポウユリの交配種'ロイヤルパレード'
10 'オレンジピクシー'(A)
11 ヤマユリ(原種)

草花・鉢花　初夏

リナリア　別名：ヒメキンギョソウ

ゴマノハグサ科
◆ 4～6月
● ● ● ● ● （複）
H: 30～50cm

地中海沿岸地方原産の秋まき一年草。基部から分枝する茎を直立させ、初夏にキンギョソウに似た小花を多数つける。群植するとみごと。花壇、鉢植え。

P 多肥は禁物。前に草花が植えられていた花壇では、元肥を施さないで植える。

リムナンテス・ダグラシー

別名：ポーチドエッグプランツ
リムナンテス科
◆ 5～6月
● H: 15～20cm

北アメリカ原産の秋まき一年草。初夏にネモフィラに似た花をつける。黄に白い縁取りがあることから鶏卵に見立てて英名がついた。グラウンドカバー、花壇、鉢植え。

P 秋に日当たりと水はけのよいところにタネを直まきする。

リューココリネ

ユリ科 ◆ 5～6月
● ●
H: 30～40cm

アンデス原産の秋植え球根植物。細い葉の間から茎を伸ばして数花つける。花には芳香がある。花壇、鉢植え、ロックガーデン。

P 日当たりと水はけのよい場所を選び、苦土石灰をまいて土壌を中和してから植えつける。鉢植えでは5号鉢に4～5球を目安に植える。

ルナリア　別名：オオバンソウ

アブラナ科
◆ 花4～5月、実5～6月
● H: 60～100cm

ヨーロッパ、西アジア原産の二年草。初夏に紅紫色の花をつけるが、実の形が直径4～5cmで扁平でユニークなことから、切り花やドライフラワーに利用される。花壇、鉢植え。

P 秋にタネをまく。耐寒性があって丈夫。日当たり水はけがよければどこでも育つ。

レースフラワー　別名：ドクゼリモドキ

セリ科 ◆ 5月
○　H: 30～100cm

地中海地方原産の一年草。葉は下部では丸みを帯びているが、上になるにしたがって細くなる。花は茎の先に15～60個の小花を集めて咲く。その様子が白いレースに見えることから、レースフラワーの俗名がある。花壇、鉢植え、切花にむく。

P 春に湿り気のある肥沃地に直まきする。

レプトシフォン　別名：ギリア・ルテア

ハナシノブ科
◆ 4～6月
● ● ● ● ○
H: 約20cm

カリフォルニア原産の一年草。正式名称はギリア・ルテアだが、園芸上レプトシフォンと呼んでいる。ギリアの仲間では、花壇用に最も多く栽培されている。花壇、鉢植え。

P 春まきもできるが、秋まきにしたほうが、よく分枝してたくさんの花をつける。

草花・鉢花 初夏

ロードヒポキシス

別名：アッツザクラ
キンバイザサ科
● 4～5月
● ● ○
H：7～10cm

一般にアッツザクラの名で売られているが、アリューシャン列島のアッツ島とは無関係。南アフリカ原産の春植え球根植物。軟毛のある短い葉の間から花茎を伸ばして赤や桃の6弁花をつける。鉢植え。
P 3月に4号鉢に4～6球を植えつける。

ロベリア

別名：ルリチョウチョウ 
キキョウ科 ● 5～7月
● ● ●
H：10～15cm

南アフリカ原産のロベリア・エリヌスを改良した、秋まき一年草。よく分枝してこんもりとした半球状に茂る。花は径約1cm。株を覆うようにたくさん咲かせる。茎を枝垂れて咲かせる品種もある。
花壇、鉢植え。
P 秋にタネをまいて育てる。育苗中に軽く摘心すると、分枝してこんもりと茂り、花つきがよくなる。
♡ 貞淑。

↑ 蝶のような花がかわいい
↓ ロベリアの花壇

花が咲くのは、老化の兆し

植物はなぜ花をつけるのでしょう
植物をよく見ると、若い苗には花が咲きませんし、花芽すらついていません。
それは、植物体が盛んに活動し、もっぱら体づくりに専念しているからで、その間は生殖する必要がないからです。
花がつくのは、体が成熟して、そろそろ老化の兆しが見えてくるころ。そうすると子孫を残す本能が働いて、花芽をつくり、開花結実して、次の世代のタネを残そうとします。
多年草などの中には、肥料をやり続けると、いつまでも茎や葉ばかりが茂って、花をつけないものがあります。そこで、株がある程度育ってきたら、肥料やり（特に枝葉の伸びを助ける窒素肥料）を控えて生長を抑えます。こうすることで、株は成熟を早め花芽をつけるようになります。シャコバサボテンなども、茎節が充実する8～9月に水やりを控えると、生育が抑制されて花芽をよくつけます。

花がら摘みをするわけ
花芽をつくった植物は、開花して、子孫であるタネをつくります。花芽ができると植物は、花を咲かせることにエネルギーを注ぎます。そして、子孫であるタネができ始めると、植物はタネを充実させるほうにエネルギーを注ぎます。枯れた花を摘みとる花がら摘みという園芸作業は、見苦しさをなくすだけでなく、タネをつくるためのエネルギーをもう一度開花に向かわせるもので、花を長く楽しむための園芸テクニックというわけです。

タネを保存してまく
庭で咲かせたパンジーやビオラなどからタネをとって、どんな花が咲くか観察してみるのも園芸の楽しみの一つです。好きな花色からタネをとりたいときには、その株は花がら摘みをしないで結実させます。
タネを採種したら、密封できるフィルムケースなどに入れて、冷蔵庫の野菜室に入れ、5～10℃の低温で乾燥させた状態で貯蔵します。多くのタネはこの状態で1～2年は発芽する力を保ちます。

夏の草花・鉢花

Flowering plant and container plant of Summer

うだるような
高温多湿の日本の夏。
こんな厳しい気候の中でも
みずみずしい葉を茂らせ、
花を咲かせる
草花・鉢花は
たくさんあります。

アーティチョーク

別名：チョウセンアザミ
キク科 ◆6月
● H:150〜200cm

地中海沿岸地方原産の多年草。葉は大きくて粗い切れ込みがあり、葉の裏には綿毛が密集している。茎の先につく花は、径6〜15cmと大きい。小花はすべて管状花で濃紫色。庭植え、花壇、切り花にむく。

🅿 日当たりと水はけがよければ、土質を選ばずに育つ。

アエオニウム

ベンケイソウ科
◆葉を観賞する
● H:100cm以上

アエオニウム・アルボレウム'ツヴァルトコップ'が'黒法師'という園芸名で出回っている（写真）。モロッコ原産の多肉植物。春から秋に戸外で管理すると、黒赤色になる。鉢植え。

🅿 高温多湿を嫌うので、夏は戸外の軒下に出し、冬は室内で管理する。

アキメネス

別名：ハナギリソウ

イワタバコ科
◆6〜9月
● ● ● ○
H:15〜80cm

中南米に分布する春植え球根植物。長く伸びた茎に葉をつけ、葉のつけ根に1〜数花つける。花は長さ1〜5cmの筒状花で、先端は5裂になっている。雨を嫌い、半日陰を好むので、鉢植えにして室内で育てる。

🅿 4〜5号鉢で1球植えにする。

草花・鉢花　夏

アゲラタム　別名：カッコウアザミ

キク科 ◆6～10月

H：20～60cm

メキシコ、ペルー原産の一年草または多年草、亜低木だが、園芸的には春まき一年草として扱う。初夏から秋までアザミに似た花を咲かせる。花壇、鉢植え。

P 日当たりと水はけのよいところに植える。多肥にすると花つきが悪くなるので、少なめに施す。

♥信頼。

アサリナ　別名：ツタバキリカズラ

ゴマノハグサ科 ◆5～11月　H：2～5m

ヨーロッパと北アメリカ南部原産のつる性多年草。葉柄と花柄で巻きつきながらつるを伸ばし、釣鐘形でキンギョソウに似た花をつける。鉢植え、吊り鉢。

P 窒素過多になると花つきが悪くなる。冬は室内の凍らないところに置いて冬越しさせる。

アサガオ（朝顔）

ヒルガオ科 ◆7～10月

H：20～200cm

奈良時代に中国から薬草として渡来したつる性の非耐寒性一年草。江戸時代に入って盛んに品種改良された。葉は3つの切れ込みがあるアサガオ形で、葉のつけ根にロート形の花をつける。花は早朝に開花し、日が当たるころにはしぼむ。花径が15～20cmになる大輪アサガオ、江戸時代に発達した特異な形の変化アサガオ、つるが伸びない矮性アサガオなどがある。このほか、南米原産のセイヨウアサガオがある。大輪アサガオ、矮性アサガオは鉢植えに、セイヨウアサガオは花壇にむく。

P 5月上旬にタネをまく。

季語　秋。♥愛着のきずな、仮装。

▶早朝4時ころから開花するアサガオの花
◀アサガオの垣根仕立て

アスクレピアス　別名：ヤナギトウワタ

ガガイモ科 ◆6～9月

H：50～80cm

北アメリカ原産の多年草。夏にヤナギのような葉のつけ根から花茎を伸ばし、径1cmの小花が半球状に群れて咲く。仲間にトウワタ、オオトウワタがある。関東南部以西で花壇、切り花。

P 水はけのよい日なたに、腐葉土をすき込んで植える。

アスター　別名：エゾギク、サツマギク

キク科 ◆7～8月

H：20～60cm

中国北部原産の一年草。茎を直立させ、よく分枝した枝先にキクに似た小型の花を咲かせる。花壇、鉢植え、切り花にむく。

P 春または秋にタネをまく。日当たりと水はけのよいところに直まきし、間引き栽培とする。

季語　夏。♥美しい追想。

アストランティア・マヨール

セリ科 ❀ 6〜8月
● ● ○
H 30〜60cm

ヨーロッパ原産の多年草だが、高温多湿を嫌うため、日本では秋まき一年草として栽培する。花弁に見えるのは苞で、花は苞の中心にある線香花火のような小花。花壇、鉢植え、切り花にむく。

🅿 半日陰を好む。堆肥や腐葉土などをすき込んで、タネを直まきする。

アスペルラ・オリエンタリス

別名：タマクルマバソウ
アカネ科
❀ 5〜7、9〜10月
● H 20〜30cm

コーカサス、シリア、イランに自生する耐寒性一年草。細長い葉を8枚輪生し、枝先に青紫の小花を密集して咲かせる。花壇、鉢植え、ロックガーデン、切り花。

🅿 春にタネをまくと秋に開花し、秋にまくと初夏から夏に開花する。

アメリカセンノウ （アメリカ仙翁）

ナデシコ科
❀ 6〜7月
● H 70〜90cm

シベリア、小アジア原産の多年草。茎は主茎1本で、小枝を分枝しながら伸び、その頂部に径2cmぐらいの赤い5弁花をつける。
庭植え、花壇、鉢植えにむく。

🅿 9月に、日当たりと水はけのよいところにタネを直まきし、発芽したら間引いて、株間15cmにする。

アメリカフヨウ （アメリカ芙蓉）
別名：クサフヨウ

アオイ科 ❀ 7〜9月
● ● ○
H 50〜150cm

北アメリカ原産の多年草。茎を株立ちさせ、夏から秋に花をつける。花は径25〜30cm。園芸植物の中では最大輪の花を咲かせる。花は一日花だが、次々と咲き続け、40〜50日にわたって花を楽しむことができる。庭植え、花壇。

🅿 5月中旬ごろにタネをまく。6月中旬に日当たりと水はけよいところを深く耕して植えつける。

↑アメリカフヨウの花
↓高さ2mを超えるものもある

アルクトテカ

キク科 ❀ 5〜10月 ● H 30〜60cm

南アフリカ、オーストラリアに分布する多年草。茎は横に広がり、羽状に切れ込んだ葉または細い葉をもち、茎の先に一輪花をつける。花は日が当たると開花し、夜間は閉じる。露地植えは関東地方南部以西で可。

🅿 4月上旬に日当たりと水はけのよいところに植える。

草花・鉢花 夏

アンゲロニア

ゴマノハグサ科
❖ 6〜10月
H: 60〜100cm

中米、西インド諸島原産の非耐寒性多年草。株元から多数の茎を立ち上げて株立ちになり、茎の上部に次々と花をつける。花壇、鉢植え。
🅿 夏花壇に植えるときは、西日が当たらない、湿り気のあるところに植える。肥料を好むので元肥と液肥を施す。

エキナケア　別名：ムラサキバレンギク

キク科 ❖ 7〜10月　H: 60〜100cm

北アメリカ原産の多年草。直立した茎に大きな葉が互生し、分枝した茎の先に径10cmの花をつける。花は中心が暗赤褐色の筒状花でこんもりと盛り上がり、そのまわりに舌状花を下向きにつける。花壇、鉢植え、切り花。🅿 秋にタネをまき、春に日なたに植えつける。

エキノプス　別名：ルリタマアザミ

キク科 ❖ 7〜9月
H: 80〜100cm

西アジア、東ヨーロッパ原産の多年草。アザミのように深く裂けた葉をつけ、茎の頂部に径3〜5cmのトゲ状の苞に包まれた球状の花を咲かせる。開花前は灰緑色だが、開花するとルリ色になる。花壇、鉢植え、ロックガーデン、切り花。🅿 初夏にタネをまき、秋に日なたで水はけよいところに植える。

インパチエンス　別名：アフリカホウセンカ

ツリフネソウ科
❖ 6〜10月
㊧ H: 30〜60cm

南アフリカのザンジバルで発見され、1880年にイギリスに紹介された。茎は多肉質でよく分枝し、茎の頂部に近い葉のつけ根に1〜3花つける。花は径4cmで平らに開く。春まき一年草。
ニューギニア高地に自生するのがニューギニアインパチエンスで、主にアメリカで改良された。高さ50〜60cmで、茎は赤い多肉質。花は4〜7.5cmと大輪で、花色も豊富。多年草。庭植え、花壇、鉢植えにむく。
🅿 夏は半日陰で風通しのよいところに置き、水をきらさないように管理する。枝が伸びて姿が乱れたら、伸びた枝を摘心すると、秋には再びこんもりと茂る。

1 ニューギニア・インパチエンス
2 八重咲きの花
3 鉢からこぼれ咲くインパチエンス

エボルブルス

別名：アメリカンブルー 
ヒルガオ科
🌸 6～10月
⚪ H:20～30cm

アメリカからアルゼンチンに分布する多年草または低木。寒さを嫌うので、鉢花で観賞する。初夏から初秋にブルーの花を次々とつける。半つる性なので吊り鉢にむく。

📍日当たりと風通しのよい戸外に置く。冬は日当たりのよい室内の窓辺に取り入れて管理する。

エリンジウム

別名：マツカサアザミ
セリ科 🌸 6～8月
⚪ ⚪
H:40～100cm

ヨーロッパ、コーカサス原産の多年草。茎を高く伸ばして、切れ込みのある葉をつけ、茎の先に星状の苞に包まれた花を咲かせる。葉や苞にはトゲがある。
花壇、切り花、ドライフラワー。

📍春か秋に苗を購入して植える。高温多湿に弱いので、寒冷地以外では鉢植え。露地では、日が当たる砂質土壌に植える。

↑銀緑色のギガンチウム
↑銀紫色のエリンジウム

オシロイバナ

（白粉花）
別名：ユウゲショウ 
オシロイバナ科
🌸 7～10月
⚪ 🌸 🌸 🌸 🌸
⚪ 複 H:60～100cm

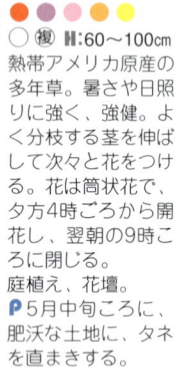

熱帯アメリカ原産の多年草。暑さや日照りに強く、強健。よく分枝する茎を伸ばして次々と花をつける。花は筒状花で、夕方4時ごろから開花し、翌朝の9時ごろに閉じる。
庭植え、花壇。

📍5月中旬ごろに、肥沃な土地に、タネを直まきする。

オランダセンニチ

（オランダ千日） 
別名：エッグボール
キク科 🌸 6～10月
複 H:30～40cm

香辛野菜として利用されるハーブの仲間。江戸時代の天保年間に渡来したといわれるが、ほとんど知られていない植物。最近、ユニークな花形をしていることから、エッグボールの名で普及している。花壇、鉢植え、切り花。

📍4月に日当たりと水はけのよいところに直まきする。

ガイラルディア

別名：テンニンギク
キク科 🌸 7～10月
🌸 🌸 🌸 複
H:40～60cm

北アメリカ原産の春まき一年草。夏のはじめから秋にかけて、分枝した先に径3～6cmの花をつける。花は一重の舌状花で、基部が赤褐色になり、先端に黄色の覆輪が入る。
花壇、鉢植え。

📍5月上旬～中旬に、日当たりと水はけのよいところに直まきする。

草花・鉢花　夏

ガーベラ
別名：ハナグルマ

キク科 ✿5〜10月
●●●○
H: 20〜60cm

南アフリカ原産の多年草。強光線と乾燥を好むので、梅雨は苦手。'スーパークリムソン'など花壇むきの品種以外は鉢植えにして雨を避けて育てる。
主に鉢植えにする。
P 4月上旬〜中旬に市販の培養土を箱に詰めてタネをまく。本葉が2〜3枚出たら3号ポットに移植し、5月に定植する。
♡神秘。

▲ガーベラの花
▼'スーパークリムソン'

ガウラ
別名：ハクチョウソウ

アカバナ科
●○
H: 60〜100cm

北アメリカ原産の多年草。花が4弁花で、長く突き出た雄しべの形が蝶に似ていることからハクチョウソウの別名がある。長い花茎を弓なりにして花をつけ、風に揺れる風情が好まれて、ナチュラルガーデンの植材や芝生の添景植物として人気を呼んでいる。
庭植え、花壇、鉢植えにむく。
P 4月下旬〜5月上旬に日当たりと水はけのよい庭か花壇に直まきする。タネが大きいので、30〜40cm間隔で2〜3粒ずつまき、発芽後間引いて、元気のよい苗を1本残す。霜が降りるところでは、秋に掘り上げて刈り込み、鉢植えにして、凍らない日だまりに置いて冬越しさせる。

◀芝生の縁を背景にすると草姿のよさが引き立つ
▶花は蝶に似る

カカリア
別名：ベニニガナ

キク科 ✿5〜9月 ●● H: 50〜60cm

東部インド原産の春まき一年草。卵形の葉の間から細い花茎を伸ばして、その先端に管状の球状花を1輪または数輪につける。花壇、鉢植え、切り花にむく。
P 直射光を好み、十分日が当たる花壇に、4月にタネを直まきする。発芽後間引いて株間20cmに広げる。

カンナ
別名：ハナカンナ

カンナ科
✿7〜10月
●●●○(複)
H: 60〜120cm

中南米、熱帯アジア原産の春植え球根植物。現在栽培されているのは、すべて園芸種で、花壇用の高性種と、鉢植えにむく矮性種がある。
P 十分温かくなる4月中旬〜5月中旬に、日当たりと水はけのよい、肥沃な場所に植える。
季語 秋。♡尊敬。

カラー　別名：オランダカイウ

サトイモ科
◆ 6〜9月
●●●●○●
H：30〜100cm

南アフリカ原産の球根植物。湿地性と畑地性がある。
湿地性は草丈が1m以上になり、芳香のある白い苞をつける。
畑地性は草丈約80cmで黄色い苞をつける品種と、草丈約30cmで桃色の苞をつけるものがある。
湿地性は池の端などに。畑地性は花壇、鉢植えに。花は切り花にむく。

🌱 4月下旬〜5月上旬に植える。湿地性、畑地性ともに、それぞれの適地に堆肥と緩効性化成肥料を多めにすき込んで球根を5cmの深さに植える。畑地性は霜が降りる前に掘り上げて、凍らないように保管。湿地性は4年に1回、4月に掘り上げて分球し、すぐに植えつける。
💙 壮大な美。

◤ 畑地性のカラー
◂ 湿地性のカラー

キキョウ（桔梗）　別名：キチコウ、オカトトキ

キキョウ科
◆ 6〜8月
●●○
H：50〜100cm

日本、朝鮮半島、中国に自生する多年草。基本種は高さ1mぐらいになり、分枝した茎の先に青紫の5弁花をつける。
花色は青紫のほか、淡紫、白などがある。そのほか、二重咲きになるフタエギキョウ、花冠が平らに開き、淡桃色の花もあるモンキキョウなどの園芸種がある。
庭植え、花壇、鉢植え、切り花。

🌱 4月中旬〜5月中旬にタネをまき、本葉が4〜6枚になったらポットに移植して育苗し、10月下旬に定植する。芽が10cmぐらいに伸びたときに摘心すると、分枝して花つきがよくなる。
季語 秋。💙 変わらない愛。

◤ キキョウの花
▸ 白花キキョウ

キバナコスモス（黄花コスモス）　別名：キバナノコスモス

キク科
◆ 7〜10月
●●
H：40〜120cm

メキシコ原産の春まき一年草。秋に咲くコスモスに比べると草丈が低く、早めに開花する。花は径7cmぐらいで、一重咲き、半八重咲き、八重咲きがある。
花壇、鉢植えに。

🌱 5〜6月に、日当たりのよい場所をよく耕して直まきする。発芽後に間引いて株間30cmに広げる。

球根ベゴニア

◆ 6〜9月
●●●●●
○ H：30〜50cm

塊茎をつくる数種の原種を交配してつくった園芸種。主なものに大輪八重咲き、大輪一重咲き、垂れ下がって咲くペンデュラ、矮性で多花性のマルチフロラなどがある。
鉢植え、半日陰の夏花壇にむく。

🌱 強光線を嫌うので、半日陰で、風通しのよいところで管理。

草花・鉢花　夏

キリンソウ （麒麟草）

ベンケイソウ科
◆6～9月
H：10～30cm

日本の山地から千島、カムチャツカ、シベリアに自生する多年草。花茎は分枝してこんもりと茂る。葉は楕円形または楕円状卵形で鋸歯がある。花は黄色で、茎の頂部に集まって咲く。花壇、鉢植え、ロックガーデン。

P 春か秋に、日当たりと水はけのよいところに植える。

キルタンサス

ヒガンバナ科
◆8～10月、11～2月
H：20～30cm

南アフリカ原産の半耐寒性球根植物。夏から秋咲き種と冬から春咲き種がある。葉は常緑で、約30cmの花茎の先に筒状の花を6～10輪咲かせる。花壇、鉢植え、切り花にむく。

P 春または秋に球根を植える。鉢植えの場合は5号鉢に3～5球植える。

キンレンカ （金蓮花）
別名：ナスタチウム

ノウゼンハレン科
◆5～7月
H：20～40cm

中南米原産の一年草。長く伸びる茎にハスに似た葉をもち、オレンジや黄色の花をつける。葉や花に独特の辛みがあり、エディブルフラワーとして、サラダなどに用いられる。花壇、鉢植え。

P 多湿を嫌うので、花壇では高植えにするとよい。

クジャクアスター （孔雀アスター）
別名：シロクジャク

キク科　◆8～10月
H：60～150cm

宿根アスターの仲間。最初に純白の花がシロクジャクの名で出回った。最近はユウゼンギクとの交配でいろいろな園芸品種がつくられ、花色も豊富になった。庭植え、花壇、鉢植え、切り花。

P 市販のポット苗を購入して春または秋に植えつける。

クジャクサボテン （孔雀サボテン）

サボテン科
◆6～7月
H：80～100cm

中南米に分布する20種ほどの原種が複雑に交配してつくられた園芸種。現在では1000を超える品種がある。初夏から夏に10～25cmの花筒を伸ばして、径7～12cmの花をつける。鉢植え。

P 半日陰で風通しのよいところに置く。

グラジオラス
別名：トウショウブ

アヤメ科
◆7～10月
H：50～150cm

南アフリカ原産の球根植物。葉が剣状なので、ラテン語で剣を意味するグラジオラスの名がついた。花壇、切り花。

P 春に、日当たりと水はけのよい場所を選び、5～7cmの深さに植える。

季語 夏。 用心、堅固。

クルクマ　別名：ウコン

ショウガ科
❀ 8～9月
● ● ○
H：30～80cm

熱帯アジア、インド、オーストラリアに広く分布する球根植物。花弁に見えるのは苞で、実際の花は苞の間に見え隠れする白い部分。
鉢植え、切り花。
🄿 5月に6号鉢に1球植えにする。日当たりが不足すると苞の色が悪くなるので、強光線下で管理する。

クレオメ　別名：セイヨウフウチョウソウ

フウチョウソウ科
❀ 7～10月
● ● ○
H：80～100cm

南アメリカの熱帯地域原産の春植え一年草。花は4枚の花弁それぞれに長い花柄があって離れているように見え、雄しべ、雌しべが長く、花から突きだしている。花壇、鉢植え。
🄿 日当たりと水はけのよいところにタネを直まきする。
💬 あなたの姿に酔う。

クロッサンドラ　別名：ショウゴバナ

キツネノマゴ科
❀ 6～10月
● ●
H：30～80cm

熱帯アフリカからマダガスカル、インドにかけて50種ほど分布するが、鉢花として栽培されているのは、花を輪生するインド原産のクロッサンドラ・インディブリフォルミス。鉢栽培。
🄿 夏は半日陰で涼しく管理し、冬は7℃以上のところで冬越しさせる。

ケイトウ（鶏頭）　別名：カラアイ、セロシア

ヒユ科 ❀ 7～10月
● ● ● ●
H：30～150cm

熱帯アジア原産の春まき一年草。花に見えるのは茎が変形したもの。主な品種に、ニワトリのトサカのような花をつけるトサカケイトウ、羽毛状になる羽毛ケイトウ、槍のように細長い花をつけるヤリゲイトウなどがある。花壇、鉢植え、切り花にむく。
🄿 移植を嫌うので春にタネを直まきする。
季語 秋。 💬 おしゃれ、気取り屋。

➡ 海外で改良された 'シャロン'
⬇ 羽毛ケイトウ

グロリオサ　別名：キツネユリ

ユリ科 ❀ 6～7月
● ●
H：150～180cm

アフリカから熱帯アジアに分布する半つる性植物。花は下向きにつき、波打った花弁を反転させる。大輪で黄色の覆輪が入るロスチャイルディアナ（写真）の系統のほか、弁が激しく波打つスパーバなどがある。
鉢植え、切り花。
🄿 春に6号鉢に1球植える。

草花・鉢花 夏

ゲッカビジン （月下美人）

サボテン科
◆6～10月
○ H:200～300cm

メキシコからブラジルの森林に自生する多肉植物。夏から秋にかけての、夜から深夜に咲き、すばらしい香りを放つ花をつける。花は1夜でしぼむ。鉢植え。

P 秋から春は十分に日に当てる。冬は8℃以上のところで冬越しさせる。春と秋にさし木でふやせる。

コウホネ （川骨）

スイレン科
◆6月 ○
H:30～40cm

北海道、本州などの池や小川などに自生する多年草。根茎が肥大し、白色なのでコウホネ（川骨）の名がある。水上の葉は長円形で濃い緑色。花は径4～5cmで、花びらに見える5枚は萼片。水鉢で栽培。

P 深さ20cm以上の水鉢を用意し、平鉢に植えつけたものを入れる。季語 夏。

ゴシキトウガラシ （五色唐辛子）

ナス科 ◆7～10月
実：● ● ● ● ○
H:70～80cm

熱帯アメリカ原産の春まき一年草。トウガラシの観賞用園芸品種。果実が熟す過程で、白または緑から、黄、橙、赤と色を変える。同じ仲間に丸い実のものがある。花壇、鉢植え。

P 発芽適温は20～25℃。4月中旬ころがまき時だが、できるだけ早くタネをまき、株を大きく育てるのがコツ。よく日に当てて育てる。

↢ 花壇を彩るゴシキトウガラシ
↢ 球形の実をつけたゴシキトウガラシ

コリウス 別名：キランソウ、ニシキジソ

シソ科 ◆7～10月
葉：● ● ● ● ● 複
H:20～80cm

葉色がカラフルで、花より、葉を観賞する春まき一年草。半日陰のほうが葉色が美しく発色する。花壇、鉢植え。

P 高温を好むので、タネまきは5月に入ってから鉢まきする。花穂が出てきたら、枝を1/3ほど切り詰めると、わき芽が伸び出して、再び美しい葉が茂る。

コレオプシス

キク科 ◆6～9月
● ●
H:40～100cm

一年草のキンケイギクと多年草のオオキンケイギクがある。キンケイギクの名で出回るのはほとんど後者で、八重咲きの矮性種が多い。花壇、鉢植え。

P 一年草は9月に、多年草は6月に直まきし、発芽後に株間20～25cmに間引く。日当たりのよいところで育てる。

コンボルブルス

ヒルガオ科
◆5～9月
● ● ○
H：30～100cm

地中海沿岸原産のつる性一年草または多年草。カーペットのように広がるコンボルブルス・サバティウスの園芸品種（写真）が出回っている。庭植え、鉢植え、グラウンドカバー。
P 春か秋に苗を購入して、日当たりと水はけのよいところに植える。

サポナリア
別名：シャボンソウ

ナデシコ科 ◆6～8月 ● ● ○ H：50～60cm

ヨーロッパ中部原産の多年草。初夏から夏にかけて径2cmの花を茎の頂部にたくさんつける。全草にサポニンを含むために、煎じて高級衣装の洗剤に用いた。花壇。
P 5月中旬～6月にタネを箱まきにし、本葉2～4枚でポットに移植。秋または春に定植する。

サンダーソニア
別名：クリスマス・ベルズ

ユリ科 ◆6～7月
● H：70～80cm

南アフリカ原産の球根植物。1つの球根から2～3芽発芽させ、直立した茎を伸ばして、葉の先端の巻きひげで絡みつきながらよじ登る。夏に釣鐘形の花を下垂させる。花壇、鉢植え、切り花にむく。
P 春に6号の深鉢に3～4球を目安に植えて、2cm覆土する。

サンビタリア
別名：メキシカンジニア

キク科 ◆7～11月
● H：約15cm

メキシコ、グアテマラ原産の春まき一年草。茎が地面を這うように広がり、夏から晩秋まで花を咲かせる。花は径2cm、花びらが黄色で、花心が黒に近い暗紫紅色。花壇、鉢植え、ロックガーデン、グラウンドカバー。
P 春に日当たりと水はけのよいところなら土質を選ばず、よく育つ。

シダルケア
別名：ミニホリホック

アオイ科
◆6～7月
● ● ○
H：40～90cm

北アメリカ原産の多年草。ヨーロッパで改良されて、タチアオイを小型にしたような、花径3～5cmの花を穂状につける。庭植え、花壇。
P 高温多湿を嫌うので、庭植えにできるのは関東地方以北に限られる。初夏に出回る鉢花を求めて植えると簡単。

シュンギク（春菊）

キク科 ◆7月
● H：50～80cm

地中海沿岸地方原産の一年草。茎の先につく花は黄色で径3～4cm。欧米では香りが強いので食用にしないが、日本、中国、東南アジアでは茎葉を食用にする。花壇、鉢植え、切り花にむく。
P 発芽率が悪いので、一晩水に漬けたタネをまくとよい。タネまきは春または秋に行う。

草花・鉢花　夏

サルビア

シソ科 7〜10月　H:30〜120cm

代表的な種が、燃えるような赤い花穂をつけるサルビア・スプレンデンス。本来は多年草だが、日本では春まき一年草として扱われる。同様に一年草扱いにされる種には、淡青色の花をつけるサルビア・ファリナセア（ブルーサルビア）、淡桃色の花をつけるサルビア・コッキネアなどがある。

多年草には、サルビア・レウカンサ（アメジストセージ）、サルビア・ウリギノサ、サルビア・ウィリディス（ホルミナム）、サルビア・ミクロフィラがある。花壇、鉢植え。

P 初夏に出回る苗を入手して、日当たりと水はけのよいところに植える。

♡ 燃える思い（赤花）。

1 コッキネア'コーラルニンフ'
2 苞の色が美しいウィリディス
3 赤い花穂の'スカーレットジルバ'（サカタのタネ）
4 大型のレウカンサ
5 花形がユニークなミクロフィラ

ジニア　別名：ヒャクニチソウ

キク科 ◆7～10月

H:30～80cm

メキシコ原産の春まき一年草。主な品種に高性大輪咲き、高性中輪咲き、小輪多花性、矮性種がある。近縁種に草丈約30cmのホソバヒャクニチソウがある。
花壇、鉢植え。

P 春にタネをまき、本葉が4～6枚になったら定植する。

←ホソバヒャクニチソウ
↓ジニア'プロフュージョンファイアー'（サカタのタネ）

ショウジョウソウ（猩々草）

別名：クサショウジョウソウ
トウダイグサ科
◆8～9月

H:約60cm

ブラジル原産の半低木状の一年草。開花とともに頂部の苞や葉の一部が赤橙色に発色する。
花壇、鉢植え。

P タネが大きく、容易に発芽する。4月中旬～5月中旬に直まきする。20cm間隔で、4～5粒づつまいて、間引く。

ジンジャー　別名：シュクシャ

ショウガ科
◆7～8月

H:70～200cm

マレー半島やインド原産の熱帯植物。夏には人の背丈くらいに伸び、芳香のある花をつける。
花壇、鉢植え。

P 日当たりがよく、湿り気のある肥沃な土壌を好む。植えつけ適期は4月上旬～中旬。50cm間隔で深さ15cmと深植えにする。

スカビオサ　別名：セイヨウマツムシソウ

マツムシソウ科
◆6～9月

H:30～100cm

園芸店に出回っているのはヨーロッパ原産のもので、日本産に比べると、花が大きく、花色も派手なものが多い。
花壇、鉢植え、切り花にむく。

P 春か秋に出回る苗を購入して植えつける。植えつける前に苦土石灰を施して、土を中和させておく。

ストケシア　別名：ルリギク

キク科 ◆6～10月

H:40～50cm

北アメリカ原産の多年草。茎は下部から分枝し、先端に径7cm前後の花をつける。花は梅雨から晩秋まで咲き続ける。花壇、鉢植え、切り花。

P 日当たりと水はけのよいところを好む。春と秋に苗を購入して植えつける。3年に1回、春か秋に株分けでふやせる。

💬 追想

草花・鉢花　夏

ストレリッチア・レギネ

別名：ゴクラクチョウカ
バショウ科
◆ 3〜8月
H：約1m

南アフリカ原産の大型多年草。葉は長楕円形で長い葉柄をもち、春から夏に長い花茎を伸ばして、先端に形、色とも華やかな花をつける。鉢植え。

P 日当たりのよいところに置く。初夏から初秋までは戸外に、冬は室内に置く。

センテッドゼラニウム

別名：ニオイテンジクアオイ
フウロソウ科
◆ 4〜7月
H：30〜80cm

葉に芳香をもつゼラニウムの総称。香りにより、アップルゼラニウム（写真）、ローズゼラニウム、シナモンゼラニウムなどがある。鉢植え。

P 雨を嫌うので、鉢栽培にして軒下やベランダで栽培する。

ゼフィランサス

別名：タマスダレ
ヒガンバナ科
◆ 6〜10月
H：15〜30cm

南米、ペルー原産の春植え球根。葉は長さ20〜30cmの細い葉で、1球当たり2〜4本の花茎を伸ばして、上向きの花をつける。庭植え、鉢植え。

P 春に日当たりと水はけのよいところを選び、5〜6cm覆土して植えつける。

♡ 期待、潔白な愛。

ゼラニウム

別名：テンジクアオイ
フウロソウ科
◆ 4〜7月、9〜11月
H：20〜60cm

南アフリカ原産の多年草。地植えに適した高性種から、鉢植えで楽しめる矮性種などさまざまな草丈のものがある。また、茎を垂れるアイビーゼラニウムがある。雨を嫌うので、軒下などの花壇、コンテナに植えて観賞する。

P 老化すると花つきが悪くなるので、さし木で更新する。

季語 夏。　♡ 決心。

↑ ゼラニウムの花壇
↓ アイビーゼラニウム

ソリダスター

キク科 ◆ 7〜10月
H：60〜70cm

北アメリカ原産のロリダゴ属とアスター属を使って、フランスでつくられたといわれる園芸品種。耐寒性多年草。夏から秋に明るい黄色の小花を、茎の先に群がり咲かせる。花壇、切り花。

P 春または秋にポット苗を購入して、日当たりと水はけのよい花壇に植える。株間は30cm。

センニチコウ〔千日紅〕
別名：センニチソウ
ヒユ科 ◆ 7～10月
● ● ● ● ○
H:15～50cm

熱帯アメリカ原産の春まき一年草。よく分枝した茎の先端に径1cmぐらいの花をつける。球状の花は苞が発達したもので、かたくてカサカサしている。
花壇、鉢植え、切り花、ドライフラワー。
🄿 4月中旬～5月にタネをまく。本葉が4～6枚になったら、日当たりと水はけのよいところに植える。
季語 夏。♡ 不朽、変わらぬ愛。

↑紅紫色のセンニチコウ
↓'ストロベリーフィールド'

タチアオイ〔立葵〕
別名：ホリホック
アオイ科 ◆ 6～8月
● ● ● ● ○
H:60～150cm

アジア西南部原産の一・二年草または多年草。現在出回っているものは、一・二年草タイプ。太い茎を立ち上げて径10cm前後の大輪花をつける。庭植え、花壇。
🄿 一年草タイプは秋に、二年草タイプは春にタネをまく。
季語 夏。♡ 灼熱の恋。

ダンギク〔段菊〕
クマツヅラ科 ◆ 7～9月 ● ● ○ H:70～80cm

南九州に自生する多年草。草丈70cmと高性で、香りのある葉を対生する。夏から秋に節ごとに花が固まって咲き、段状になることから、段菊の名がついた。庭植え、花壇。
🄿 低温に弱いので、4月中旬～5月中旬に、日が当たる花壇にタネを直まきする。

チグリジア
別名：トラフユリ
アヤメ科 ◆ 6～7月 ● ● ○ H:50～80cm

メキシコ、ペルー、チリ原産の球根植物。1球当たり1～数本の花茎を伸ばし、1花茎に1～4花つける。花の中心に虎斑に似た模様があるために、トラフユリと呼ばれる。花は一日花。花壇、鉢植え。
🄿 春に日当たりと水はけのよいところに植える。

チコリ
別名：キクニガナ
キク科 ◆ 6～7月
● H:40～150cm

ヨーロッパ原産の多年草。初夏になると40～150cmの茎を伸ばして、茎の頂部に青い花をつける。ハーブとして、根をコーヒーの代用にすることがある。花壇植えにする。
🄿 夏は生育が鈍るので、9月にタネをまく。花壇は深く耕して、苦土石灰をまいて酸性土を中和してからまく。

草花・鉢花　夏

ダリア

別名：テンジクボタン　キク科　6〜10月　H:20〜150cm

メキシコ、グアテマラ原産の球根植物。花は舌状花と管状花からなり、一重のシングル咲き、小輪八重咲きで球形の花をつけるポンポン咲き、花心に副弁をもつコラレット咲き、舌状花が内巻きになるオーキッド咲き、大輪八重咲きのデコラ咲き、管状花の先端がよじれるカクタス咲きなどがある。また、タネから育て、草丈20cmぐらいで花をつける実生ダリアがある。
花壇、切り花、一部鉢植え。
3月中旬〜下旬にフレーム内で土に浅く植えて発芽させたものを、4月上旬に植える。実生ダリアは4月にタネをまいて、6月に定植する。

季語　夏。　移り気、華麗、威厳。

1 シングル咲き
2 コラレット咲き
3 大輪デコラ咲き
4 ポンポン咲き
5 オーキッド咲き
6 カクタス咲き
7 実生ダリアの花壇

ディアスキア

ゴマノハグサ科
◆5〜10月
●●●
H:20〜40cm

南アフリカ原産の多年草。葉を対生した細い茎がたくさん出て、こんもりと茂る。写真はディアスキア'ジェンターコーラル'（タキイ種苗）。花壇、鉢植え。

🅿 花が少なくなってきたら半分に切り戻す。冬はマイナス5℃以上のところに置いて冬越しさせる。

トロロアオイ （黄蜀葵）
別名：オウショッキ

アオイ科
◆8〜9月
●
H:150〜250cm

2mになる大型の春まき多年草。花も径10〜18cmと大きい。庭植え。

🅿 春に日当たりと水はけのよいところを耕して、株周を50〜80cmあけてタネを直まきする。または箱まきして、草丈10cmになったら定植する。

季語 夏。

ディプラデニア
別名：マンデビラ

キョウチクトウ科
◆6〜11月
●●○
H:3〜7m

熱帯アメリカ原産の非耐寒性常緑つる性植物。現在はマンデビラが正式名だが、ディプラデニアの名で出回ることが多い。花は径約5cmの浅い漏斗形。弁先が5裂して外へ開く。鉢植えにむく。

🅿 初夏から初秋は屋外で、冬は10℃を保てる室内に置く。

トルコギキョウ （トルコ桔梗）
別名：リシアンサス

リンドウ科
◆7〜9月
●●●●●○
複 H:30〜100cm

北アメリカ原産の春まき一年草。花が美しいことから切り花として親しまれている。花色も年々ふえて、覆輪やかすり模様が入る品種もある。花形も、一重、八重があり、早生、中手、晩生と開花期も幅がある。
雨に弱いので、鉢植えで観賞する。

🅿 9月下旬〜10月上旬に、ピートバンなどにタネをまく。本葉2〜4枚出たら、2.5号ポットに移植する。冬は凍らないところで冬越しさせる。4月上旬に5号鉢に3〜4株植える。花後に切り戻し、追肥して涼しいところで育てると、秋に再び開花する。

トリカブト （鳥兜）
別名：ハナトリカブト

キンポウゲ科
◆8〜9月
●
H:約100cm

中国原産の多年草。猛毒を含むむが薬用にも使われることから、江戸時代に渡来した。ヨーロッパでは庭植えとして用いられ、多くの園芸品種がつくり出されている。写真は洋種のハナトリカブト。庭植え。

🅿 夏にやや湿りがある肥沃な土壌を好む。日当たりから半日陰でよく育つ。

▲ 花色豊富な'ロジーナ'（サカタのタネ）
▲ 切り花として親しまれるトルコギキョウ（紫花品種）

草花・鉢花　夏

トリトマ　別名：トーチリリー

ユリ科　6〜10月
H:50〜150cm

南アフリカ、アラビア半島原産の多年草。太い花茎を伸ばして、先端部に多数の筒状花をつけ、下から順に咲き上がる。高さが1mを超えるオオトリトマと、草丈50〜60cmのヒメトリトマがある。
オオトリトマは、花穂の上部は赤茶色、下部の花が黄色で美しい。ヒメトリトマは蕾が橙で開花すると黄色になる。
そのほかにも多くの園芸品種がある。花壇、芝生の中心などに配置すると、よいアクセントになる。
P 春か秋に苗を購入して、日当たりと水はけのよいところに植える。花がらをこまめに切り取ると、花を長く楽しめる。

▲花穂が美しいオオトリトマ
◀ヒメトリトマ

トレニア　別名：ハナウリクサ

ゴマノハグサ科
6〜10月
複　H:20〜30cm

インドシナ原産の春まき一年草。花は唇形花で、スミレに似ていることから、ナツスミレとも呼ばれる。秋には花と紅葉が楽しめる。
また、匍匐性の品種でこんもりと茂って青色の花を咲かせる'サマーウェーブ'は、吊り鉢に仕立てるとみごと。
花壇、鉢植え。
P 春にタネをまくが、初夏に出る苗を求めると便利。日当たりと水はけのよいところに植える。夏の終わりに枝先を2〜3節切り戻すと、わき芽が伸びて、秋には再びこんもりとした草姿になる。

▲吊り鉢にむく'サマーウェーブ'
▶花壇を彩るトレニア

ニチニチソウ　（日々草）　別名：ニチニチカ

キョウチクトウ科　7〜9月　H:30〜60cm

もともと熱帯性の亜低木だが、日本では春まき一年草として扱う。草丈50cm以上の高性種と、30cm前後の矮性種がある。花壇、鉢植え。
P 5月にタネをまく。移植を嫌うので、日当たりと水はけのよいところに直まき。♡友情、楽しい思い出。

ネコノヒゲ　（猫の髭）

シソ科　6〜7月、10〜11月
H:40〜60cm

インド、マレーシア原産の非耐寒性多年草。稜のある四角形の茎を伸ばして、先端に花をつける。花は2唇形で、雄しべと雌しべが花から突き出す。これをネコのヒゲに見立ててこの名がついた。
花壇、鉢植え。
P 春の花後に切り戻すと、再び秋に開花。

バーバスカム　別名：モウズイカ

ゴマノハグサ科
◆ 7～8月
● ● ● ● ○
H：50～150cm

地中海沿岸、西アジア、中央アジア原産の二年草または多年草。高い茎を伸ばして長い花穂をつける。植物全体が毛に覆われていることから、ラテン語でバーバスカム（ヒゲのある）と名づけられた。主な品種に黄色い花をつけるバーバスカム・タプシフォルメ、茎の上部で分枝してたくさんの黄花をつけるバーバスカム・フロモイデス。ほかに赤花、桃花、サーモン色、白などの花をつける品種がある。花壇、ドライフラワーにむく。

P 春に日当たりと水はけのよいところを選び、苦土石灰をまいて土壌を中和してから、タネを直まきする。

▶ 分枝してサーモン色花をつける品種
◀ 分枝しないで黄花をつける品種

ハス（蓮）

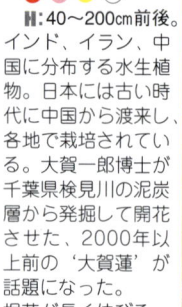

ハス科　◆ 7～8月
● ○
H：40～200cm前後

インド、イラン、中国に分布する水生植物。日本には古い時代に中国から渡来し、各地で栽培されている。大賀一郎博士が千葉県検見川の泥炭層から発掘して開花させた、2000年以上前の'大賀蓮'が話題になった。
根茎が長く伸びる。葉は円形または楕円形で長い葉柄をもち、水面上1mぐらいになる。花は径10～25cmで、花弁は普通25枚前後、八重で30枚以上のものがある。
小型種にチャワンバスなどがある。
水鉢、池。

P 大きな水鉢に堆肥を混ぜた粘土質の用土を入れて、3月下旬～4月上旬に植える。

1 紅花の'蜀紅蓮'
2 白花が美しい'太白蓮'
3 '巨椋の輝き'

バコパ

ゴマノハグサ科
◆ 4～10月
● ● ○
H：5～15cm

南アフリカ原産の非耐寒性多年草。草丈がコンパクトでこんもりと茂り、小花を長期間咲かせる。日なた、日陰でも丈夫に育つ。鉢花として普及している。

P 春から秋は日が当たり、夏は強光線を避けられるところが理想。冬は室内に取り込んで冬越しする。

草花・鉢花　夏

ハナキリン　(花麒麟)

トウダイグサ科
◆6〜10月
●●●○
H：1〜2m

マダガスカル島原産の多肉植物。花のように見えるのは苞で、本当の花は苞に包まれている小花。若い茎にはへら形の葉をつけるが、古い茎になると鋭いトゲばかりになる。
鉢植え、ロックガーデン。
P 日によく当てる。冬は室内に置く。

ハナタバコ　(花煙草)　別名：ニコチアナ

ナス科　◆6〜9月
●●●●
H：30〜80cm

南アメリカ原産の春まき一年草。真夏の暑さにもよく耐えて、たくさんの花を次々と咲かせる。現在出回っているのは、ニコチアナ・アラータの改良種で、多花性。雨に当たると花が傷むので、鉢植えに。
P 春に苗を購入したら、5号鉢に1株を目安に植える。
♡ ふれあい。

ハブランサス

ヒガンバナ科
◆7〜9月
●○　H：15〜30cm

南アフリカに自生する常緑の球根植物。園芸品種に、径5〜6cmの淡いピンクの花をつける'チェリーピンク'、やや濃いめのピンク花をつける'ロブスタ'などがある。
鉢植え、ロックガーデン。
P 4月に、日当たりと水はけのよいところに植える。

ハルシャギク　(波斯菊)　別名：ジャノメソウ

キク科　◆5〜10月
複　H：30〜80cm

北アメリカ中西部原産の一年草。花はコスモスに似るが、黄色と赤の蛇の目模様になる。
強健で一度植えると、こぼれダネから発芽して育ち、毎年花が楽しめる。
花壇、鉢植え、切り花にむく。
P 春または秋に、日当たりと水はけのよいところに、タネを直まきする。

ヒオウギ　(檜扇)　別名：カラスオウギ

アヤメ科　◆7〜8月
●●●
H：60〜100cm

日本の本州、四国、九州、沖縄に自生する多年草。葉のつきかたが、平安時代の「檜扇」に似ていることからこの名がついた。葉は剣形、花は径5cmほどで、赤い斑点が入った橙色。
庭植え、鉢植え、切り花にむく。
P 春か秋に日当たりと水はけのよいところに植える。

ヒソップ　別名：ヤナギハッカ

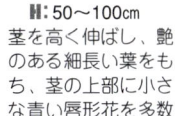

シソ科　◆5〜10月
●●○
H：50〜100cm

茎を高く伸ばし、艶のある細長い葉をもち、茎の上部に小さな青い唇形花を多数つける。
花や葉はハーブとして、古くから料理や香料、家庭薬などに利用されている。
花壇、切り花。
P 日当たりと水はけのよいところに、4月中旬〜下旬にタネを直まきする。

ヒマワリ （向日葵）
別名：ニチニチソウ
キク科 ◆ 7〜9月
🟠🟠🟠
H：40〜200cm

北アメリカ原産の春まき一年草で、最も大型の花をつける。種類、品種ともに多い。主なものに、高性で巨大な花をつける'ロシア'、中大輪種の'太陽'、八重咲きの'サンゴールド'、矮性種の'小夏'、'ビッグスマイル'などが人気を呼んでいる。
高性大輪種は庭植え、中輪八重咲き種は花壇、矮性種は鉢植えにむく。花は切り花になる。

P 日当たりと水はけのよいところを選び、堆肥や腐葉土をすき込んで、春にタネを直まきする。

季語 夏。 💬 あなたはすばらしい。

1 矮性種の'小夏'（サカタのタネ）
2 ヒマワリ（中大輪種）
3 八重咲き種

ヒメツルソバ （姫蔓蕎麦）
タデ科 ◆ 7〜12月
🟣 H：8〜15cm

ヒマラヤ原産の多年草。茎を横に伸ばして、地面に接する節から発根して広がる。夏から初冬にかけて花茎を立ち上げ、桃色の小花が集まった球状の花穂をつける。庭植え、鉢植え、グラウンドカバー。

P 日なたから半日陰でよく育つ。マイナス5℃以下になるところは鉢植えにして室内で冬越しさせる。

ヒメノカリス 別名：イスメネ
ヒガンバナ科
◆ 7〜8月
○ H：40〜60cm

中米、南米を中心に分布する春植え球根植物。膜状の副花冠が雄しべと結合して、杯のような美しい花形になる。寒さを嫌うので、関東地方以西〜沖縄で栽培する。鉢植え、切り花。

P 7号鉢に大球を1つ植えつける。用土は砂質土6に腐葉土4の割合で混ぜてつくる。

ヒモゲイトウ （紐鶏頭）
別名：センニンコク
ヒユ科 ◆ 8〜10月
🔴 H：50〜100cm

アフリカやアメリカの熱帯地方原産の春まき一年草。ハゲイトウの仲間。茎は紅色で高く伸びる。花は赤い小花がたくさん集まって、ひも状の花穂になり、茎の頂部から幾本も下垂する。
花壇、ドライフラワーにむく。

P 日当たりと水はけのよいところに、春にタネを直まきする。

草花・鉢花　夏

フィソステギア
別名：ハナトラノオ

シソ科 ◆6〜9月
● H:60〜120cm

アメリカ東部海岸地方原産の多年草。暑さ、寒さに強く、一度植えつければ放任したままでも毎年花を咲かせる。茎は4角形で直立し、上部に花穂をつける。花壇、鉢植え。

P 苗を購入して、春または秋に、日当たりと水はけのよいところに植える。肥料は控えめに施す。

♡ 十分望みを達した。

フウセンカズラ（風船葛）
別名：バルーンバイン

ムクロジ科
実：● 実7〜8月
H:約2m

果実が風船のようにふくらんで下垂する、おもしろい植物。つる性一年草。庭に植えてフェンスや四つ目垣に誘引する。または鉢植えにしてあんどん仕立てにする。

P 5月に入って地温が十分上がってからタネをまく。日当たりと水はけのよいところが適地。

フクシア
別名：ホクシャ、ツリウキソウ

アカバナ科
◆4〜7月
● ● ● ○ 複
H:30〜100cm

花の形、花色とも魅力的なことから、欧米ではレディース・イヤードロップス（貴婦人の耳飾り）の名で呼ばれる。高温と寒さを嫌うので、鉢花で出回る。

P 春と秋は戸外の日なたで、夏は涼しい半日陰に、冬は室内の窓辺に置く。

♡ 信じた愛、趣味。

ブロワリア
別名：タイリンルリマガリバナ

ナス科 ◆6〜10月
● ● ○
H:30〜60cm

コロンビア原産の亜低木だが、園芸上では非耐寒性の一年草として扱う。よく分枝して、茎の先に花をつける。ブロワリア'オーシャン'（写真／サカタのタネ）などがある。鉢植え、吊り鉢。

P 春に出回る苗を購入して、5号鉢に3株を目安に植える。夏は半日陰に置く。

ベゴニア・センパフローレンス
別名：四季咲きベゴニア

シュウカイドウ科
◆5〜11月
● ● ○
H:20〜40cm

ブラジル原産の一年草。耐寒性はないが、最低気温が5℃以下にならない地域では、戸外で越冬する。花壇、鉢植え。

P 3月下旬に、日当たりと水はけのよいところに植える。初夏または9月にさし芽してふやせる。

ベニバナサワギキョウ（紅花沢桔梗）

キキョウ科
◆7〜10月
● ○
H:60〜110cm

北アメリカ原産の多年草。茎の先に、唇形花を穂状につける。花壇、鉢植え、ロックガーデン、切り花にむく。

P 3月に、日当たりのよい、腐植質に富んだやや湿ったところに植える。鉢植えは、5〜7号の深鉢に、2〜3株植える。

ペチュニア

別名：ツクバネアサガオ

ナス科 ◆6～10月
● ● ● ● ●
(複)
H:30～60cm

南アメリカ原産のペチュニア・アキシラリス、ペチュニア・ビオラセアなどから改良された園芸品種。育てやすい多花性の花である。雨に弱いのが難点だったが、'サフィニア'の登場でそれも克服された。花径10cm以上の大輪種、花径5cm前後の小輪種がある。花壇、鉢植え。

🄿 花期が長いので肥料ぎれしないように、液肥を施す。花がら摘みはこまめに行う。

💬 あなたといっしょなら心が和らぐ。

↑鉢から枝垂れ咲く'サフィニア'
↓大輪種のペチュニア

ヘメロカリス

別名：デイリリー

ユリ科 ◆6～8月
● ● ● ● ●
○ (複)
H:30～130cm

キスゲやカンゾウの仲間を交配してつくった園芸品種。花径20cmの巨大輪種から5cmのミニタイプまで変化に富んでいる。咲き方も一重、八重のほか、細い花弁がよじれるスパイダー咲きなどがある。花は一日花。庭植え、花壇。

🄿 日なたから半日陰。

ヘレニウム

別名：ダンゴギク

キク科 ◆6～10月
● ●
H:50～100cm

北アメリカのケベック、フロリダ、アリゾナに分布する多年草。よく分枝した茎の先端に、径3～5cmの花をつける。舌状花は黄橙色、筒状花は黄褐色で、中心部が半球状に盛り上がる。花壇、切り花。

🄿 春か秋に苗を購入して、日当たりと水はけのよいところに植える。

ベロニカ・スピカタ

別名：ルリトラノオ

ゴマノハグサ科
◆6～8月
● ● ●
H:20～60cm

ヨーロッパ、北アジア原産の多年草。根茎を少し匍匐させながら、茎を立ち上がらせ、花穂をつける。花壇、鉢植え、ロックガーデン。

🄿 春から出回る鉢花を購入して、根鉢を崩さないようにして、日当たりと水はけのよいところに植える。

ペンタス

別名：クササンタンカ

アカネ科
◆6～9月
● ● ○
H:30～50cm

熱帯アフリカ、アラビア半島原産の多年草。花は径1cmと小さいが、傘状に30～40輪集まって咲くので、よく目立つ。最低冬温度が5～6℃と高いので、普通は鉢栽培する。

🄿 花が終わったら切り戻すと繰り返し咲き、秋まで楽しめる。冬は室内で管理する。

草花・鉢花　夏

ホウセンカ （鳳仙花）
別名：ツマクレナイ

ツリフネソウ科
✿ 7～9月
● ● ● ○
H：30～40cm

直立した茎を立ち上げ、葉のつけ根に、一重や八重の距をもつ花をつける。花後に果実ができ、熟すと触れるだけではじけ、タネが飛び散る。庭植え、花壇。

🌱 5月に、日当たりと水はけのよい場所にタネを直まきする。

季語 秋。　💬 私に触れないでください。

ポーチュラカ
別名：ハナスベリヒユ

スベリヒユ科 ✿ 7～10月 ● ● ● ● ○ H：15～30cm

肉質の葉や茎をもち、乾燥に強い。花は一重と八重があり、秋まで次々と咲き続ける。多年草。5℃以上で冬越しする。庭植え、花壇、吊り鉢。

🌱 春に売り出される苗を購入して、日当たりと乾燥ぎみのところに植えつける。さし芽でふやせる。

ホテイアオイ （布袋葵）
別名：ウォーターヒアシンス

ミズアオイ科
✿ 7～8月
●
H：約20cm

南米原産の水生植物。葉は円形で光沢があり、葉柄の基部がふくらんで浮き袋になる。夏に太い花茎を伸ばし、澄んだ水色の花を穂状につける。花は径5cm。一日花。水鉢、池。

🌱 きれいな水に浮かべ、日当たりのよいところに置く。

季語 夏（ほていそう）。

マロウ
別名：ウスベニアオイ

アオイ科 ✿ 5～8月
● ●
H：100cm前後

東ヨーロッパ原産の大型多年草。ハーブ。淡いピンクの花をつけるマーシュマロウ、紫花のコモンマロウ、ピンクの花に濃いピンクの筋が入るムスクマロウ（写真）がある。
庭植え、花壇、鉢植えにむく。

🌱 春か秋に、日当たりと水はけのよいところに植えつける。

マツバボタン （松葉牡丹）
別名：ヒデリソウ

スベリヒユ科
✿ 7～8月
● ● ● ● ○
H：20～30cm

葉と茎が肉質。地を覆って広がり、さまざまな花色の花をつける。花は一日花。花壇、鉢植え。

🌱 4～6月にタネを箱まきし、発芽後に込んでいるところを間引いて育てる。草丈3～5cmになったら、日当たりがよく、乾燥した場所に定植。

季語 夏。　💬 無邪気。

マツモトセンノウ （松本仙翁）

ナデシコ科 ✿ 6～7月 ● ○ H：約70cm

九州地方原産の耐寒性多年草。全体にやや粗い毛で覆われ、茎の頂部に濃い赤または白色の5弁花を3～5輪つける。花径は2.5cm。庭植え、鉢植え。

🌱 3～4月中旬に、半日陰になるところに植えつける。鉢植えは4～5号の深鉢に植える。

マリーゴールド

別名：クジャクソウ（フレンチ種）、マンジュギク（アフリカン種）

キク科 ◆6〜10月

● ● ● ○ 複

H：30〜80cm

メキシコ原産の春まき一年草。フレンチ種、アフリカン種、両種の雑種アフロフレンチ種がある。フレンチマリーゴールドは、高さ30cmで分枝が多く、径3〜5cmの一重か八重の花をつける。アフリカンマリーゴールドは、高さ40〜100cmと高く、花は径7〜10cmの八重咲き。アフロフレンチマリーゴールドは、タネをつけないので、長期間咲き続ける。花壇、鉢植え、切り花にむく。

P 春から初夏に出回る苗を購入し、日当たりと水はけのよいところに、元肥を施して植える。生育中は液肥を与える。♡友情。

↑半球状に咲くアフリカン種
←フレンチ種の'ボナンザ'

ミソハギ （禊萩）

別名：ボンバナ

ミソハギ科 ◆7〜9月

● ○ H：約1m

日本の野山に自生する多年草。高さ1m前後で細長い葉を対生させ、葉のつけ根に3〜5花をつける。花は淡い紫色の6弁花。同じ仲間に北海道原産のエゾミソハギがある。ミソハギより大型で、花色も濃い。ヨーロッパなどで多く栽培されている。ミソハギはお盆の花として切り花にされる。庭植え、鉢植え。

P 春または秋に苗を植える。日当たりがよければどこでも丈夫に育つ。湿地を好むので、夏には夕方も水やりし、水をきらさないようにする。

↑ヨーロッパでよく栽培されているエゾミソハギ
→日本の野山に自生しているミソハギ

ミント

別名：ハッカ、メグサ

シソ科 ◆6〜8月

● ○ H：約90cm

メントールのさわやかな香りをもつ多年草。代表的なのがペパーミントとスペアミント。芳香剤として使われるほか、ハーブティー、肉料理などに用いられる。庭植え、花壇。

P 春に出回る苗を求めて植える。肥沃な土壌を好むので、植える前に、堆肥や有機質の肥料を元肥に施すとよい。

ムラサキツユクサ （紫露草）

ツユクサ科 ◆6〜8月

● ● ○ H：50〜100cm

北アメリカ原産の多年草。空き地などで野草化したものが見られるほど、丈夫な植物。高さ50cmぐらいのムラサキツユクサ、高さ1mぐらいと大型になるオオムラサキツユクサがある。花壇、鉢植え。

P 春または秋に植えつける。鉢植えでは4号鉢に1株植える。

草花・鉢花　夏

メランポディウム

キク科　6〜10月
H：20〜40cm

中央アメリカ原産の春まき一年草。よく分枝して、黄色の小花を咲き続ける。日なたから半日陰で丈夫に育つ。草丈40cmの中性種と、20cmの矮性種がある。花壇、鉢植え、グラウンドカバー、切り花にむく。
P 春に出回る苗を購入し、日当たりと水はけのよいところに植える。

モナルダ

別名：タイマツバナ、ヤグルマハッカ　シソ科　7〜9月
H：50〜100cm

北アメリカ原産の多年草。茎や葉に芳香があり、ベルガモットのハーブ名をもつ。観賞用には赤花種（写真）、桃花種などがある。花壇、鉢植え。
P 日なた、半日陰でも丈夫に育つ。

モミジアオイ（紅葉葵）

別名：コウショッキ 
アオイ科
8〜9月
H：100〜200cm

北アメリカ東南部の湿地に自生する大型の多年草。夏から秋にかけて、花径15〜20cmの5弁花をつける。花は一日花。冬は地上部がなくなり、根で冬越しする。庭植え、鉢植え。
P 春に日当たりと水はけのよいところに植える。鉢植えは7号鉢に1株植える。

モントブレチア

別名：ヒメヒオウギズイセン
アヤメ科
7〜8月
H：50〜80cm

南アフリカ原産の春植え球根植物。剣状の葉の間から、細くてしなやかな花茎を伸ばし、頂部に十数花を穂状につける。庭植え、花壇、鉢植えにむく。
P 3月中旬〜4月に、日当たりのよいところに植える。株周を15cmとり、10cmの深さで植える。

ユーコミス

別名：パイナップルリリー 
ユリ科　7〜8月
H：40〜60cm

南アフリカ原産の春植え球根植物。夏に花茎の頂部に、40〜50輪の白い小花を穂状につける。主な品種に乳白色の花をつけるオータムナリス（写真）、白花をつけるピカラーなどがある。庭植え、鉢植え、切り花にむく。
P 4月に、日当たりのよい、粘土質の肥沃なところに植える。

ユウゼンギク（友禅菊）

別名：ユウゼンノギク
キク科　6〜10月
H：50〜120cm

北アメリカ原産の多年草。園芸品種が多く、高さ50〜120cmに伸び、花径2.5〜4cmで半八重咲きのものが多い。開花期は品種によって異なり、夏から秋まで咲く。花壇、鉢植え、切り花にむく。
P 春または秋に苗を求めて、有機質に富んだ日当たりのよいところに植える。

ラベンダー

シソ科 ◆6〜9月
● ● ● ●
H：60〜100cm

ヨーロッパ原産の多年草。イングリッシュラベンダーと呼ばれる常緑小低木。高さ1mになる。初夏に、小さな唇形花を10〜20花集めた穂状花をつける。花には馥郁とした芳香があり、香りを楽しむハーブの代表的な植物。ほかにフレンチラベンダーや、交雑種の'セビリアン・ブルー'がある。花壇、鉢植え、切り花、ドライフラワーにむく。

🌱 市販の苗を求めて、5〜6月に植える。日当たりと水はけのよいところに、あらかじめ苦土石灰をまいて中和してから植える。

💟 疑惑、私に答えてください。

▶ 暖地でも育てやすいフレンチ種
◀ 交雑種の'セビリアン・ブルー'

リシマキア

サクラソウ科 ◆6〜8月
● ● ● ● ○
H：50〜90cm

北半球を主体にして、アフリカ、南アメリカ、オーストラリアに約200種が分布する一年草または多年草。日本には、草丈90cmになり、白い花穂をつけるオカトラノオが自生するほか、ヨーロッパで栽培される、黄花を咲かせるリシマキア・プンクタタ、グラウンドカバーになるリシマキア・ヌンムラリアなどがある。庭植え、花壇、鉢植え、切り花、グラウンドカバー。

🌱 苗を購入して3月に、日当たりのよいところに植える。オカトラノオは寒くても平気だが、ヨーロッパ原産のものは、土が凍るようなところでは防寒が必要。

▶ リシマキア・プンクタタ（高さ約50cm）
▶ 日本の野山でも見られるオカトラノオ

リアトリス　別名：ユリアザミ

キク科 ◆6〜9月
● ● ○
H：60〜150cm

北アメリカ原産の大型の多年草。花は茎の頂部につく。小花が集まって長い穂状になる槍咲き種と、小花が球状につく玉咲き種がある。どちらも花は上から下へと咲き進む。花壇、切り花にむく。

🌱 春または秋に、日当たりと水はけのよいところに有機質肥料を施して植える。

リモニウム　別名：スターチス

イソマツ科 ◆5〜8月
● ● ● ● ●
●
H：30〜100cm

普及しているのが、一年草のリモニウム・シヌアータ（写真）。花は乾いてカサカサしており、簡単にドライフラワーになる。花壇、鉢植え、切り花、ドライフラワー。

🌱 乾かしぎみにするのがコツで、鉢土が十分乾いてから水を与えるとよい。

草花・鉢花　夏

ルコウソウ （縷紅草）

ヒルガオ科
◆7～10月
● ●　○
H:1～2m

熱帯アメリカ原産のつる性一年草。よく分枝して支柱などにからみながら伸び、細かく切れ込んだ葉を茂らせる。初夏から秋に、径2cmほどの漏斗状で星形の花を次々と咲かせる。仲間に、モミジのような葉をもち、5角形の花をつけるハゴロモルコウソウ、小輪で橙紅色の花をつけるマルバルコウソウなどがある。庭植え、鉢植え。

P 十分に地温が上がる5月中旬～6月中旬にタネをまく。移植を嫌うので日当たりと水はけのよいところを選び、有機質肥料や堆肥をすき込んで直まきする。

季語 夏。♡おせっかい。

▲繊細な葉をもつルコウソウ
←ハゴロモルコウソウ

ルドベキア　別名：アラゲハンゴンソウ

キク科 ◆7～10月 複
● ● ●
H:30～100cm

北アメリカに自生する春まき一年草。園芸品種が多く、草丈1mになり、花径12～15cm、大きいもので20cmの花をつける'グロリオサ・デージー'、草丈30～40cmで、花径10cmの花をつける矮性品種、黄色の一重の花をつける'インディアン・サマー'などがある。花壇、鉢植え、切り花にむく。

P 春にタネをまく。タネが細かいのでピートバンなどにまき、本葉2～3枚出たらポットに移植する。本葉が5～6枚になったら、日当たりと水はけのよいところに植えつける。

▲黄に褐色の蛇の目模様になる'グロリオサ・デージー'
→黄花の一重咲き'インディアン・サマー'

レウィシア　別名：イワハナビ

スベリヒユ科
◆7～8月
● ● ● ● ○
H:15～20cm

北アメリカの山岳地帯に数十種が分布する多年草。なかでもレウィシア・コチレドン（写真）は、ロゼット状の葉から花茎を伸ばして、径2～4cmの美しい花をつけることから人気がある。鉢植え。

P 雨を嫌うので、雨の当たらないベランダや軒下で育てる。

レーマンニア　別名：ジオウ

ゴマノハグサ科
◆5～7月
● ● ● ●
○
H:30～50cm

中国原産の多年草で、根に薬効があることから、漢方薬として昔から利用された。花は筒状の唇形花で、上唇は2裂、大きめの下唇は3裂する。花壇、鉢植え。

P 春に苗を求めて、半日陰で水はけのよいところを選び、堆肥や腐葉土を多めにすき込んで植える。

秋冬の草花・鉢花

Flowering plant and container plant of Autumn & Winter

花の種類もだんだんと少なくなる秋から冬ですが、澄んだ大気のなかで咲く花は花色が鮮明で、一段とすがすがしく美しく見えます。

アキチョウジ（秋丁字）

シソ科 ◆8〜10月
● H:70〜100cm

西日本の野山に自生する多年草。四角い茎の頂部に、筒状の花を多数横向きに咲かせる。
半日陰の庭に植えたり、切り花は茶花になる。山野草として親しまれるが、最近は鉢花として出回る。
P 鉢植えは毎年春に植えかえる。6月に切り戻すと、草丈が低くなり花つきもよくなる。

アシダンセラ

アヤメ科
◆9〜10月
○ H:60〜100cm

熱帯および南アフリカ原産の春植え球根植物。グラジオラスに似た葉の間から花茎を伸ばし、頂部に数花まばらにつける。花は花筒部が曲がって横向きになる。アシダンセラ・ピコロール（写真）などがある。
花壇、切り花。
P 6月に植えると、秋花が見られる。

アロエ

ユリ科 ◆冬〜春
● ● ●
H:2〜3m

南アフリカを中心に分布する多肉性の植物で、木化したものは5m以上になるものもある。葉は多肉で厚く、鋸歯がある。赤から黄色の筒状の花を穂状につける。最も普及しているのがキダチアロエ（写真）。鉢植え。
P 水はけのよい用土で植え、日なたで管理する。

草花・鉢花　秋冬

ウインターグラジオラス

アヤメ科
◆10～12月
● ● ○
H:30～90cm

南アフリカ原産の多年草。冬にグラジオラスに似た花をつけるのでその名で呼ばれる。花は6～14輪次々、下から咲き上がる。鉢植え。関東以西で花壇も可。

🅿 3月に日当たりのよい湿地（池の端など）に植える。鉢栽培では、5号鉢に3芽を目安に植える。

オオベンケイソウ （大弁慶草）

ベンケイソウ科
◆8～10月
● ○ H:30～70cm

中国原産の多肉植物。肉厚な葉をもつ花茎の先に、小花が集まって花穂をつける。日本のベンケイソウより大型で、花も目立つことから、庭植え、鉢植え、切り花、ロックガーデン、吊り鉢にむく。

🅿 栽培は容易。日当たりと水はけのよいところに植える。

💬 平穏、のどかさ。

エキザカム　別名：ベニヒメリンドウ

リンドウ科
◆8～10月
● ○ H:15～20cm

アラビア海ソコトラ島原産の春まき一年草。よく分枝した茎に広卵形の葉をつける。葉のつけ根に径1.5cmの5弁花をつける。花弁の色は青紫、中心が黄色。白花や八重咲き種もある。鉢植え。

🅿 鉢花を購入する。日なたのほうが生育はよいが、半日陰でも開花する。

オキザリス　別名：ハナカタバミ

カタバミ科
◆10～4月
● ● ●
H:10～40cm

南アフリカや中南米の熱帯から亜熱帯に自生する秋植え球根植物。比較的低温に強く、暖地では露地で越冬する。
桃花や黄花、蕾に紅筋が入るもの、葉に斑が入るものなどがある。花は日が当たると開花し、日がかげると閉じる。庭植え、花壇、鉢植えにむく。

🅿 日がよく当たり、水はけのよいところに植える。

季語 春。💬 輝く心。

▲桃色の花をつけたオキザリス・プルプレア

▼葉の基部に銅色の模様が入るオキザリス・テトラフィラ

カゲツ　（花月）

ベンケイソウ科
◆冬～春
● H:1～3m

南アフリカのケープ州南部からナタール州原産の低木。一般には「金のなる木」の名で知られる。葉は楕円形の緑色で、濃い紅色で縁取られる。星形の小花が、茎の頂部に集まって咲く。鉢植え。

🅿 水はけのよい用土で植え、日当たりのよいところで育てる。冬は室内で管理する。

キク (菊)

別名：スプレーマム、フェリーチェマム、ヨダーマムなど

キク科 ◆7～11月 ●●●● ○ H:30～60cm

中国原産の多年草。江戸時代には庶民の間にもキクづくりが広がり、全国的に普及するとともに品種改良され、多くの園芸品種がつくられた。現在も各地で菊花展が開かれるなど、秋を代表する花となっている。

種類を大きく分けると、観賞ギク、洋ギクに分けられる。観賞ギクには、菊花展などで見られる大輪ギクの厚物、管物（太管、間管、細管）、広物（一文字ギク）、中輪ギクの嵯峨ギク、江戸ギク、伊勢ギクなど、ほかに花径9cm以下の小花をつける小輪ギクなどがある。

洋ギクは多くが欧米で改良されたもので、鉢花や切り花として人気を集めている。主なものに、矮性でよく分枝するポットマム、花色豊富で花形も整っているスプレーギク、クッションマム、フェリーチェマム、アメリカのヨダー社で改良されたヨダーマムなどがある。

家庭でキクを楽しむ場合は、洋ギクを用いて、花壇、鉢植え、切り花とするのが一般的。（栽培のポイントは洋ギクを解説）

P 鉢花を購入したときは、戸外の日なたで、よく日に当てて管理する。花後は秋の終わりに、株元近くまで切り戻し、フレーム内で冬越しさせて冬至芽を大切に育てる。冬至芽を5月にさし芽して苗をつくる。さし芽で育てたものを7月上旬に日当たりと水はけのよい場所に植える。1、2度摘心して枝数をふやすとよい。鉢植えの場合は、赤玉土6、腐葉土4の配合土に植える。

季語 秋。 ♡清浄、高潔、真実（白花）、私は愛する（赤花）、わずかな愛（黄花）。

1 ダルマ仕立ての大輪ギク
2 花弁が管になった太管
3 繊細な細管
4 ボリュームのある厚物
5 下の花弁が伸びる厚走り
6 中輪の嵯峨ギク
7 管状の洋ギク'アディアット'
8 ヨダーマム
9 フェリーチェマム
10 スプレーギク

草花・鉢花　秋冬

クリスマスローズ

別名：ヘレボルス　キンポウゲ科　●12〜4月　●●●●○●
H:15〜40cm

クリスマスローズは、クリスマスのころに咲くヘレボルス・ニゲルの英名。現在流通している多くのものは、春咲きのヘレボルス・ヒブリダスの園芸品種である。寒さに強く、日陰でも丈夫に育つ。鉢植え、庭植え。
P 冬に日が当たり、夏に日陰になる場所を選び、9月下旬〜10月中旬に植える。
♡スキャンダル。

↑ヘレボルス・ヒブリダス
←ヘレボルス・ニゲル

コスモス

別名：アキザクラ　キク科　●6〜11月　●●●●○　H:150〜200cm

メキシコ原産の一年草。明治中期に渡来して以来、秋桜の名で広まり、日本の秋を代表する花の一つになっている。
本来は、日が短くなると開花する植物だったが、最近は、日長に関係なく、タネまき後50〜70日で咲き始める早咲き種が好まれている。庭植え、花壇、鉢植え、切り花。
P タネが大きくてまきやすいので、4〜6月に直まきする。日当たりと水はけのよいところを選び、20cm間隔で3〜4粒まき、発芽後に間引きながらよい苗を1本残す。
季語 秋。乙女の愛情（赤花）、乙女の純潔（白花）、乙女のまごころ（赤・白花）。

1 花弁が管になる 'シーシェル'
2 黄花の 'イエローガーデン'
3 早咲き品種
4 メキシコ原産のチョコレートコスモス（タキイ種苗）

草花・鉢花　秋冬

コルチカム　別名：イヌサフラン

- 9〜10月
- H:20〜30cm

ヨーロッパ、西アジア、北アフリカ原産の秋植え球根植物。球根をテーブル上に放置しても開花することで知られる。花壇、鉢植え。

P 水はけのよい砂質の土壌に、8月下旬〜9月上旬に植える。土なしで開花させたときは、早めに花壇などに植える。

季語 わたしの幸福な日は過ぎた。

サフラン

アヤメ科
- 10〜11月
- H:約15cm

ヨーロッパ南部から小アジアに分布する秋植え球根植物。主に赤いしべを採取して料理の色づけや薬用にする。
花壇、鉢植え。

P 9月に、日当たりと水はけのよいところを選び、30cmの深さに耕して、7〜10cmの深さで植える。

季語 秋。楽しみ、喜びの中の不安。

シオン（紫苑）

キク科　9〜10月
H:150〜200cm

日本にも本州、四国、九州に分布するが、園芸で使われるのは、北アメリカ東部原産のアメリカシオン。多年草。2mの高さまで伸び、秋に茎の先に淡い紫の花弁で、花心が黄色い小花をたくさん咲かせる。庭植え。

P 春に西日の当たらない、水はけのよいところに、30cm周隔で植える。季語 秋。

シクラメン　別名：カガリビバナ

サクラソウ科
- 11〜3月
- (複) H:15〜25cm

地中海沿岸やヨーロッパの南東部原産の秋植え球根植物。現在流通しているのは、シクラメン・ペルシカムの園芸品種で、丸弁の大輪種、花弁の縁が波打つ大輪種、耐寒性の強い中輪八重咲き種、小輪多花性種などさまざまな品種がある。また、最近では、芳香種や色は淡いが黄花種もつくられている。庭植えができる小型種のガーデンシクラメンも人気を呼んでいる。
鉢植え、一部庭植え、花壇え。

P 鉢花を買う場合は、葉数が多くて、蕾のたくさんついているものを選ぶと、長く楽しめる。

季語 春。はにかみ、内気。

↖ 庭植えできるガーデンシクラメン
→ 鉢花として人気があるシクラメン

シャコバサボテン（蝦蛄葉サボテン）

別名：クリスマスカクタス
サボテン科
- 11〜1月
- H:15〜40cm

葉のように見えるのは茎の節片。トゲ状の突起がありシャコに似ることからこの名がついた。鉢植え。

P 日の当たる窓辺に置く。水やりは鉢土の表面が乾いたら与えるが、8〜9月は少なめにすると花つきがよくなる。

シネラリア

別名：サイネリア　キク科　❀12〜4月　●●●●○ 複

H：20〜50cm

北アフリカ、大西洋のカナリア諸島原産の多年草だが、高温多湿を嫌うので、園芸上は秋まき一年草として扱う。園芸品種は多く、大別すると花径7cm以上の大輪種、花径3.5cm前後の中輪種、小鉢むきの矮性種の小輪種がある。
鉢植え。

🅟 自然開花は3〜6月だが、促成栽培された鉢花が12月ころから出回る。日の当たる窓辺に置いて観賞する。購入するときには、草丈が低く、葉がしっかりついている株で、花が2〜3割咲いているものを選ぶと、長く楽しめる。

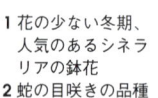

季語 春（サイネリア）。花言葉 快活。

1 花の少ない冬期、人気のあるシネラリアの鉢花
2 蛇の目咲きの品種
3 白地にピンクの入った品種

シュウカイドウ（秋海棠）

別名：ヨウラクソウ
シュウカイドウ科
❀8〜10月
● ○　H：40〜60cm

中国、マレー半島原産の多年草。ベゴニアの仲間。葉は左右非対称で、8月下旬から小花を咲かせる。日に当たると葉焼けを起こすので、半日陰で育てる。
庭植え、鉢植え。

🅟 やや湿り気のあるところに、春に植えつける。鉢栽培は5号鉢に1株植える。

季語 秋。花言葉 片思い。

ステルンベルギア

別名：キバナタマスダレ
ヒガンバナ科
❀9〜1月
● ○　H：5〜20cm

スペインから中近東原産の球根植物。秋咲き種と春咲き種があるが、主に出回るのは秋咲き種のステルンベルギア・ルテア（写真）。
花壇、鉢植え。

🅟 8月下旬〜9月上旬に、水はけのよい日なた、または半日陰に植える。

草花・鉢花　秋冬

シュウメイギク（秋明菊）
別名：キブネギク
キンポウゲ科
◆9〜11月
●H:50〜100cm

中国原産の多年草。地下茎を伸ばして広がり、高さ70cm前後の茎を伸ばし、分枝した先に径5cmほどの花をつける。庭植え、花壇、鉢植えにむく。

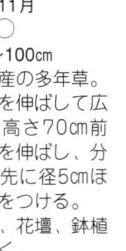

P 半日陰のやや湿ったところが適地。春に苗を求めたら、堆肥や腐葉土を多めにすき込んで20〜30cm間隔で植える。

季語 秋。♡ 薄れゆく愛。

↑八重咲き（赤花）
↓一重咲き（白花）

ツワブキ（石蕗）
別名：イシブキ
キク科◆10〜12月
●H:15〜60cm

本州の福島県以南と石川県以南、四国、九州、沖縄に分布する多年草。常緑の心臓形の葉の間から花茎を伸ばし、秋に黄色い花をつける。古くから栽培されており、江戸時代にはさまざまな葉や花の変異を楽しんだ。半日陰で丈夫に育つ。庭植え、鉢植え。

P 春に、水はけのよい腐植質に富んだところに植えつける。

季語 春。♡ 愛よ、よみがえれ。

↑ツワブキの花
↓斑入りツワブキ

ネリネ
別名：ダイヤモンドリリー
ヒガンバナ科
◆10〜11月
●●●●○ H:30〜70cm

南アフリカ原産の秋植え球根植物。日本に自生するヒガンバナと同じ仲間で、いずれも光沢のある花弁をもち、きらきらと輝く品種もあることから別名がついた。鉢植え。

P 9月上旬〜中旬に、3号鉢に1球を目安に、水はけのよい用土で植える。

ハエマンサス
別名：マユハケオモト
ヒガンバナ科
◆9〜10月
●○ H:10〜20cm

熱帯アフリカから南アフリカに約60種分布する春植え球根植物。マユハケオモト（写真）、赤花マユハケオモトは秋に花茎を伸ばして、球状の花をつける。鉢植え。

P 水はけのよい用土に浅植えにする。春と秋はよく日に当て、夏は半日陰に、冬は凍らない場所に置く。

ハゲイトウ（葉鶏頭）
別名：ガンライコウ 
ヒユ科 ❀8〜11月
葉：●●●●
H：80〜150cm

インドなど熱帯アジア原産の春まき一年草。茎を直立させて、長楕円形の葉をつける。最初は緑または紅紫色だが、短日になるにしたがい、紅、桃、黄などに変化する。庭植え、花壇。
🍀5月に、日の当たるところにタネを直まきする。
季語 秋。🌸見栄坊、気取り屋。

ハボタン（葉牡丹）
アブラナ科 ❀11〜2月 葉：●●●○ H：30〜70cm
ヨーロッパ原産の秋まき一年草。キャベツの仲間。江戸時代に渡来し、葉を観賞するように改良された。東京丸葉系、葉が細かく縮れる名古屋ちりめん系、大阪丸葉系などがある。花壇、鉢植え、切り花。
🍀秋に出回る苗を購入して植える。 季語 冬。

パンパスグラス
イネ科 ❀9〜11月 
●○ H：約3m
南アメリカの温帯に自生する大型の多年草。細い葉が多数密集して茂り、秋に高く伸びた茎の先に白色や淡い桃色の花穂を約1.2mにわたってつける。葉に白斑や黄斑の入る品種もある。広い芝生の添景にするとよい。
🍀日当たりと風通しのよい場所に植える。株分けでふやせる。

ヒマラヤユキノシタ
（ヒマラヤ雪の下）
別名：ベルゲニア
ユキノシタ科
❀2〜4月
●●●○
H：20〜30cm
ヒマラヤ原産の常緑多年草。太い根茎に丸くて厚い葉がつき、分枝した茎の先に、房状に花をつける。暑さ、寒さに強く、半日陰で育つ。庭植え、鉢植え、花壇に。
🍀春と秋に、夏に半日陰になる水はけのよいところに植える。

フジバカマ（藤袴）
キク科 ❀7〜10月 
●○
H：100〜150cm
日本、朝鮮半島、中国原産の多年草。昔は全国各地の野原で見られ、秋の七草に選ばれたが、自生種は激減し、植物園などで栽培されている。鉢花として洋種が出回る。庭植え、鉢植え、切り花。
🍀春と秋に日当たりと水はけのよいところに植える。
季語 秋。

ホトトギス（杜鵑草）
ユリ科 ❀9〜10月
●●●○
H：10〜100cm
東アジアからインドにかけて分布する多年草。日本には、花弁に紫斑が入るホトトギス（写真）、ヤマホトトギス、黄花をつけるタマガワホトトギスなどがある。半日陰で丈夫に育つ。庭植え、鉢植え。
🍀西日の当たらない半日陰に、堆肥をすき込んで植える。
季語 秋。

草花・鉢花　秋冬

ミセバヤ　(見せばや)
別名：タマノオソウ

ベンケイソウ科
- 10月
- H：25〜40cm

日本に自生する多年草。茎の長さは25〜40cmで、多肉質の丸い葉を対生させ、秋に茎の先端に小花を多数、球状につける。葉も美しいことから観賞される。鉢植え、ロックガーデン。

P 多湿を嫌うので、特に水はけよい、砂質の用土で植える。

季語　秋。

ユーリオプスデージー

キク科　11〜5月　H：60〜90cm

南アフリカ原産の多年草。葉は銀灰色。冬から翌年の春まで花を咲き続ける。鉢植え、暖地では露地栽培できる。

P 春と秋にさし芽でふやせる。

→花壇後方の彩りに　→花は一重のキクに似る

ヤブラン　(薮蘭)

ユリ科　8〜9月
H：約30cm

関東地方以西の山地の木陰に自生する、常緑多年草。光沢のある細長い葉を地際から多数出し、夏から秋に小さな花を穂状につける。晩秋には緑黒色の実を結ぶ。クリーム色の斑入り葉などがある。
日陰で丈夫に育つので、庭の下草になるほか、花壇の縁取り、鉢植えにむく。

P 市販の苗を購入して春に植える。有機質に富んだ土壌を好むので、植えつけ前に腐葉土や有機配合肥料を施す。

↑ヤブラン
↓斑入りヤブラン

リンドウ　(龍胆)

リンドウ科
- 9〜11月
- H：15〜100cm

日本の本州、四国、九州に自生する多年草。秋に茎の頂部や上部にある葉のつけ根に、青紫の筒状の美しい花をつける。主な園芸種に、高性種のエゾリンドウ系、矮性種のシンキリシマリンドウ、イシヅチリンドウが出回っている。そのほか山草として、ミヤマリンドウ、トウヤクリンドウなどが栽培されている。
庭植え、花壇、鉢植え、切り花。

P 春か秋に、日当たりと水はけのよいところに植える。鉢植えは、4〜5号の中深鉢に1株。赤玉土4、軽石砂4、腐葉土2の割合の水はけよい用土で植える。

季語　秋。♡悲しんでいるときのあなたが大好き、正義（紫花）、的確（白花）。

→エゾオヤマリンドウ'いわて乙女'
→キリシマリンドウ

リコリス

ヒガンバナ科 ◆8～10月 H:30～60cm

日本と中国に自生する夏植え球根植物。葉が出る前に花茎を伸ばして、5～10花をつける。
代表種が、秋に30～40cmの花茎を伸ばして、鮮赤色の花をつけるヒガンバナ。ほかにクリーム白色の花をつけるシロバナマンジュシャゲ、9月末～10月上旬に黄花をつけるショウキラン、8月上旬に桃花をつけるナツズイセン、9月下旬に30～40cmの花茎を伸ばして花をつけるリコリス・スプレンゲリなどがある。
庭植え、花壇、鉢植え、切り花。

P 夏に日当たりと水はけのよいところに植える。

季語 秋（ひがんばな）。 悲しき思い出。

1 シロバナマンジュシャゲ
2 ヒガンバナ
3 ナツズイセン
4 リコリス'ジャクソニアナ'

レックスベゴニア

シュウカイドウ科
◆初夏～秋
葉：複
H:30～50cm

インドのアッサム原産の観葉ベゴニア。葉は長さ20～30cm、幅15～20cmの左右不均等形。葉色は濃い緑色に金属光沢のある銀灰色の輪模様が入る。葉裏は赤褐色。花は淡い桃色で、秋に咲く。鉢植え。

P 生育適温は15～25℃。夏は半日陰に置く。

ワタ（綿）

別名：アジアワタ、インドワタ

アオイ科
◆花7～8月、実9～10月
H:30～150cm

熱帯アジア原産の春まき一年草。花がハイビスカスに似て美しく、果実も白い綿毛に包まれてとてもユニーク。
花壇、鉢植え。

P 5月に、日当たりがよく、腐植質に富んだところに、タネを直まきする。

季語 夏（綿の花）。

カラーリーフ
観葉植物

*Color leaf and foliage plant
seen whether familiarity*

Color leaf

Foliage plant

カラーリーフ

《Color leaf》

花の美しい植物以外にも、葉の美しさが注目されて利用されているものがたくさんあります。主なカラーリーフプランツをあげてみました。

1 アカバセンニチコウ
（赤葉千日紅）
ヒユ科　H:20〜45cm

ブラジル原産。アルテルナンテラ属の多年草。小さな苗のうちから、株全体がワイン色になる。寒さに弱いので、春まき一年草として扱う。
🅿 日当たりと水はけのよいところに植える。

2 アサギリソウ
（朝霧草）
キク科　H:20〜50cm

一年を通して美しい灰緑色の葉を観賞できる多年草。本来は冷涼地に自生する高山植物なので、本州の中部以北が適地。ロックガーデンや鉢植えなどにむく。
🅿 日当たりと水はけのよいところに植え、乾かしぎみに管理する。

3 テランセラ
ヒユ科　H:10〜20cm

ブラジル原産。アルテルナンテラ属の多年草。秋に紅葉する葉を観賞する。草丈が低いので、花壇の縁取りにむく。
🅿 秋に苗を購入して、日当たりと水はけのよいところに植える。

4 イポメア'トリカラー'
ヒルガオ科
つるの長さ：3〜5m

葉を観賞するサツマイモで、緑の葉にピンクがかった白い斑が入る。庭植え、花壇、鉢植え。
🅿 鉢植えの場合は、適宜摘心して枝数をふやす。

カラーリーフ

5 オキザリス・レグネリー
別名：オキザリス'紫の舞'
カタバミ科　H：10〜20cm

大型の葉で、濃い紫色を呈する球根植物。主に春植え、夏から秋咲きの鉢花として扱う。

▶ 晩秋に球根を掘り上げ、室内で冬越しさせる。

6 コキア
別名：ホウキグサ
アカザ科　H：60〜100cm

古くに中国から渡来。一年草。春は黄緑色、秋には暗赤色になる葉色の変化を楽しむ。

▶ 春に日当たりと水はけのよいところにタネをまく。

7 ゴシキドクダミ
（五色十薬）
別名：ドクダミ'カメレオン'
ドクダミ科　H：30〜50cm

湿り気のある半日陰に生える多年草。本種は葉色が美しい五色葉の品種。花壇、鉢植え。

▶ 春に苗を買い、植えつける。

8 サントリナ
別名：コットンラベンダー
キク科　H：30〜50cm

地中海沿岸に自生する常緑低木。灰緑色の葉が美しいだけでなく、全草に香りがある。夏に咲く花は黄色。花壇、鉢植えにむく。

▶ 日なたに水はけよく植える。

9 セトクレアセア'パープルハート'
別名：ムラサキゴテン
ツユクサ科　H：40〜60cm

戦後に渡来した、メキシコ原産の多年草。紫紅色の茎と葉が高さ60cmぐらいに立ち上がる。庭植え、鉢植えにむく。

▶ 関東地方以西で庭植えできる。

10 ツルニチニチソウ
（蔓日々草）　別名：ビンカ
キョウチクトウ科
つるの長さ：2〜3m

本種は葉に白覆輪が入った斑入り品種。日なたから半日陰で育ち、グラウンドカバーに最適。

▶ 春に苗を購入して植える。

123 シロタエギク
（白妙菊）
別名：ダスティーミラー
キク科 H：50〜60cm

キク科セネシオ属の常緑多年草。切れ込みのある葉の表面に短い白毛が密生しているために、一年を通して美しい銀灰色を見せる。英名はダスティーミラー。同じ英名で呼ばれる植物に、キク属の'シルバーレース'がある。また、シロタエギクより繊細な葉姿をもつ仲間に、セネシオ・レウコスタキスがある。シロタエギク同様に美しい銀灰色を呈す。
白い葉はどんな花色ともよく調和するので、花壇やコンテナの寄せ植え花材にすると便利。
P 蕾を摘心して花を咲かせないようにすると、長く楽しめる。

1 細かい羽状の葉が美しい'シルバーレース'
2 シロタエギクより繊細な葉をもつセネシオ・レウコスタキス
3 シルバーリーフの代表種といわれるシロタエギク

4 ニューサイラン
リュウゼツラン科
H：60〜100cm

ニュージーランド原産の常緑多年草。長い剣状の葉を扇状に広げる。園芸種に紫葉の'プルプレウム'、黄色の縦縞が入る'バリエガタム'など、葉変わり品種がたくさんある。
大型のコンテナ植えに。暖地では庭植えもできる。大型なので花壇や庭に植えるとよいアクセントになる。
P 生育中は水ぎれを嫌うので、夏場の水やりに注意する。

5 ヘリクリサム・ペティオラタム
キク科 H：約1m

南アフリカ原産の多年草。茎が這うように伸び、卵形まはたハート形の葉をつける。葉には短い白毛が密生しており、美しい銀青色を呈す。高温多湿に弱いので、鉢栽培にむく。
P 日当たりと風通しのよいところに置き、乾燥ぎみに管理する。

カラーリーフ

6 ユーフォルビア・マルギナタ
別名：ハツユキソウ
トウダイグサ科
H: 90〜150cm

夏になると上部の葉に白い覆輪が現れ、雪をかぶったようになることから、別名がある。寒さに弱いので一年草として扱う。
🅿 春にタネをまく。

7 ラムズイヤー
別名：ワタチョロギ
シソ科　**H:** 約40cm

耐寒性多年草。全草が白い軟毛に覆われている。葉を触ると子羊の耳の感触に似ることから、その名がある。
🅿 春か秋に水はけよく植える。

8 9 ラミウム
シソ科　**H:** 約40cm

ヨーロッパ、北アフリカ、アジアの温帯に自生する一年草または多年草。一般に出回っているのは、ラミウム・マクラツムの園芸品種で、茎が横に広がり、茎の上部を約40cmぐらい立ち上げてその上部に花をつける。葉は美しい黄緑色から緑に白斑が入るものなどがある。
🅿 明るい日陰で育てる。

8 ラミウム'オーレア'
9 白い斑入り品種

10 リシマキア・ヌンムラリア
サクラソウ科
H: 5〜10cm

ヨーロッパ原産の多年草。茎が横に伸びて、円形の葉を対生する。葉色は黄緑色。グラウンドカバーとして利用される。
🅿 風通しのよいところに植える。

11 リボングラス
別名：リボンガヤ
イネ科　**H:** 約30cm

ヨーロッパ原産の多年草。白覆輪の美しい葉を観賞するイネ科の植物で、夏には枯れるが、秋に再び生えてくる。
🅿 春に苗を購入して植える。

観葉植物

《 Foliage plant 》 観葉植物とは、美しい葉色や形を観賞する植物をいいます。室内で育てられるのも大きな魅力です。

1 アグラオネマ
サトイモ科
冬越し温度：10〜15℃
アジアの熱帯原産。よく見かけるのが灰色斑をもつ'シルバー・クイーン'（写真）。30〜40cmに育つ。また、高さが70cmぐらいになる品種もある。年中室内に置いて楽しめる。
P 毎年6月に植えかえる。

4 アフェランドラ
キツネノマゴ科
冬越し温度：5℃以上
南米の熱帯原産の常緑低木。濃い緑色の葉に灰白色の葉脈がはっきりと入り、秋から冬にかけて黄花をつける、スカロサ'ダニア'（写真）が有名。高さ50cmほどに育つ。
P 日当たりのよい場所に置く。

2 3 アナナス類
パイナップル科
冬越し温度：5℃以上
花と葉が楽しめる熱帯アメリカ、南米原産の多年草。代表種がオオインコアナナスと呼ばれるブリーシア・ポエルマニー交配種。赤い穂が大きくて美しい。そのほか、葉に横縞が入り、桃色の花をつけるエクメア・ファスシアータ、赤い苞をつけるグズマニア・マグニフィカがある。
P 明るい日陰で育てる。水やりは株の上からやって、筒状の葉の中に水を蓄える。一度開花した株には花がつかないので、花後にできる子株を株分けして成株に育てる。

2 エクメア・ファスシアータ
3 オオインコアナナス

観葉植物

5 アレカヤシ
ヤシ科
冬越し温度：5～10℃

マダガスカル原産の観葉植物で、葉柄が黄色を帯び、葉が淡緑色。株元から10本以上の幹が株立ちになり、しなやかにカーブして繊細な葉をつける。優美なことから、インドアグリーンとして人気を呼んでいる。
P 年間を通してできるだけ直射日光に当てる。春から秋は、屋外に出したほうが元気な株になる。11～4月までは、日の当たる室内に置く。大きくなりすぎたときは、幹だけ切って、小さな株につくり直すことができる。

5 繊細な雰囲気を漂わす
　アレカヤシ

6 アローカシア
サトイモ科
冬越し温度：5～12℃

アジアの熱帯に自生する多年草。一般的に普及しているのはクワズイモだが、金属のような光沢をもつ暗緑色に、白い葉脈があるアマゾニカ（写真）は迫力満点。
P 直射日光によく当てる。

8 オオタニワタリ
（大谷渡り）　チョウセンシダ科
冬越し温度：5℃以上

熱帯、亜熱帯原産のシダ植物。アスプレニウム・ニドゥスの園芸種'アピス'が多く出回っている。
P レースのカーテン越しの光が当たる窓辺が理想。ときどき葉水を与えて、空中湿度を保つとよい。

7 アンスリウム
サトイモ科
冬越し温度：10℃以上

熱帯アメリカ、西インド諸島に分布する多年草。真っ赤な仏炎苞が美しいため、切り花になる。基本種はアンドレアナム（写真）。
P レースのカーテン越しの日に当てて育てる。

9 オリヅルラン
（折鶴蘭）　アンテリウム科
冬越し温度：0℃前後

アジアやアフリカの熱帯原産の多年草。乳白色の外斑（写真）や中斑をもつ、南アフリカ原産のコモスムが広く出回っている。子株を垂らして伸びて、よくふえる。
P 毎年6月ころに植えかえる。

1 カラジウム

サトイモ科
冬越し温度：0℃前後

熱帯アメリカ原産の球根植物。葉脈に沿って入る赤、ピンク、白の模様が、まるで人工的に着色したかのように美しい。

🅟 春から秋まで直射日光に当てるほうが、葉色が鮮明になる。

2 カラテア

クズウコン科
冬越し温度：10〜15℃

よく流通しているのが、ブラジル原産のマコヤナ（写真）。葉脈に沿って矢羽根のような模様が入る。葉の表面は緑、裏は紫。光を透かして見ると、繊細で美しい。

🅟 直射光を避け、半日陰で育てる。

3 コーヒーノキ

アカネ科
冬越し温度：5℃以上

エチオピア原産の、つやつやした美しい葉をもつアラビカ種が、観葉植物として利用される。

🅟 初夏から秋までは直射日光に当てて育てる。乾燥を嫌うので、水をきらさないようにする。

4 5 クロトン

トウダイグサ科
冬越し温度：10℃以上

アジア、オセアニアの熱帯原産の常緑低木。葉の色彩が鮮明で、さまざまな葉色があることから、変葉木の別名がある。葉が広葉形のもの、細葉系で黄色い斑が入るもの、ほこ葉系などがある。

🅟 年間を通して、できるだけ直射日光に当てる。10月以降は室内の日当たりのよいところに取り込む。春から秋は鉢土は乾かないように、特に夏場は葉の上からたっぷりと水を与える。冬、10℃以上に保てないときには水やりを控えめにする。

4 ほこ葉系クロトン
5 細葉系クロトン

6 コルムネア

イワタバコ科
冬越し温度：10℃

熱帯アメリカ原産の多年草。ほとんどがつる性で下に垂れるために、吊り鉢栽培にむく。金魚を思わせる赤い花から、ゴールドフィッシュ・プラントの英名をもつ。

🅟 夏場の直射日光を避ける。

観葉植物

7 8 9 10 11 12
ゴムノキ類
クワ科
冬越し温度：0〜5℃

この仲間は熱帯や亜熱帯に多く分布する常緑高木。ゴムノキと呼ばれる代表的なものが、マレー半島原産のエラスティカで、本来ゴムを採集するために栽培されていたもの。葉の美しいものとしては、デコラゴムノキ（別名マルバゴムノキ）があり、斑入りのデコラゴムノキ、葉の周囲が乳白色の帯になり、淡いピンクが混じるデコラ・トリカラーなどが特に美しい。

そのほかに、ベンジャミナ、ガジュマル、カシワバゴムノキなどがある。ベンジャミナは高さ20mにもなる高木。一般にベンジャミンと呼ばれる。しなやかに伸びる枝の先端にある枝葉を刈り込んで、スタンダード仕立てにしたものが人気を呼び、グリーンインテリアとして利用されている。

東南アジアから沖縄に自生するガジュマルは、ベンジャミナに似た葉をもち、自生のものは高さ25mになる高木。枝がしなやかに垂れるものと、直立するものがある。丈夫でさし木で簡単にふやせるので、太い枝をずん胴に切ってさし木したものがよく出回っている。

カシワバゴムノキは、文字通り葉がカシワの葉に似ているゴムノキ。葉の長さは20〜30cmになる。

P 日に当たれば当たるほど、葉に厚みがまして、色つやもよくなるので、できるだけ直射日光に当てる。
室内に置きっぱなしにするときには、できるだけ長時間日が入るところに置く。

水を好むので、春から秋までは、鉢土の表面が白く乾いたら、たっぷりと水やりする。
肥料は生育期の5〜10月の間、緩効性化成肥料を2か月に1回施す。
5月中旬〜9月上旬には、さし木やとり木でふやすことができる。

7 2本の枝をより合わせて、スタンダード仕立てにしたベンジャミナ
8 葉が美しいデコラ・トリカラー
9 太い枝に葉を茂らすガジュマル
10 カシワバゴムノキ
11 斑入りデコラゴムノキ

1 サンセベリア

リュウケツジュ科
冬越し温度：15℃以上

アジア、アフリカの熱帯に分布する多年草。葉が直立するので、トラノオの別名がある。トリファスキアタをもとにつくられた横縞のある'ローレンティー'（写真）が普及種。
P 真夏を除き、日なたに置く。

2 シェフレラ

ウコギ科
冬越し温度：0℃以上

アジア、オセアニアの熱帯原産で、ヤツデに似た葉をつける園芸種'ホンコン'（写真）が、ホンコンカポックの名で親しまれている。
P 暑さ、寒さに強く、耐陰性があるので、周年室内で育てられる。

3 シッサス

ブドウ科
冬越し温度：5℃以上

アジア、アフリカの熱帯に自生するつる性植物。出回っている多くのものはロンビフォリアとその園芸種で、'エレンダニカ'（写真）が代表種。葉は大きく切れ込み、光沢がある。
P 毎年1回、初夏に植えかえる。

4 シュロチク

（棕櫚竹）　ヤシ科
冬越し温度：2〜3℃

東南アジアから、日本の屋久島あたりが原産地。寒さに比較的強い小型のヤシ植物で、江戸時代から趣味の世界で珍重されてきた。
P 直射日光に当たると葉焼けを起こすので、半日陰で育てる。

5 シロアミメグサ

（白網目草）　キツネノマゴ科
冬越し温度：15℃以上

別名フィットニア。南米ペルー原産の多年草。葉は小さい卵形で、暗緑色の葉に、銀白色や深紅色の葉脈が細かく入ることから、アミメグサの和名がある。
P 直射日光を避けて育てる。

6 スパティフィラム

サトイモ科
冬越し温度：5℃以上

中米から南米原産。白色の仏炎苞が魅力的な多年草。名前も、ギリシャ語のスパセ（仏炎苞）と、フィロン（葉）を組み合わせたもの。
P 光が不足すると苞がつかなくなるので、明るい日陰または窓辺に置く。

観葉植物

7 セネシオ
キク科
冬越し温度：5℃以上
南アフリカ原産の多肉植物。丸い緑の玉が茎に沿ってつくので、和名はミドリノスズ。グリーンネックレス（写真）の英名をもつ。
P 真夏以外は直射日光に十分当てて育てる。

8 ゼブリナ
ツユクサ科
冬越し温度：5℃以上
庭で見かけるツユクサの仲間。観葉植物として出回っているのは、メキシコ原産のペンデュラ（写真）やその園芸品種で、葉には赤紫や白の斑が入る。
P 水ぎれしないように水やりする。

9 ディジゴセカ
ウコギ科
冬越し温度：5℃以上
ニューヘブリデス諸島原産。細い葉が6〜10個放射状につく。美しい淡緑色の葉が密集する'グリーンエレガンス'、葉に斑が入る'カスターバリエガタ'などがある。
P 日によく当てて育てる。

10 ディフェンバキア
サトイモ科
冬越し温度：10〜15℃
熱帯アメリカ原産の多年草。やわらかい質感の葉に白い斑が入る。葉が株元から多数生えるものと、茎が直立して大きくなる2タイプがある。
P 周年、直射日光や強風が当たらない、室内の明るい場所に置く。

11 トラデスカンティア
ツユクサ科
冬越し温度：0℃以上
北アメリカや南米に広く分布する多年草。栽培は容易で、初心者むき。四方八方につる状の茎を伸ばすので、吊り鉢に仕立てるとよい。
P 春から秋までは戸外の日なたで、冬は室内の日当たりよい場所に置く。

12 ネフロレピス
シノブ科
冬越し温度：5〜10℃
熱帯アジア、中南米に分布するシダ植物。代表種がエクサルタタ。よじれた小葉をつける'テディジュニア'のほか、ボストンタマシダの園芸種'スコッティー'などがある。
P 一年中、半日陰に置く。

1 ドラセナ・マルギナタ

リュウケツジュ科
冬越し温度：5〜10℃

以前はドラセナ・コンシンナと呼ばれていた観葉植物。モーリシャス諸島原産で、高さ2m前後になる。葉は長さ30〜50cm、幅1.5cm前後で、葉の縁に赤紫色の覆輪が入る。
野生種の枝変わりとして日本で発見されたものに'トリカラー'があり、さらにトリカラーの枝代わりとして'トリカラー・レインボー'が発見された。ドラセナにはマルギナタのほかに、幸福の木と呼ばれる'マッサンゲアナ'などがある。

🅟 春から秋は戸外で直射日光に当てると、発色がよくなる。

1 赤色部分が多くて美しい'トリカラー・レインボー'

2 ビカクシダ

（麋角羊歯）　ウラボシ科
冬越し温度：5℃前後

アジア、アフリカ、南米に分布するシダ植物。葉の形が大鹿の角に似ているユニークな観葉植物で、普通はヘゴの板材に着生させる。

🅟 夏の間は直射日光が当たらない、戸外の明るいところで育てる。

3 フィロデンドロン・セロウム

サトイモ科
冬越し温度：5℃以上

中南米の熱帯地方に自生する多年草。セロウムは深く切れ込んだ、つやのある大きな葉をつけるので、一株部屋にあるだけで、トロピカルな雰囲気が味わえる。

🅟 水ぎれしないように注意する。

4 5 ピレア

イラクサ科
冬越し温度：5℃前後

世界の熱帯や亜熱帯に200種以上分布している。代表種はベトナム原産のカディエレイの小型品種'ミニマ'。緑の葉に銀色の斑が入るので、アルミニウムプランツとも呼ばれる。そのほか、葉が縮緬状になり、はっきりした茶褐色の葉脈が3本入り、観賞価値の高い'ムーン・バレー'などがある。

🅟 春から秋までは、直射日光に十分当てるが、夏は日が当たらない風通しのよいところで管理する。冬は室内の日だまりに置く。生育が早いので、年1回植えかえる。

4 銀色の斑が入る'ミニマ'
5 'ムーン・バレー'

観葉植物

6 フェニックス
ヤシ科
冬越し温度：5〜10℃前後
主に観葉植物として出回っているのは、ラオス原産のロベレニー。成木になると2〜4mになり、幹の頂部に羽状の葉をつける。観葉植物として用いるのは、実生2〜3年の株。
P 水ぎれしないように管理する。

8 プテリス
イノモトソウ科
冬越し温度：0℃前後
庭で見かけるイノモトソウの仲間。斑入り葉が美しいフイリイノモトソウや、葉幅の広いクレティカ（写真）などがある。
P 年間通して水ぎれしないように管理する。

7 ブライダルベール
ツユクサ科
冬越し温度：0℃前後
メキシコ原産の多年草。春から秋にかけて茎の先端に白い小花をつける。
P 日当たりのよい場所に置いて育てる。日陰でも育つが、日照不足だと花が咲かない。6月ごろに茎の先を切りとりさし芽をしてふやせる。

9 ペペロミア
コショウ科
冬越し温度：5℃以上
世界中の熱帯や亜熱帯に数多くの種が自生しているが、観葉植物として出回っているのは、オブツシフォリアと、その'バリエガータ'（写真）。
P 夏は戸外の明るい日陰で、その他は室内の明るい場所に置く。

10 ヘデラ
ウコギ科
冬越し温度：0℃前後
ヨーロッパやアジア原産で、アイビーと呼ばれるセイヨウキヅタをもとに、さまざまな品種がつくられている。寒さ、暑さに強く、耐陰性もあるので、日陰の庭のグラウンドカバーとしても利用される。
P 日当たりに植えたほうが、コンパクトに育ち、色つやもよくなる。生育が早く、葉が古くなると色がくすんでしまうので、生育期には伸びすぎる枝を摘みとり、つるの元のほうから新しい芽をどんどん出させるようにする。
肥料は4月と9月に緩効性化成肥料を施す。

10 ヘデラ・ヘリックス

1 2 ポトス

サトイモ科
冬越し温度：5〜10℃

ソロモン諸島原産の多年草。和名はオオゴンカズラ。高温多湿を好むつる性植物で、気根を出しながらほかの木によじのぼるようにして生長する。白色の斑が入る基本種のほか、黄緑の葉をつける'ライム'などがある。

P 真夏を除いた春から秋までは、できるだけ直射日光の当たる場所で育てる。冬は日ざしが入る室内に置く。春になって外に出すときは、いきなり直射日光に当てると葉焼けを起こすので、日陰から半日陰にと徐々に慣らすようにする。

1 黄緑の葉が美しい'ライム'
2 白斑入りポトス（基本種）

3 ホヤ・カルノサ

ガガイモ科
冬越し温度：5℃以上

熱帯アジアやオセアニアに分布し、淡いピンクの花が咲くことから、サクラランの和名がある。葉は肉厚でつやがある。

P 春から秋は戸外の半日陰に置き、冬は光のさし込む窓辺に置く。

4 マランタ

クズウコン科
冬越し温度：10℃以上

南米や中米の熱帯地方原産。代表種のレウコネウラは白い葉脈に沿って、淡い緑の模様が入る。明るくなると葉を広げ、日が落ちると葉を直立させる。

P 葉が傷むので、直射日光を避ける。

5 6 モンステラ

サトイモ科
冬越し温度：3℃以上

熱帯アメリカに自生する常緑多年草。原産地では10〜15mの高さまで伸びる。名前は「怪物、怪異」を意味するラテン語モンステルムからつけられた。代表種のデリシオーサは、若い葉は丸みを帯びるが、大きくなるにつれて切れ込みが大きく入り、じょうずに育てると50cm以上の大きさになる。

P 夏を除く春から秋までは、戸外の日当たりのよい場所に、真夏は風通しのよい半日陰で管理する。冬は室内の日の当たる場所に置く。生育期には水、肥料とも多めに与える。

5 デリシオーサ
6 フリードリッヒスターリー

花木・庭木

*Flowering trees and Garden trees
at the four seasons*

Flowering trees

Garden trees

春の花木

Flowering trees and shrubs of Spring

冬の寒さが遠のくと、
木々の芽が色づき、
春咲きの花木類の蕾も
次第にふくらんできます。
春風とともに次々と開く
色とりどりの花で、
庭や街の風景は一変します。
散歩の途中で、こんな花を
見かけはしませんか？

アザレア
別名：西洋ツツジ

ツツジ科 ◆3〜4月
● ● ● ○ 複
H：60cm

東洋産のツツジを元に、ヨーロッパで作出された常緑性ツツジ。促成開花させた株が11〜12月から店頭に出回る。

P 冬に購入した株はガラス越しの日光が当たる室内の窓辺で管理し水ぎれに注意。花後に剪定、植えかえをし、4月からは戸外で管理する。

♡ 愛の楽しみ（紅）。

アセビ （馬酔木）
別名：アシビ、アシミ、アセミ

ツツジ科
◆ 3〜4月
● ○ H：1〜3m

万葉の時代から親しまれてきた常緑の花木で、春になると前年枝の先端から何本もの花穂を伸ばし、壺形の小花を鈴なりに咲かせる。和風の庭ばかりか洋風の庭にもよくマッチする。

P 水はけがよく、適度な湿気を保つ土地が理想で、日なたでも半日陰でもよく育つ。3〜4月または9〜10月が植えつけの適期。剪定は込みすぎたときに枝を間引く程度とする。枝葉には有毒成分が含まれているので注意する。

季語 春。 ♡ 犠牲。

◀ 淡紅色花のアケボノアセビ

→ アセビは、スズランの花に似た愛らしい小花を穂状につける

花木　春

エニシダ （金雀児）
別名：エニスダ

マメ科　4〜5月　●●●○（複）
H：1〜3m

地中海沿岸に分布する常緑樹で、陽春のころ、長く伸びた枝を埋めるようにしてマメ科の植物特有の蝶形の花を咲かせる。芝生の庭などに単植されるほか、塀際の目隠しとされたり、生け垣として利用されることが多い。

P 日当たりのよい肥沃地を好む。植えつけ適期は5月だが、成木は移植を嫌う。

季語 夏。♥謙遜、清楚。

1 翼弁の赤が鮮やかなホホベニエニシダ（エニシダ'アンドレアナム'）
2 サーモンピンク系の複色花、'ゼーランディア'
3 満開のエニシダ。鮮黄色の花が春の盛りを告げる
4 近縁種で小型のヒメエニシダ

エリカ　別名：ヒース

ツツジ科　2〜3月　●●●○●　H：0.5〜2m

アイルランドから南アフリカにかけて、大西洋沿岸に広く分布する常緑低木。気候上の問題から日本では多く鉢花として利用されている。東京以西の暖地で庭植えにできるのはジャノメエリカだけといってよい。

P 弱酸性土を好む。植えかえは4月に。♥孤独、寂寞。

オオムラサキ （大紫）
別名：オオムラサキリュウキュウ

ツツジ科　4〜5月　●○（複）　H：2.5m

ケラマツツジとキシツツジ、またはリュウキュウツツジとの交雑種とされる大型の常緑性ツツジ。基本種は紫紅色化ぐ、庭木や都市緑化に広く利用されている。

P 日当たりと弱酸性土を好む。剪定は花の直後に行う。

ウメ （梅）
別名：ムメ

バラ科 ◆ 2〜3月 ●● ○ 複 H:5〜10m

寒さにめげず、春まだき2月ごろから少しずつ花をほころばせる。そのため、マツ、タケとともに「歳寒三友」の一つに数えられ、春を待ちわびる人の心にしみる花として古くから親しまれてきた。花には馥郁とした香りがある。原産地は中国とされているが、九州地方には自生と思われる木も数多く存在し、判然とはしない。

ウメの果実は梅干しとして珍重されてきたため、'白加賀'をはじめとする実ウメの栽培は古くから行われてきた。いっぽう、花を観賞する花ウメの品種は、すでに室町時代からつくり出されてきたといわれる。花ウメは野梅系、豊後系、緋梅系の3タイプに大別される。豊後系はアンズとの自然交雑によりできたものといわれ、やや遅咲き。緋梅系は花色が赤いばかりか、木質部も紅を帯びる。

ウメは、また花だけでなく、老木ともなると枝ぶり、幹肌にも枯淡の味わいが出ることから、日本庭園では主木にふさわしい格の高い木として珍重されてきた。

P 日当たりのよい肥沃な土地を好み、日照の不足する場所や排水不良地は適さない。強剪定に耐えるので、毎年、込みすぎた枝を間引き、徒長枝を整理するなどの手入れを行うのがコツ。花つき、実つきをよくするには、適切な剪定を行うことで、短果枝を多数出させることが大切。

1 '見驚'（野梅系）
2 '月影'（野梅系）
3 '明星'（野梅系）
4 '鹿児島紅'（緋梅系）
5 '未開紅'（豊後系）
6 '緑萼'（野梅系）
7 '輪違い'（野梅系。別名 '思いの儘'）
8 '曙枝垂れ'（野梅系）
9 '夏衣'（緋梅系）
10 '花香実'（江戸時代からの実ウメで、花、香り、果実と三拍子ともに優れている）
11 '冬至'（野梅系。極早咲き）
12 '鶯宿'（野梅系）
13 '紅千鳥'（緋梅系）
14 '八重寒紅'（野梅系。極早咲き）

草花　春

131

オウバイ（黄梅）
別名：インチュンホワ

モクセイ科
◆ 3〜4月
○ H：1〜2m

中国北部原産の落葉低木。春早くに葉に先立ち前年枝の葉腋に黄色の6弁花を単生する。しばしば間違えられるオウバイモドキ（ウンナンオウバイ）は常緑樹で花は二重咲き。キソケイは高さ3mを超えることもある常緑樹で、1花序に数個の花をつける。いずれも生け垣とされる。
P 水はけがよく、やや乾きぎみの日なたが適地。6月以降の剪定は花芽を失うので避ける。さし木で簡単に苗がふやせる。
季語 春。 ♡ 希望。

1 オウバイモドキは二重咲き
2 オウバイ
3 近縁種のキソケイ

オオデマリ（大手毬）
別名：テマリバナ

スイカズラ科
◆ 4〜5月
○ H：2〜3m

ヤブデマリの花は花房の周縁にのみ白い装飾花がついているが、すべての花が装飾花となったものがオオデマリ。淡緑の花は開くにつれて純白色となり、径20cmもの花房が枝を埋めて咲く様子は豪華。洋風の庭にもよい。同じガマズミ属のカンボクは葉が3つに分かれるが、その変種に、やはり全部の花が装飾花となるテマリカンボクがある。
P 腐植質に富んだ適湿地にむく。東京以北では春植えが安全。
♡ 約束。

1 満開のオオデマリ
2 寒地でも育つカンボク
3 野趣豊かなヤブデマリ

花木　春

オトコヨウゾメ
別名：コネソ
スイカズラ科
◆4～5月
○ H：2～3m

宮城県以南の山地に自生する。ガマズミ属の落葉樹のなかでもひときわ葉が小さく、枝の出方も繊細。小型の花序にややピンクを帯びた白色の小花が5～10個、うつむくように咲く様子や、秋に紅熟する小さな果実も愛らしい。野趣に富むため、茶庭などに好んで植えられる。洋風の庭にもよく似合う。

▶水はけがよく、腐植質に富んだ適湿地が適地。自然樹形が魅力なので、剪定は込んだ枝をつけ根から間引く程度とする。

↑書院前の植栽
↓繊細で可憐な花姿

カイドウ （海棠）
別名：ハナカイドウ、スイシカイドウ
バラ科 ◆4月
● H：4～7m

長い花柄をもつ淡紅色の5弁花が下向きに咲くことから、「垂糸海棠」と呼ばれる。正式にはカイドウというとミカイドウ（ナガサキリンゴ）をさすが、一般には本種（ハナカイドウ）を単にカイドウと呼ぶことが多い。

▶剪定は落葉時に行うが、花芽のつく短枝を大切に扱う。

季語 春。♡温和。

キブシ （木五倍子）
別名：キフジ、マメフジ、マメブシ
キブシ科 ◆3月
○ H：4m

北海道から九州にかけて自生する落葉低木。木は直立し、若い枝は赤褐色で光沢がある。3月中旬ごろ、前年枝の各葉腋から長い花穂を下垂させ、淡黄色の花を多数つける。雌雄異株で、雄株のほうが雌株より花穂が長い。庭植えされるほか、生け花材料としても利用される。

▶日当たりを好む。

キリシマツツジ （霧島躑躅）
別名：エドキリシマ
ツツジ科 ◆4～5月
● H：2～4m

緋紅色の小輪花が株を埋めて咲く。江戸時代に鹿児島県下の霧島山中のヤマツツジから選抜されたもので、明暦年間に江戸染井にもたらされ、大ブームを巻き起こした。ホンキリシマと呼ばれる一重咲きのほか、二重咲き、裏咲きのものもある。

▶日当たり、水はけのよい適湿地が適地。

ギンヨウアカシア
別名：ミモザ
マメ科 ◆2～3月
○ H：4～10m

アカシア属はオジギソウ（ミモザ）に似た羽状複葉をもつため、ミモザの名で親しまれている。日本では本種とフサアカシアがよく利用されている。本種は葉が青白色。庭木のほか街路樹や公園木などに利用されている。

▶寒さには弱く暖地むき。移植を嫌う。

季語 春。♡誠の愛。

クルメツツジ （久留米躑躅）

ツツジ科 ◆ 4〜5月 ● ● ● ○ 複 H：1〜2m

江戸時代末期、キリシマツツジとサタツツジをもとに、久留米藩士、坂本元蔵によって品種改良が始められた常緑の園芸品種群。坂本の後も久留米地方の人たちにより品種改良が受け継がれ、数百品種がつくり出されて今日に至る。

クルメツツジの特徴は、キリシマツツジに似た小輪花で、サタツツジの血を引くため非常に多花性であること、花色に変異の幅があること、などがあげられる。木が小ぶりであることから、庭植えのほか鉢植えにも適する。

P 日照を好み、水はけのよい適湿地を好む。用土は弱酸性土がよい。剪定の適期は花の直後で、7月以降の刈り込みは花芽を失うので避ける。

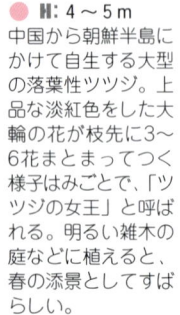

1 '窓の月' 庭むき
2 '宮城野' 庭むき
3 '麒麟' 庭むき
4 '蝦夷錦' 鉢むき
5 '常夏' 鉢むき

クロフネツツジ （黒船躑躅）

別名：ロイヤルアザレア

ツツジ科 ◆ 4月
● H：4〜5m

中国から朝鮮半島にかけて自生する大型の落葉性ツツジ。上品な淡紅色をした大輪の花が枝先に3〜6花まとまってつく様子はみごとで、「ツツジの女王」と呼ばれる。明るい雑木の庭などに植えると、春の添景としてすばらしい。

P 夏の高温多湿を嫌うので、西日の当たらない場所がよい。

ゲンカイツツジ （玄海躑躅）

ツツジ科
◆ 3〜4月
● ○ H：1〜2m

九州北部から朝鮮半島にかけて分布する落葉性ツツジ。エゾムラサキツツジと交雑しやすく、氷河期の終わりに分布域が分かれた近縁種どうしと推測される。済州島に自生する矮性種のタンナゲンカイツツジは山草愛好家のあいだで人気。

P 暑さ、寒さに強い。日当たりを好む。

花木　春

コデマリ（小手毬）
別名：スズカケ、テマリバナ

バラ科 ❀ 4〜5月
○ H：1〜2m

中国原産。シモツケ属の1種だが、同属のユキヤナギに比べ花序が大きく、径1cmほどの小花が20個前後まとまってつき手毬状となるため、より華やか。地際から多数の枝が出て株立ちとなる。生け垣などに利用されることが多いが、単植して大株に仕立ててもみごと。また、コンテナでも楽しめる。

🅿 日当たりのよい肥沃地を好む。剪定は冬の間に不要な枝を間引く程度とする。

季語 春。 ♡ 努力。

↑手毬状の花房が名の由来
↓株全体が白い花で覆われる

コブシ（辛夷）
別名：コブシハジカミ、ヤマアララギ

モクレン科 ❀ 3〜4月 ○ H：10〜20m

全国の里山に自生する落葉高木。春になると、遠目にも目立つ白い花が全樹を覆うことから、古来、農事の目安とされてきた。公園樹、街路樹などに利用される。

🅿 日当たりのよい肥沃な適湿地に。蕾がつきすぎたときは摘蕾をして隔年開花を防ぐ。 季語 春。 ♡ 友情。

サンザシ（山査子）
別名：セイヨウサンザシ→メイフラワー

バラ科 ❀ 5月
● ● ○
H：1.5〜6m

サンザシは中国の長江流域に広く分布する落葉低木で、4〜5月ごろ枝先に白色の5弁花を群がり咲かせ、秋には径1.5cmほどの偽果が赤色に熟す。この偽果の核を取り除き日干しにしたものが「山査子」で、古くから健胃薬として利用されてきた。
しかし、庭木として多く利用されているのは高さ5〜6mとなるセイヨウサンザシ（メイフラワー）で、なかでも赤花八重咲きの園芸品種が最も普及している。

🅿 日当たりのよい適湿地を好む。徒長枝の発生を促すので強剪定は避ける。

季語 春（花）、秋（実）。 ♡ 唯一の恋。

1 アカバナサンザシ（セイヨウサンザシの赤花八重）
2 サンザシの実。果実酒に利用できる
3 サンザシの花

サクラ （桜）

バラ科 ❖ 3〜4月 ●●○● H:15〜25m

日本の春を代表する花木。ヤマザクラ、オオヤマザクラ、オオシマザクラ、エドヒガン、フジザクラなど多くの種が自生し、これらの変種や交雑種が古くから選抜されて日本のサクラ文化を築いてきた。全国に普及し、代表的な品種とされているソメイヨシノは、江戸時代にできたオオシマザクラとエドヒガンの雑種。また、4月下旬に咲くサトザクラはオオシマザクラを主体としてできた園芸品種の総称で、豪華な八重咲きが多いことから牡丹桜、手毬桜などとも呼ばれる。一般家庭の庭ではあまり高木とならないサトザクラやエドヒガン、フジザクラ、枝の張らないシダレザクラなどが育てやすい。

🅿 日当たり、排水のよい肥沃な土地を好む。植えつけは2月下旬〜3月中旬が適期。「サクラ切る馬鹿、ウメ切らぬ馬鹿」といわれるとおり、サクラは傷口がふさがりにくく、切り口から腐れ込みやすいので、成木となったら太枝の剪定はできるだけ避ける。

季語 春。♡ 純潔。

1 オオシマザクラ 房総半島から伊豆七島に分布。花には香りがある。高木性
2 ヤマザクラ 宮城、新潟以西に分布。変異が多い
3 ソメイヨシノ オオシマザクラとエドヒガンの交雑種
4 ソメイヨシノは生長が早く、非常に多花性であることから最も広く普及している
5 ベニシダレ イトザクラの紅花品種
6 エドヒガン 枝は細く、繊細な感じで庭木に適する
7 カンヒザクラ 台湾原産。早咲きで濃紅色半開の花がうつむいて咲く。木は小型
8 '楊貴妃' 淡紅色の八重咲き。サトザクラ系
9 '普賢象' 淡紅色で後に淡灰白色となる。八重咲き。サトザクラ系
10 '関山' 紅色の八重咲き。サトザクラ系
11 '鬱金' 黄花の代表品種。サトザクラ系
12 '御衣黄' 緑と黄が混じり、満開時には紅の縦筋が入る。サトザクラ系

花木　春

サンシュユ （山茱萸）
別名：アキサンゴ、ハルコガネバナ

ミズキ科 ◆ 4～5月
○ H：5～7m

中国、朝鮮半島原産の落葉樹で、江戸時代に薬用樹として渡来した。春一番に咲く黄色の花と秋に紅熟する果実が魅力で、古木らしい幹肌も楽しめる。果実を焼酎に漬けた山茱萸酒は滋養、強壮の薬。

P 秋の落葉後が植えつけ適期。ミズキ類は春早くから水を上げ始めるので、春先の移植は避けたい。萌芽力が強いので、落葉期には自由に剪定することができる。

季語 春。 持続。

◀ サンシュユの花
◀ 果実は薬用となる

シロヤマブキ （白山吹）

バラ科 ◆ 5月
○ H：1～1.5m

本州から中国、朝鮮半島南部に分布。ヤマブキとは別属の植物で、ヤマブキが5弁花であるのに対し、本種は4弁花。また、ヤマブキの葉は互生するが、本種は対生する。ヤマブキの枝は枝垂れるが本種は直立するといった点が相違点。しかし、全体の雰囲気は似通っているため、庭では同じような使い方をされることが多い。

P 日光を好むが半日陰でも育つ。

◀ シロヤマブキの花
◀ 花後には1～4個のタネを結び、秋には黒く熟す

シデコブシ （四手辛夷）
別名：ヒメコブシ

モクレン科
◆ 3～4月
○ H：2～4m

中部地方のごく限られた地域にのみ自生する落葉樹。同じ仲間のコブシに比べ、木が小型なので、小庭などにも使いやすい。花弁は12～18個。花色は白～淡紅色で、淡紅色のものをベニコブシともいう。園芸品種も多数つくられている。
庭木のほか、鉢植えでも十分に楽しめる。

P 日なたを好むが半日陰でも咲く。植えつけ適期は3～4月。

季語 春。 友情。

◀ ベニコブシ
◀ シデコブシの花は注連縄の四手に似ることが名の由来

ジンチョウゲ （沈丁花）
別名：チョウジグサ

ジンチョウゲ科
◆ 3～4月
● ○ H：1～1.5m

中国原産。蕾は2月ごろから色づき、ある日、突然に甘い香りを漂わせて開花を告げる。外面が紅紫、内面が白い小花がまとまって球状の花序をなす。単植、生け垣にも利用される。

P 成木は移植を嫌う。さし木が容易なので、子苗を準備しておく。

季語 春。 永遠。

◀ ジンチョウゲの花
◀ シロバナジンチョウゲ

花木　春

タムシバ（匂辛夷）
別名：カムシバ、サトウシバ

モクレン科
◆3〜4月
○ H：5〜7m

日本全土に自生する落葉小高木。葉に先立って咲く香りのよい白色の花は径7〜10cm。よくコブシと間違われるが、タムシバの花はコブシと異なり、花柄に若葉がつかない。また、コブシは里山平地に多いのに対し、本種は山地に自生する。
P 栽培されることは少ない。

ダンコウバイ（壇香梅）
別名：ウコンバナ、シロジシャ

クスノキ科
◆3〜4月
● H：3〜6m

四国、九州、朝鮮半島、中国に分布する落葉低木。前年に出た短枝の先端に、葉に先立って黄色い小さな花を咲かせる。9〜10月には果実が赤から黒紫に熟す。早春の茶花として珍重されてきたが、雑木の庭などにもよい。
P 半日陰のやや湿り気のある土地を好む。

チョウジガマズミ（丁字莢蒾）
スイカズラ科 ◆4月 ● H：1〜2m

オオチョウジガマズミの変種で、岡山県から九州北部、朝鮮半島にかけて分布する落葉低木。枝先に淡紫桃色の小花からなる球状の花序をつけ、強い芳香を放つ。
P 落葉樹だが、強い寒さは苦手。関東地方以西なら庭植えが可能。鉢での栽培も容易。

ドウダンツツジ（満天星躑躅、燈台躑躅）

ツツジ科
◆4〜6月
● ○ 複
H：1〜3m

ドウダンツツジ属はアジアからヒマラヤ地方にかけて10種あまりが知られるツツジ科の低木で、多くは落葉樹だが、まれに常緑のものもある。日本に自生するものでは、生け垣などに広く利用されているドウダンツツジ（白花）、黄白色で弁端から紅色の縦筋が入るサラサドウダンツツジ、いちだんと小さい花で紅色のベニドウダンがある。ドウダンツツジは整形に刈り込むことが多いが、サラサドウダンツツジやベニドウダンは野趣のある自然樹形を楽しむ。3種とも、花ばかりか秋の紅葉も美しい。
P 日当たりを好む。剪定は花の直後に。
季語 春。● 節制。

1 ベニドウダン
2 サラサドウダンツツジ
3 ドウダンツツジ

ツバキ (椿、山茶)
別名：カメリア
ツバキ科◆9〜5月 ●●●●● ○ 複 H:5〜10m

カメリア（ツバキ）属は中国からベトナム、朝鮮半島、日本の本州以南に広く分布する常緑樹で、多くの種がある。日本にはヤブツバキのほか、日本海側の山地に分布するユキツバキ、両者の自然交雑種とされるユキバタツバキ、九州南部から沖縄にかけて自生するリンゴツバキなどの原種が自生している。サザンカも同属の日本特産種だが、日本では慣習上ツバキとは区別されてきた。タネからは良質の食用油がとれることから古くから珍重されてきた。花の観賞を目的とした園芸化も早くから進み、特に茶花として好まれたこともあり、江戸時代に入ると各地で名花が続々と誕生している。18世紀にはヨーロッパにもたらされ、空前のツバキブームを呼んだ。現在は世界各国で多くの園芸品種がつくり出されている。耐陰性に富むことから、建物の北側に植え込まれたり、鉢植えや盆栽としても楽しまれている。

P 冬の乾燥した風を防げる有機質に富んだ適湿地がよい。植えつけ適期は3月下旬〜4月または9〜10月上旬。剪定は花の直後、4〜5月上旬にすませたい。

季語 春。 気どらない優美さ（紅）、申し分のない魅力（白）。

1 '胡蝶侘助'（京都）
2 '氷室雪月花'（関東）
3 '紅葉狩' 肥後ツバキ（熊本）
4 '花仙山' 小輪、多花性（島根）
5 '孔雀椿' 細葉、白斑入り、蓮華咲き（関東）
6 '繻子重' 緋紅色、八重咲き（関東）
7 '岩根絞' 半八重、白斑入り（関東）
8 'スプリング・デイズ' オレンジを帯びた紅のぼかし（アメリカ）
9 '光源氏' 八重咲き、覆輪（関東）
10 '菱唐糸' 白い旗弁をまじえる（関西）
11 '羽衣' 半八重、蓮華咲き（関東）
12 'ファイヤー・ダンス' 濃紅八重、蓮華咲き（アメリカ）
13 'ト伴' 別名 '月光'（関西）
14 '太郎冠者' 別名 '有楽' 有香（京都）
15 '紅侘助' 紅花、最小輪（関東）
16 '余呉の湖' 黒紅色、ヤブツバキ選抜品
17 'マーガレット・デイビス' 薄紅覆輪のボタン咲き（ニュージーランド）

花木　春

トサミズキ （土佐水木）

マンサク科 ◆3～4月中旬　H：2～4m

本州中部以西と四国に自生する落葉低木で、枝が稲妻形に伸びるのが特徴。出葉に先立って各葉腋から花穂を下垂させ、淡黄色の小花を5～7個ずつつける。茶花としても親しまれ、和の庭の添景に用いられる。

P 半日陰でも育つ。間引き剪定で整枝。 季語 春。

ニワウメ （庭梅）　別名：コウメ

バラ科 ◆4月　H：1.5～2m

中国原産。淡紅色の5弁花を1か所に2～3花ずつ枝いっぱいに咲かせる。近縁種に八重咲きのニワザクラ（花色は白または淡紅色）や、白花一重で実が食用となるユスラウメがある。小型の木なので扱いやすく、鉢植えでも十分に楽しめる。

P 地下茎枝は適宜、地際から間引く。 季語 春。

→ ニワウメの花
→ 果実は7月ごろに熟す

ハナズオウ （花蘇芳）　別名：スオウバナ

マメ科 ◆4月　H：2～2.5m

中国原産。葉に先立って濃桃色の蝶形花が前年枝の葉腋に群がって咲く。秋になると、マメ科植物特有の莢状の果実が垂れ下がる。枝はあまり横に張らず、直上する性質なので、小庭にも植えやすい。

P 日陰地では花つきが悪くなる。ヒコバエや低い位置から出る枝は早めに切除。 季語 春。 ♡ 質素。

ハナミズキ （花水木）　別名：アメリカヤマボウシ

ミズキ科　◆4～5月　H：4～10m

ワシントンに贈られたサクラの苗木への返礼として、大正4年にアメリカから贈られた花木。花弁のように見えるは苞で、ソメイヨシノが咲き終わったころからゆっくりと開きゴールデンウイークを中心に20日間ほど楽しむことができる。自然樹形が美しく、家庭の庭のシンボルツリーとしても人気。

P 有機質に富んだ適湿地で、西日は避けたほうがよい。 ♡ 返礼。

1 赤花の代表品種'チェロキーチーフ'
2 秋には紅熟した果実も楽しめる
3 満開のハナミズキ
4 'クラウドナイン'

花木　春

ヒイラギナンテン（柊南天）

別名：トウナンテン
メギ科
◆ 3〜4月
○ H：1〜1.5m

江戸時代に中国から渡来した。茎はナンテンに似、葉にヒイラギのような鋭い鋸歯があることが名の由来。果実は6〜7月に青紫に熟す。近縁のホソバヒイラギナンテンは秋咲き。庭石の根締めや、植え込みに列植する。
P ときおり丈高く伸びすぎた枝は間引く。

1 ホソバヒイラギナンテン
2 ヒイラギナンテンの果実
3 ヒイラギナンテンの花

ヒトツバタゴ　別名：ナンジャモンジャ

モクセイ科
◆ 5〜6月
○ H：10〜15m

本州中部、朝鮮半島、中国に分布する落葉樹で、ナンジャモンジャの木として知られる。5月下旬ごろ新梢の枝先に花穂を伸ばし、白い小花を群がって咲かせる。同属のアメリカヒトツバタゴは木がやや小型。主に公園木として利用されている。
P 生長は遅い。日当たりのよい肥沃地に。

ヒュウガミズキ（日向水木）　別名：ヒメミズキ

マンサク科
◆ 3〜4月
○ H：1.5〜3m

トサミズキの仲間だが、トサミズキより花も葉も小さく、枝も細い。2〜3個の花が短い花穂となって下垂する。池の端に植えたり日当たりのよい園路沿いに列植したりする。洋風の庭にもマッチする。
P やや湿り気のある肥沃な土地を好む。花後に刈り込み剪定で樹形を整える。

ヒカゲツツジ（日陰躑躅）　別名：ハイヒカゲツツジ

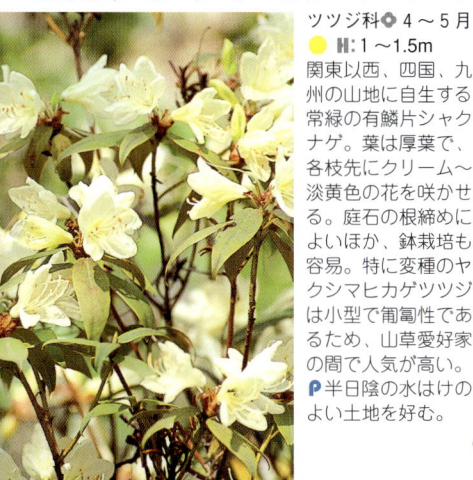

ツツジ科　◆ 4〜5月
○ H：1〜1.5m

関東以西、四国、九州の山地に自生する常緑の有鱗片シャクナゲ。葉は厚葉で、各枝先にクリーム〜淡黄色の花を咲かせる。庭石の根締めによいほか、鉢栽培も容易。特に変種のヤクシマヒカゲツツジは小型で匍匐性であるため、山草愛好家の間で人気が高い。
P 半日陰の水はけのよい土地を好む。

ヒラドツツジ（平戸躑躅）

ツツジ科　◆ 4〜5月　● ● ● ○　H：2〜3m

江戸時代に、長崎県平戸の武家屋敷で、沖縄原産のケラマツツジなどと日本原産のモチツツジ、キシツツジとの間で自然交雑により生まれた大型の常緑性ツツジ。園芸品種が数多く花色も豊富だが、八重咲きのものはない。
P やや寒さに弱いので、露地栽培は関東南部以西が安全。

フジ（藤）

別名：ノダフジ　マメ科　❀4月　● ● ○　H: 10〜20m

本州、四国、九州に分布するつる性の落葉樹。つるは上から見て時計回りに巻き上がり、花房は長さ20〜90cmにも達する。園芸品種が多い。西日本に分布する近縁種のヤマフジは、つるの巻き方が逆で、花房が10〜20cmと短い。品種には'白花美短'、'紫花美短'、'八重花美短'などがある。庭植えでは棚仕立て、壁面仕立てなどにされるが、鉢植え、盆栽としても楽しまれる。

🅿 植えつけは落葉時に、長い根をなるべく切らずに植える。

季語 春。 ♡ 恋に溺れる。

1 '昭和白藤'（ノダフジ系）
2 '白花美短'（ヤマフジ系）
3 フジ棚は古くから親しまれてきた春の庭園の風物詩
4 '紫花美短'（ヤマフジ系）
5 '長崎一才'（ノダフジ系）

花木　春

ボケ （木瓜）
別名：モケ、カラボケ、ヨドボケ　バラ科 ● 3～4月　● ● ○ 複　H：1～2m

中国原産。日本への渡来は早く、10世紀初頭に著された『本草和名』にも木瓜の名で登場している。江戸時代以降さらに品種改良が進み、現在では100を超える品種が庭木、鉢花として楽しまれている。日本に自生するクサボケもボケの仲間。

🄿 落葉樹だが植えつけ適期は10～11月。剪定は花の直後と晩秋に行う。

季語　春（花）、秋（実）

🄻 平凡。

1 '大晃錦' 大輪。咲き出し乳白色で開花につれ紅を増す
2 '金鵄殿' クリーム黄を帯びる白色八重咲き
3 '十二単' 黒紅色八重咲き
4 '白扇' 白色一重咲き
5 '司牡丹' 淡いピンクのぼかし。八重咲き大輪
6 日本に自生するクサボケ
7 ボケの果実
8 咲き分けの代表品種 '東洋錦'
9 '緋の御旗' 朱紅色の一重大輪

マンサク （万作、満作）
マンサク科 ❁ 2〜3月中旬　●●●　H：3〜7m

名の由来は、「まず咲く」から転じたものともいわれるように、代表的な早春の花木。前年枝の各葉腋に、細い花弁の4弁花を数個ずつ群がってつける。変種にマルバマンサクがあり、花弁の赤いアカバナマンサクや錦マンサクなどが選抜されている。近縁種のシナマンサクは花に香りがあり、枯れた葉を枝に残したまま咲くのが特徴。両者の交雑品種もあり、いずれも野趣に富んだ花木として好んで庭に植えられる。

P 半日陰でも育つが腐植質に富んだ肥沃な土地がよい。

季語 春。　霊感。

1 'ダイアナ'（赤花）
2 香りのよいシナマンサク
3 マンサク
4 'エレナ'（オレンジ花）

ミツマタ （三椏、三叉）
別名：ミツマタノキ、ミツマタコウゾ　ジンチョウゲ科 ❁ 4月　●●　H：1〜2m

中国原産の落葉樹。枝が三叉に分かれて伸び出ることがこの名の由来。樹皮の繊維が製紙原料となるため、古い時代に日本にもたらされた。花には甘い香りがある。近年は朱赤色のアカバナミツマタも導入され、庭木として人気を呼んでいる。

P ジンチョウゲ同様、成木の移植は困難。

季語 春。　強靱。

← ミツマタ
→ アカバナミツマタ

ミツバツツジ（三葉躑躅）

ツツジ科 ◆3〜4月
● ○ H:2〜2.5m

東北地方から近畿地方にかけて広く分布する落葉低木。葉が枝の先端に3枚、輪生状につくため、この名がある。変種に、トサノミツバツツジ、ハヤトミツバツツジなどがあり、また近縁種にコバノミツバツツジ、トウゴクミツバツツジ、サイコクミツバツツジなどがあり、いずれも庭木として利用される。

P 水はけのよい適湿地が適する。
♡ 節制。

モクレン（木蘭、木蓮）
別名：シモクレン、ハクモクレン

モクレン科 ◆4〜5月 ●●○ 複 H:3〜15m

モクレンの名はマグノリア属の総称として用いられるが、一般には同属のコブシやタイサンボクなどをモクレンの名で呼ぶことはなく、シモクレンを指すことが多い。シモクレンは株立ちとなりやすく、樹高は3〜4m。長さ8〜10cmの筒形に半開した暗赤紫色の花を枝先につける。本種とシデコブシとの交配により、ガール・マグノリアと総称されるコンパクトな品種群が生み出されている。ハクモクレンは3〜4月に乳白色の豊麗な花を咲かせてみごとだが、樹高15mにもなる高木なので、狭い庭には適さない。シモクレンとの交配でつくられたニシキモクレンは、それほど高木にはならないので家庭むき。

P 日当たりのよい肥沃な土地を好む。剪定は花後に行う。
季語 春。 ♡ 自然への愛。

1 ソトベニハクモクレン 　3 ハクモクレン
2 ニシキモクレン 　　　　4 シモクレン

モモ（桃）
別名：ハナモモ

バラ科 ● 3〜4月
● ● ○
H：1〜5m

中国原産だが、『万葉集』の家持の歌にも「春の苑、くれなゐにほふ桃の花…」と詠まれており、奈良時代にはすでに庭園に植栽されていたことがわかる。桃の節句の習慣が残されているように、古くから邪気を祓う縁起木とされてきた。中国では今も春節（旧正月）には、モモの花枝と実つきのキンカンで新年を言祝ぐ。採果用のモモに対し、花を観賞する品種を便宜上ハナモモと呼び、数多くの品種がつくり出されている。

🅿 日当たり、水はけのよい、乾きぎみの土地を好む。

季語 春。気だてのよさ。

1 '相模枝垂れ' は濃紅色の八重咲き
2 '照手桃' は枝が直上するのでスペースをとらない
3 '残雪枝垂れ' は白色の八重咲き
4 咲き分け品種の '源平'
5 代表的な切り枝用品種 '矢口'
6 千重咲きの '菊桃'

花木　春

ヤマブキ（山吹）
別名：オモカゲグサ

バラ科 ◆4〜5月
● H：1〜2m

日本と中国に分布する落葉低木。枝は緑色で細い。葉は互生し、先が長く尖り、縁に重鋸歯がある。基本種の花は5弁花だが、栽培されているのは千重咲きのヤエヤマブキが多い。また、花が淡黄色を帯びた白色のシロバナヤマブキがあり、よくシロヤマブキ（別属）と間違われるが、こちらは5弁花、シロヤマブキは4弁花なので、容易に見分けがつく。
P 西日の当たらない適湿地を好む。
季語 春。 ♡気品が高い、待ちかねる。

1 基本種は一重の5弁花
2 ヤエヤマブキ
3 木立の中のヤマブキの大株

ユキヤナギ（雪柳）
別名：コゴメバナ、イワザクラ

バラ科 ◆3〜4月 ● ○ H：1〜2m

本州の関東以南に自生する落葉低木で、コデマリなどと同様シモツケの仲間。弓状に長く伸びた花枝が風に揺れる様子は春の風物詩の一つで、フェンス添いに列植したりする。園芸品種に蕾が紅色の'フジノピンク'がある。
P 剪定は花の直後にすませる。 季語 春。 ♡殊勝。

リキュウバイ（利休梅）
別名：マルバヤナギザクラ

バラ科 ◆4〜5月
○ H：3〜4m

中国原産の落葉低木。庭木としてはあまり普及していないが、茶花として愛されてきたため、茶人、千利休にちなんだ名がつけられたものらしい。清楚な純白の花が新緑に映えて美しく、はらはらと散る様子も風情に富む。
P 日当たりのよい肥沃な適湿地を好む。強剪定にも耐えるので育てやすい。

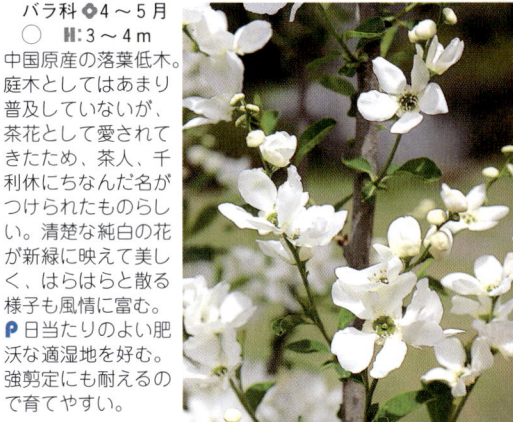

レンギョウ（連翹）
別名：レンギョウウツギ

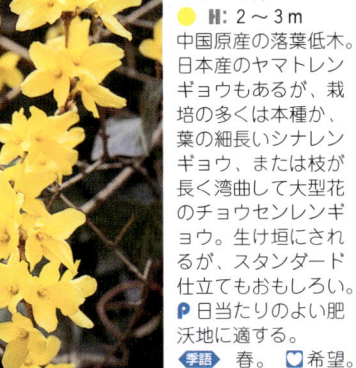

モクセイ科
◆3〜4月
● H：2〜3m

中国原産の落葉低木。日本産のヤマトレンギョウもあるが、栽培の多くは本種か、葉の細長いシナレンギョウ、または枝が長く湾曲して大型花のチョウセンレンギョウ。生け垣にされるが、スタンダード仕立てもおもしろい。
P 日当たりのよい肥沃地に適する。
季語 春。 ♡希望。

レンゲツツジ（蓮華躑躅）
別名：ウマツツジ

ツツジ科
◆4〜6月
● ● H：1〜1.5m

全国の山野に自生する落葉性ツツジ。花は普通、オレンジ色だが、濃紅色や黄色のものもあり、黄花のものは特にキレンゲツツジと呼ばれる。庭木のほか、鉢栽培でも楽しめる。
P 日がよく当たって水はけのよい適湿地を好む。植えつけ後は敷きワラで乾燥を防ぐとよい。

初夏の花木

Flowering trees and shrubs of Early Summer

　5～6月は、山野や庭の新緑がまばゆい季節です。その美しい緑をバックに咲く初夏の花木の多くは春咲きの花木のようにいっさんに咲くのではなく、枝の生長に合わせながら次々と咲く花が多いようです。

アジサイ（紫陽花）
別名：ハイドランジア

ユキノシタ科　❀6～7月●●●○　H:1～2m

　アジサイの名はハイドランジア属の和名なので、広義ではノリウツギやミナヅキなども含むが、狭義ではガクアジサイの花序全体が装飾花に変化して手毬状となった品種群をさす。鉢花用として欧米で改良された園芸品種群（一般にハイドランジアの名で出回っているもの）も、アジサイと呼んでさしつかえない。また、日本では各地に自生するヤマアジサイのなかから、観賞価値の高い個体が選抜され、数多くの園芸品種が伝えられている。近年は、カシワバアジサイや'アナベル'など、海外から導入されたアジサイも人気を呼んでいる。

　P乾燥を嫌うので、夏の西日の当たらない適湿地に。剪定は花の直後にすませる。季語 夏。♡あなたは冷たい。

1　庭植えにされたセイヨウアジサイ
2　ヤマアジサイ'七段花'
3　ノリウツギは夏に入ってから枝先に白い花をつける
4　アマチャは葉に甘味成分が含まれている
5　ガクアジサイ'墨田の花火'
6　ヤマアジサイ'紅'
7　花序の周辺だけが装飾花となるガクアジサイ
8　装飾花が梅花型の'ウズアジサイ'
9　ヤマアジサイ'深山八重紫'
10　ヤマアジサイ'清澄沢'
11　アルボレスケンス'アナベル'はアメリカ産の豪華な手毬咲き
12　ピラミッド形の花序をもつカシワバアジサイもアメリカ産のアジサイ

花木　初夏

ウケザキオオヤマレンゲ
(受咲大山蓮華)
モクレン科 ❖5月
● ○ H：5～7m

中国原産の落葉樹。起源は確かでないが、ホオノキとオオヤマレンゲとの雑種と推定されている。5月ごろ、白色で香りのよい径12～15cmの大輪の花を枝先に1個ずつ上向きに咲かせる。野趣に富む木で、和風の庭にあう。

🅿 半日陰でもよく育つ。暖地の有機質に富んだ肥沃地を好む。

ウツギ (空木)
別名：ウノハナ
ユキノシタ科
❖5～6月
● ○ H：1.5～2m

全国の山野に広く自生する落葉低木。ウツギとは「空木」で、幹が中空であることによる。側枝の先に円錐花序を伸ばし、5弁の白花を群がらせる。変種に八重咲きのシロバナヤエウツギや、花弁の外側が淡紅色を帯びるサラサウツギがある。

🅿 整枝は落葉中に行い古い枝は更新する。

季語 夏。🈲秘密。

↑満開のウツギ
↓サラサウツギ

エゴノキ (売子木)
別名：エゴ、チシャノキ
エゴノキ科
❖5～6月
● ○ H：4～6m

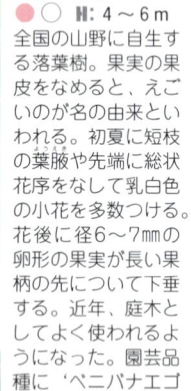

全国の山野に自生する落葉樹。果実の果皮をなめると、えごいのが名の由来といわれる。初夏に短枝の葉腋や先端に総状花序をなして乳白色の小花を多数つける。花後に径6～7mmの卵形の果実が長い果柄の先について下垂する。近年、庭木としてよく使われるようになった。園芸品種に'ベニバナエゴノキ'や'シダレエゴノキ'がある。

🅿 水はけのよい腐植質に富んだ適湿地を好む。自然樹形を愛でる木なので、強い切り詰めは行わない。

季語 夏。

1 'ベニバナエゴノキ'
2 エゴノキの実
3 さわやかなエゴノキの花

オオベニウツギ (大紅空木)
別名：オオタニウツギ、カラタニウツギ
スイカズラ科 ❖5～6月 ● H：2～3m

中国北部、朝鮮半島、九州に分布する落葉低木。初夏に筒状漏斗形の紅色の花を葉腋につける。寒さに強く北海道でも庭木として利用できる。数多くの園芸品種がある。

🅿 日当たりがよければ土質を選ばない。剪定は落葉時に行う。

花木　初夏

オオヤマレンゲ（大山蓮華）

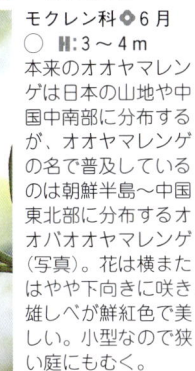

モクレン科 ◆6月
○ H：3〜4m

本来のオオヤマレンゲは日本の山地や中国中南部に分布するが、オオヤマレンゲの名で普及しているのは朝鮮半島〜中国東北部に分布するオオバオオヤマレンゲ（写真）。花は横またはやや下向きに咲き、雄しべが鮮紅色で美しい。小型なので狭い庭にもむく。

P 肥沃な適湿地に。剪定は落葉中に行う。

カラタネオガタマ（唐種招霊）

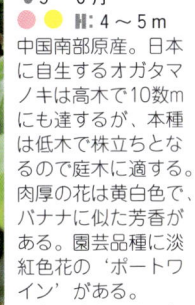

別名：トウオガタマ
モクレン科
◆5〜6月
● ● H：4〜5m

中国南部原産。日本に自生するオガタマノキは高木で10数mにも達するが、本種は低木で株立ちとなるので庭木に適する。肉厚の花は黄白色で、バナナに似た芳香がある。園芸品種に淡紅色花の'ポートワイン'がある。

P 寒地や冬の乾いた風を嫌うので注意。

ギョリュウバイ（魚柳梅）

別名：ショウコウバイ
フトモモ科
◆4〜5月
● ● ○
H：3〜4m

ニュージーランド、タスマニアに分布する常緑樹。基本種は5弁の白花または淡紅色花だが、濃色八重咲きの園芸品種もある。暖地では庭植えにもできるが、多くは鉢花として楽しまれている。

P 日当たり、水はけのよい場所で。花後に枝を短く剪定する。

カルミア　別名：アメリカシャクナゲ

ツツジ科 ◆5月
● ● ○
H：1〜5m

北アメリカ東部原産の常緑樹。いくつかの種があるが、一般にカルミアとして栽培されているものの多くはカルミア・ラティフォリアとその園芸品種。5月ごろ、径2cmほどの盃状花が枝先に大型の散房花序をなして咲く。開花前の蕾が色づく様子も、まるで金平糖のようで愛らしい。葉は互生し、革質で厚い。庭木としては日当たりのよい芝庭などに単植するとよく、ほかの樹種との混植は避けたい。

P 花芽がつきすぎたときは、摘蕾をして隔年開花と樹勢の衰えを防ぐとよい。

1 'レッドクラウン'
2 カルミア・スプレンデンス
3 'シャロンローズ'

キングサリ （金鎖）
別名：キバナフジ

マメ科 ◆5～6月
○H:3～5m

ヨーロッパ中南部原産の落葉樹。英名はゴールデン・チェーン。鮮黄色の蝶形花をつけた総状花序がフジの花房のように長く下垂する。葉は3個の小葉がある3出複葉。代表的な品種に'ポッシー'がある。鉢花、庭木としてよく利用されるようになった。

🅿 枝質が軟らかいので、支柱を忘れない。

キンシバイ （金糸梅）

オトギリソウ科
◆6～7月
○H:0.5～1m

中国原産の半落葉樹で、初夏に鮮黄色の5弁花を枝先に咲かせる。短い雄しべが5束に分かれるのが特徴。葉は水平に並んで対生する。園路に列植したり、生け垣などに利用。

🅿 西日が防げる程度の明るい場所に。植えつけは4月に入ってから行うのが安全。

季語 夏。

↑キンシバイの株姿
→多数の雄しべが5束に分かれる

キンポウジュ （金宝樹）
別名：ブラシノキ、カリステモン

フトモモ科
◆5～6月
●H:4～6m

穂状花序に濃紅色の雄しべが群がる様子が、ビンを洗うブラシの形をしているので、この名がある。東京以西の暖地であれば、露地植えでも育つ。狭い庭のシンボルツリーにも最適。

🅿 北風が当たらず水はけのよい日なたに。植えつけの適期は4月中旬～9月。

クチナシ （口無、梔子、厄子）
別名：ガーデニア

アカネ科
◆6～7月
○H:1～3m

本州以西、中国、インドシナに至る暖帯、亜熱帯に分布する常緑樹。葉は濃緑で光沢がある。花は純白で強い芳香を放つ。一重のクチナシは花後に果実を結ぶが、和名のクチナシ（口無）は、この果実が熟しても裂開しないことにちなむといわれる。花が豪華なのはオオヤエクチナシで、欧米では以前、コサージュとして使われていた。

🅿 関東以西の暖地むき。剪定は花後早めにすませること。

1 オオヤエクチナシ
2 薬用にも利用されるクチナシの実
3 クチナシの花
4 ヒトエコクチナシは全体に小型で、低い株状となる

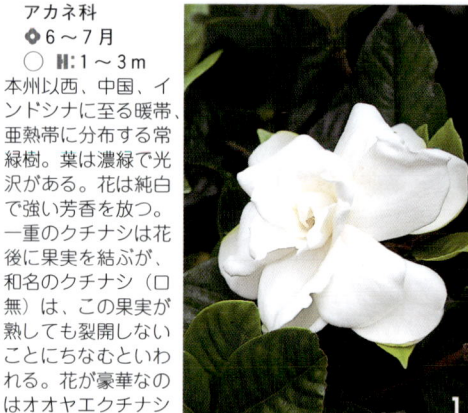

シャクナゲ（石楠花）

ツツジ科 ◆ 4～5月
○ 複 H:2～4m

花の美しさと園芸品種の豊富さからバラ、ツバキとともに世界三大花木の一つに数えられる。日本にも、アズマシャクナゲ、ホソバシャクナゲをはじめ数多くの美しい種が自生している。しかし、園芸化が進んだのは欧米で、19世紀に中国奥地などからもたらされた多くの野生種をもとに交配が重ねられ、花色が多彩で豪華な園芸品種群が次々と生み出された。

P 夏は涼しく、冬は寒風の当たらない場所が理想。弱酸性で軽めの土がよい。

1 'ホワイト スワン'
2 'パーシー ワイズマン'
3 'ロゼアム エレガンス'
4 ホンシャクナゲ（日本産）
5 ホソバシャクナゲ（日本産）
6 'ブルー ピーター'
7 'バルカン'

花木　初夏

サツキ （皐月）
別名：サツキツツジ

ツツジ科 ◆ 5～6月 ● ● ● ● ○ 複 H:1.5～2m

四国を除く関東以西の川岸に自生が見られる常緑性のツツジで、皐月（旧暦5月）に咲くことからサツキツツジの名がある。しかし、一般にサツキというと、このサツキツツジをもとに、マルバサツキその他の近縁種が交雑してできた園芸品種群をさす。栽培の歴史は江戸時代にさかのぼり、おびただしい数の園芸品種がつくり出されてきた。花色、花形など変化に富み、花色の出方も、絞り、覆輪、底白、玉斑など多彩であることから幅広い愛好家をもつ。芽吹きがよく強剪定に耐えるので庭木としても広く利用されるが、加えて、葉が小型、枝が密に茂る、早期によい根張りができるなどの優れた特性があるため、昔から盆栽としての樹形づくりが盛んに研究され、「サツキ盆栽」という独自のジャンルが生まれている。

🅿 西日の当たらない日なたがよいが、半日陰でも育つ。水はけのよいことを好むが乾燥を嫌う。酸性土壌を好むので、鉢植え用土は鹿沼土が最適とされる。植えつけ適期は3～6月。7月以降の刈り込みは花芽を失うので、剪定は花の直後にすませること。季語 夏。♥ 節制。

1 '旭の泉' 絞り底白。中輪
2 '日光' '晃山' の枝変わり
3 '光琳' 濃紅紫色の剣弁
4 '大朱盃' 底白の抜けがよい
5 '金采' 別名 '十二弁金の采'
6 '鈴の誉' 花色鮮やかな底白
7 '好月' 多彩な花芸で人気
8 '大盃' の刈り込み仕立て
9 '光の司' '日光' の剣弁咲き枝変わり
10 '白玲' 剣弁と細弁がまじる。'晃山' の枝変わり
11 '秀峰の光' 剣弁の覆輪。'晃山の光' の枝変わり
12 '紫竜の誉' 濃紅紫色の剣弁。巻き葉
13 '八咫の鏡' 濃緋紅色に白の玉斑。花容端正
14 '博多白' 白花の優品
15 '月光' 濃紅紫と濃紫の二色咲き
16 '大盃' 旧花。庭木とされるほか、名木盆栽にも多い
17 '華宝' 丸弁波打ち咲き。名木盆栽が多い

花木　初夏

ジューンベリー

別名：アメリカザイフリボク

バラ科
- 4月、実6月
- ○ H：5〜10m

日本から朝鮮半島に分布するザイフリボク（シデザクラ）の近縁種。春、総状花序に白い5弁花を多数つけ、6月には赤い果実が紫黒色に熟して食用となる。

P 日当たりと水はけさえよければ土質は選ばない。整枝はときどき冬の間に不要な枝を間引く程度に。

タニウツギ （谷空木）

別名：ベニウツギ

スイカズラ科
- 6〜7月
- ● ○ H：2〜3m

北海道から本州にかけての、主に日本海側に多く自生する。6〜7月ごろ、淡紅色の漏斗形の花を各葉腋に2〜3個ずつつける。ウツギとは科も異なるが、枝の髄が中空なのでウツギの名がつけられた。

P 暑さ寒さにも強く育てやすい。土質も選ばず日当たりを好むが半日陰でも育つ。

スモークツリー

別名：ケムリノキ、ハグマノキ

ウルシ科
- 6〜7月
- ● ○ H：3〜5m

中国中部からヒマラヤ地方、ヨーロッパ南部に分布。5月ごろ開花し、花後、雄花の花柄が糸状に伸びて枝先に群がる様子が、煙のように見えるのが名の由来。緑葉種のほか紫葉種もある。また矮性品種は狭い庭によい。

P 日当たりがよく、水はけのよい場所に植える。

トキワマンサク （常磐万作）

マンサク科 5月
- ● ●
- H：1.5〜3m

静岡県、三重県、熊本県にまれに生える常緑樹。前年生枝の葉腋に、細いひも状の花弁からなる帯黄白色の4弁花を3〜5個柄生する。変種とされるアカバナトキワマンサクは中国南部に自生し、赤葉種と青葉種とがあるが、個体差がある。生け垣などに多く使われるようになった。

P 日当たり、水はけがよく寒風の当たらない場所を選ぶ。

↑トキワマンサク
↓アカバナトキワマンサク

タイサンボク （泰山木）

別名：ハクレンボク

モクレン科
- 5〜6月
- ○ H：10〜20m

北アメリカ南部原産の常緑樹。モクレンの仲間で、初夏に白くて香りのよい大型花を上向きに咲かせる。葉は革質で厚く、光沢がある。広い庭にむくが、矮性品種の'リトルジェム'は5mどまりで若木時から花をつける。

P 植えつけは関東以西が安全。

季語 夏。

花木　初夏

トチノキ（栃の木）

トチノキ科
- 5〜6月
- H: 10〜30m

トチノキは全国の山野に分布する落葉高木で、大型の掌状複葉をもち、円錐花序に帯紅白色の花を密につける。秋にみのる褐色の種子は、食用として利用された。緑陰樹として好適で、街路樹、公園木として利用されることが多い。同じく街路樹としてよく見かけるベニバナトチノキは、ヨーロッパ南部原産のセイヨウトチノキ（マロニエ）と、北アメリカ産のアカバナアメリカトチノキとの交雑で生まれた園芸種と思われる。枝先に大きな円錐花序を直立させ、朱紅色の花を多数つける。

▶ 日当たりのよい肥沃地がよい。自然樹形を楽しむ木なので、広い庭に植え、剪定は避けたい。

▶ トチノキの花
◀ ベニバナトチノキの花も街路樹などでおなじみ

ナツツバキ（夏椿）
別名：シャラノキ

ツバキ科
- 6〜7月
- H: 8〜15m

初夏を迎えると新梢の基部についた翡翠色の丸い蕾が次第にふくらみ、次々と白い花を咲かせる。一日花だが、涼味満点で、素直に立ち上がる木姿や、まだらに剥けた灰白色の幹肌も風情がある。

▶ 自然樹形を愛でる木なので、剪定は枝抜き程度にとどめる。
季語　夏。

バイカウツギ（梅花空木）
別名：サツマウツギ

ユキノシタ科
- 6月
- H: 1.5〜2m

本州、四国、九州に分布する落葉樹。ウツギと同じユキノシタ科だが別属で、本種は4弁花。近縁種にアメリカ原産のセイヨウバイカウツギなどがある。この仲間は香りのよいものが多いので、アプローチ沿いや窓辺近くに植えると楽しい。

▶ 日なたに植える。剪定は花の直後に。

ハクウンボク（白雲木）
別名：オオバヂシャ

エゴノキ科　5〜6月　H: 8〜15m

北海道から九州、朝鮮半島、中国にかけて分布する落葉樹。新梢の先端に総状花序を下垂させ、甘い香りの乳白色の小花を20個ほどつける。円形の大型の葉も美しく、茶庭に植えられるほか緑陰樹にも最適。

▶ 根元への直射日光や乾燥は嫌う。半日陰でも育つ。

ハクチョウゲ（白丁花）

アカネ科　6〜8月　H: 60〜100cm

中国原産の常緑低木。長さ3〜5mmの小型の葉が密に茂り、6月ごろから帯紫白色の小花をつける。刈り込みに耐え、萌芽力が強いので生け垣や縁取りに適する。白覆輪葉のフイリハクチョウゲも日陰の植栽などによい。

▶ 半日陰でも育つが、日なたのほうが花つきはよい。

バラ（薔薇）

バラ科 ◆5～6月、9～11月
●●●●○●（複）
H:約0.2～10m

昔から世界中で愛されてきた花木。バラの原種は南はエチオピアから北はシベリアまでの北半球に100種以上ある。長い年月をかけて改良されてきたおびただしい園芸品種があり、現在、およそ次のような系統に分類されている。

ハイブリッド・ティーローズ
（四季咲き大輪系）大輪で、端正な花形のものが多く、最もバラらしい花形といわれる。切り花に使われるのは、もっぱらこの系統のものが多い。

フロリバンダローズ
（中輪房咲き系）1枝に数輪から数十輪の花をつける見応えのあるバラ。花色、花形ともに変化に富み、繰り返し咲く性質が強いので、花を長く楽しめる。

イングリッシュローズ イギリスのデビッド・オースチン氏が、オールドローズに四季咲き性をもたせるためにフロリバンダを交配してつくった現代の新シリーズ。

つるバラ 太いつるが上に伸びて、その重さでたわむクライマーと、やわらかいつるがしなやかに垂れるランブラーの2系統がある。長さはクライマー系統が2～5m、ランブラー系統は5m以上になる。ほとんどのものは一季咲き。

ミニチュアローズ 樹高が15～50cmと低く、花径2～3cmの小花をたくさんつける。四季咲き性。鉢植えにむく。

オールドローズ ハイブリッド・ティーローズが現れた19世紀の中期以前に栽培されていた園芸品種を総称して、オールドローズと呼ぶ。多くは一季咲き品種。

ハイブリッド・ティーローズやフロリバンダローズは花壇や鉢植えむき。イングリッシュローズやつるバラはトレリスやフェンス、アーチなどに誘引するほか、スタンダード仕立てにして楽しめる。

🄟 大苗が売り出される11～2月が植えつけの適期。日当たりのよい場所を選び、堆肥や牛糞などを十分にすき込んで、やや高植えにする。5～6月に売られる新苗は、5号鉢で育て、翌年の2月に植える。

[季語] 夏。🄗 愛（赤花）、純潔（白花）、嫉妬（黄花）。

ハイブリッド・ティーローズ

1 **夕霧**
半剣弁高心咲き。花径13cmで、花色は白に朱桃色のぼかしが入る

2 **ウイミイ**
剣弁高心咲き。花色はクリームに桃色覆輪

3 **ビクター・ボーグ**
半剣弁八重咲き。花色はピーチで花弁の裏は黄色

4 **熱情**
剣弁高心咲き。巨大輪種

5 **ヒロシマ・スピリット**
黄に赤覆輪が入る

6 **エスメラルダ**
丸弁高心咲き。花径12cm。花色はローズピンク

7 **マダム・ビオレ**
剣弁高心咲き。花径12cm。花色は藤色

8 **ヘルムート・シュミット**
八重の高心咲き。花色は純黄色

9 **ブラック・ティー**
八重高心咲き。花径14cm。花色は紅茶色

10 **メルヘンケーニギン**
八重高心咲き。花径は12cm。花色は上品なピンク色

つるバラ

1 ファイルフェンブラウ
丸弁の半八重ポンポン咲き。花径3〜3.5cm。花色は濃い紫で底白。15〜30輪の房咲きになる

2 シティー・ガール
半八重盃状咲き。花径10cm。花色はコーラルピンクで、さっぱりした花形。四季咲き性

3 ピエール・ド・ロンサール
丸弁椀咲きで中心は乱れる。花径12〜13cm。花色は白で、中心が薄いピンクになる

4 つるゴールドバニー
丸弁盃状咲き。花径6〜7cm。多花性で3〜5輪の房咲きになる。強健で育てやすい

5 アンクル・ウォルター
剣弁高心咲き。花径10〜13cm。花弁は緋色でビロード光沢がある。3〜7輪の房咲きになる

6 モッコウバラ
江戸時代に日本に渡来した常緑のつるバラ。八重盃状咲き。花径2〜3cm。多花性。花色は黄色

イングリッシュローズ

1 キャサリン・モーリー
八重盃状咲き。花色はソフトピンク。樹高75cmと比較的コンパクト。花に芳香がある

2 グラハム・トーマス
八重盃状咲き。花径10cm。夏から秋へと咲き続ける。花色はすっきりとした黄色

3 エイブラハム・ダービー
八重盃状咲き。花径11cm。深いカップ形で、花色はアプリコットピンク。花にはフルーティーな香りがある

フロリバンダローズ

1 スターゲーザー
丸弁半八重平咲き。花径6～8cm。花色はオレンジ赤。5～10輪の房咲きになる。強健で育てやすい

2 エスカペイド
半八重盃状咲き。花径8cm。花色はローズピンクを帯びたスミレ色。かなりの房咲きになる

3 マチルダ
半八重盃状咲き。花径7cm。花色はクリームにピンクのぼかしが入る。四季咲き性

4 アンバー・クイーン
八重盃状咲き。花径8cm。花色はやや茶を帯びた黄色で、花には強い香りがある

5 アイスバーグ
別名：シュネービッチェン。八重盃状咲き。花径8cm。大きな房咲きになる

6 アンソニー・メイアン
丸弁盃状咲き。花径7～8cm。花色は澄んだ黄色で、3～5輪の房咲きになる

ミニチュアローズ

1 スタリナ
剣弁高心咲き。花径4cm。端正な花形の赤い花を房咲きあるいは単花でつける。四季咲き性

2 リトル・アーチスト
丸弁平咲き。花径3～4cm。花色は鮮やかな赤で底と弁裏が白い。多花性で3～8輪の房咲きになる

3 マイ・バレンタイン
剣弁高心咲き。花径2.5cm。花色は深紅。開花すると花色はやや淡くなる

オールドローズ

1 紫玉
ポンポン咲き。花径5～6cm。花色は鮮やかな紅紫色。花には芳香がある

2 ルイーズ・オディエ
八重盃状咲き。花径9cm。ブルボン系の代表的な品種で、強い芳香がある。四季咲き性

3 シャルル・ド・ミル
丸弁の盃状で、中心はロゼット咲きになる。花径10～13cm。花には強い芳香がある

4 オノリール・ド・ブラバン
盃状咲き。ブルボン系のバラ。花色はピンクで濃い紅色の斑点や縞が入る。四季咲き性

5 ファンタン・ラトゥール
丸弁の盃状で中心がロゼット咲きになる。花径8～10cm。3～6輪の房咲き。花に芳香がある

6 バリエガタ・ディ・ボローニア
八重盃状で、中心はロゼット咲きになる。花径は8～10cm。ピンクに紅紫色の斑と縞が入る

ハコネウツギ （箱根空木）
別名：ゲンペイウツギ 
スイカズラ科
◆5～6月
㊸ H：3～5m

ウツギの名はつくが、タニウツギの仲間。北海道から九州まで分布するが、箱根地方にはない。花色は黄緑に咲きだし、紅を経て白に変わる。紅白の花が混在するためゲンペイウツギの別名がついた。

🅿 暑さ、寒さに強く育てやすい。狭い庭ではスタンダード仕立てもおもしろい。

ハナエンジュ （花槐）
マメ科 ◆5～6月 ● H：0.5～2m

北アメリカ原産の落葉樹。花房を下垂させ、淡紫紅色の蝶形花を5～10個ほどつける。匍匐枝が地中を走って新株を生じる。明るい葉色も美しく、単植してもよいが、フェンス沿いの植栽などにも適する。

🅿 枝が折れやすいので、強風の避けられる場所がよい。

ハンカチノキ
別名：ダヴィディア
ダヴィディア科 
◆4～5月
○ H：3～10m

中国西部の山地に自生する1属1種の稀少な植物。落葉樹で、4月下旬～5月に、白くて大きな2枚の苞が目立つ頭状花をつける。この苞の様子がハンカチをかけたように見えることが和名の由来。

🅿 肥沃で耕土の深い所が適する。西日と強い風は当たらないほうがよい。

ヒメウツギ （姫空木）
ユキノシタ科
◆5～6月
○ H：0.5～1m

関東以西、四国、九州の谷川沿いなどに分布する落葉低木で、ウツギの仲間。白色の小花を円錐花序につける。小枝が細く下垂するので石組みの間などに植えるのに使いやすい。また、鉢植えにもよい。

🅿 日当たりのよい場所を好む。落葉時に、堆肥を十分すき込んで植える。

ビヨウヤナギ （美容柳、金糸桃）
オトギリソウ科
◆6～7月
● H：0.7～1m

中国中南部原産の半常緑低木。よく間違われるが、同じく中国原産のキンシバイに比べ、花は大型で雄しべが花弁よりも長く伸び出るのが特徴。また、キンシバイの葉は水平に行儀よく並ぶが、本種は並ばない。

🅿 日当たりのよい場所を好む。不要な地下茎枝は早めに除く。

↑ビヨウヤナギ
→雄しべが長く飛び出るのが特徴

ブーゲンビレア
別名：イカダカズラ
オシロイバナ科
◆5～10月
● ● ● ● ●
○ H：4～5m

中南米原産の何種かの原種から現在の園芸品種ができ上がった。茎はよじ登る性質があり、太いトゲがある。花のように見えるのは苞なので、長く美しい色を保つ。

🅿 年間を通じて日当たりのよい場所に。十分に側枝が伸びたら乾かしぎみにすると花がつきやすい。

花木　初夏

ブッドレア　別名：フサフジウツギ

フジウツギ科
◆6〜7月
H：2〜4m

中国原産。枝先に細長い円錐花序を出し、紫や桃色の小花を密につける。花には甘い香りがあり、蝶が好んで集まるため、バタフライ・ブッシュの英名がある。株立ちとなるので、狭い庭では枝数を制限して仕立てるとよい。
P 日なたを好む。剪定は3月上旬に。

ヘリアンセマム　別名：ハンニチバナ

ハンニチバナ科
◆5〜6月
H：8〜15m

ヨーロッパから北アフリカ、西アジア、などに100種以上が分布する。英名をロック・ローズというように、日当たりのよいロックガーデンなどに水はけよく植えると、一重のバラに似た花を十分に楽しむことができる。
P 過湿を避けることが何より大切。

ホオノキ （朴、厚朴）　別名：ホオガシワ

モクレン科 ◆5〜6月 ○ H：20〜30m

日本全土に分布する落葉高木。初夏になると大型の葉の間に、径20cmもの花をつける。晩秋に紅紫色に熟した果実も美しい。葉は、かつては食器の代用とされ、今も朴葉味噌などに利用されている。おもに公園木。
P 十分に日の当たる場所を好む。季語 夏。

ユスラウメ （梅桃、英桃）

バラ科
◆4月、実6月
○ H：2〜3m

中国原産の常緑低木。樹皮は灰褐色で、表面は鱗片状に剥がれる。葉は楕円形。出葉と同時に白い5弁の花が開花し、初夏には果実が熟して生食できる。日本に渡来した当初は小果樹として栽培されていたが、現在ではもっぱら観賞用の庭木となっている。
これに似た花木にニワウメ、ニワザクラがある。ニワウメは花が淡紅色で、7月ごろ長い果梗をもつ果実が暗紅色に熟し生食もできるが、酸味が強い。ユスラウメは幹立ちとなるのに対し、ニワウメは地下茎から枝を多数出して株立ちとなる。また、ニワザクラは八重咲きで、もっぱら花を観賞する。
P 日当たり、通風、水はけのよい場所で。

↖枝いっぱいに咲いたユスラウメの花
→ユスラウメの実。このほか白実種もある

ホザキシモツケ （穂咲き下野）

バラ科 ◆5〜7月
H：1〜2m

アジア、ヨーロッパの寒冷な湿地帯を原産地とするシモツケの仲間で、株元から多数の太い新梢を発生させ、株立ちとなる。長い円錐花序を出すことが和名の由来。自然に株姿が整うので、庭木として扱いやすい。
P 日なたの適湿地に植える。樹冠を小さく維持したいときは花の直後に剪定を。

ボタン （牡丹）

別名：フカミグサ　ボタン科❀ 4〜5月　●●●●●○● 複　H:1〜2m

宿根草のシャクヤクと同属だが、こちらは落葉性の木本。中国で古くから栽培されてきた華麗な花木で、「百花の王」と呼ばれてきた。日本には奈良時代に渡来したといわれる。以後、独自の発達を遂げて、中国のボタンとは趣の異なる現在の品種群ができあがった。それらのなかには早咲き性の強い「寒ボタン」と呼ばれる品種群もある。

🅿 植えつけ適期は9月下旬〜10月。夏は敷きワラをして根元を保護してやるとよい。

1 庭植えのボタン
2 白花八重咲きの'連鶴'
3 黒紫色千重咲きの'皇嘉門'
4 中国ボタン'大胡紅'
5 フランスボタン'金帝'
6 島根県の品種'新日月'
7 '織姫'は花も木も中型
8 赤色万重咲きの'花王'
9 極早咲きの'玉芙蓉'
10 鉢植えにもよい'花競'

花木　初夏

ヤマボウシ　（山法師）
別名：ヤマグルマ、ヤマグワ

ミズキ科
◆ 5〜6月
● ○　H：5〜10m

全国の山地に分布する落葉樹。花のように見えるのは総苞で、近縁種のハナミズキに似るが、ハナミズキは苞の先端が凹むのに対し、本種は先端が尖る。夏の間に熟す果実は生食できる。野趣が持ち味で、近年、庭木として盛んに利用されるようになった。紅花種や斑入り葉品種もある。

P 西日が遮られる場所で、有機質に富んだ適湿地がよい。自然樹形を大切に扱う。

1 斑入り葉の'ゴールドスター'
2 紅花品種'ミスサトミ'
3 野趣に富むヤマボウシの花

ライラック
別名：リラ、ムラサキハシドイ

モクセイ科
◆ 4〜5月
● ●　H：3〜7m

ヨーロッパ原産の落葉樹。日本には明治時代に渡来。春になると枝先近くから円錐形の花序を伸ばし、甘い香りのする淡紫色の小花を密につける。北国ではなじみ深い花木だが、暖地ではあまり使われなかった。しかし、近年の園芸品種は暑さにも強い。近縁種にチャボハシドイ（ヒメライラック）がある。

P 日当たりと水はけのよい肥沃な粘質土が適する。

↑ライラックの花
↓低木のチャボハシドイ

ワックスフラワー

フトモモ科
◆ 4〜5月
● ● ● ○　H：2〜3m

オーストラリア原産の常緑低木。日本で鉢花、切り花用として栽培されているのはカメラウキウム・ウンキナツム。線形の葉で、梅花状の小花がまばらな散房花序をなして咲く。

P 暖地で水はけのよい土質であれば、庭植えでも育つ。乾燥には強い。

夏の花木

Flowering trees and shrubs of Summer

夏のさなかに咲く花木は多くが暖地から亜熱帯産の樹木です。
成長し続けながら次々と咲き続けるものが少なくありません。
また、南国生まれの花木は色鮮やかな花が特徴です。

アブチロン 別名：ウキツリボク

アオイ科
◆周年
⚅ H：1〜2m

熱帯アメリカ産。ハイビスカスほど派手ではないが、どこか南国ムードのある花を次々と咲かせる。チャイニーズランタンの英名をもつ園芸種のヒブリダム種は、広鐘形の花を吊り下げるように咲かせ、花色の変化に富むがもっぱら鉢花用。家庭の庭にはウキツリボクの和名で知られるメガポタミクムがよく利用されている。また、暖地では葉に黄色い斑点が無数に入るキフアブチロンも庭植えにされることがある。

🅟 さし木苗を温室などで冬越しさせ、夏花壇の材料として5月に定植してもよい。

1 メガポタミクム
2 ヒブリダム 'タンジェリン'
3 ヒブリダム 'サテンピンク'
4 ヒブリダム 'ゴールデンフリーズ'
5 ヒブリダム 'シルバー'

花木　夏

アベリア　別名：ハナツクバネウツギ

スイカズラ科　7〜10月　H：1〜2m

普通、アベリアといえば、グランディフロラ種をさす。シネンシス種（タイワンツクバネウツギ）とユニフロラ種との交雑種で、半落葉性。ピンク花や斑入り葉など、園芸品種も多い。生け垣などに多く利用される。

半日陰でも育つが花つきは悪くなる。剪定は冬期に。

キョウチクトウ（夾竹桃）

キョウチクトウ科　7〜9月　H：3〜4m

インド原産の常緑樹で江戸時代に渡来した。古くは紅と白の2色だったが、セイヨウキョウチクトウとの交配により変化に富むようになった。大気汚染に強く防音効果も高いため、目隠しとされる。

暖地むき。植えつけ適期は5〜8月。

季語　夏。　親友。

グミ（茱萸）

グミ科　5〜6月　H：2〜4m

常緑性のナワシログミ（秋咲きで果実が成熟するのは翌年の5〜6月）と、落葉性のナツグミ、アキグミとがある。ただし家庭で果樹として植えられているものは、ほとんどがナツグミの変種で果実の大きいトウグミの系統。アキグミは銀白色の葉が美しい。

土質を選ばず、多少の日陰でも耐える。

コバノズイナ（小葉の髄菜）　別名：ヒメリョウブ

ユキノシタ科　5〜6月　H：1〜1.5m

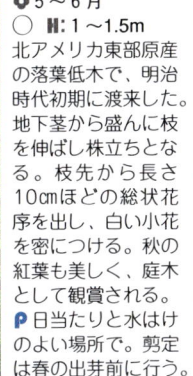

北アメリカ東部原産の落葉低木で、明治時代初期に渡来した。地下茎から盛んに枝を伸ばし株立ちとなる。枝先から長さ10cmほどの総状花序を出し、白い小花を密につける。秋の紅葉も美しく、庭木として観賞される。

日当たりと水はけのよい場所で。剪定は春の出芽前に行う。

ザクロ（石榴、柘榴、安石榴）　別名：花ザクロ、実ザクロ

ザクロ科　6〜7月　H：3〜5m

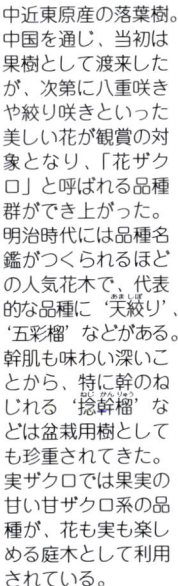

中近東原産の落葉樹。中国を通じ、当初は果樹として渡来したが、次第に八重咲きや絞り咲きといった美しい花が観賞の対象となり、「花ザクロ」と呼ばれる品種群ができ上がった。明治時代には品種名鑑がつくられるほどの人気花木で、代表的な品種に'天絞り'、'五彩榴'などがある。幹肌も味わい深いことから、特に幹のねじれる'捻幹榴'などは盆栽用樹としても珍重されてきた。実ザクロでは果実の甘い甘ザクロ系の品種が、花も実も楽しめる庭木として利用されている。

暖地性の木だが、東北地方南部まで栽培できる。剪定は落葉時に行うが、強剪定は花芽がつかなくなるので注意。

▲濃緑の葉に映えるザクロの花
→実ザクロの結実

サルスベリ （百日紅、紫薇）
別名：ヒャクジツコウ 
ミソハギ科
◆ 7〜9月
● ● ● ● ○ 複
H:3〜7m

中国南部原産の落葉低木。和名の由来は、滑らかな幹肌によるものだが、夏から初秋にかけて長期周花を咲かせ続けることから「百日紅」の別名がある。
花は当年生枝の先端に円錐花序をなして咲く。タネから育ててもすぐに花をつける矮性品種もある。
東北地方南部まで栽培可能。剪定の適期は2〜3月。

↑シロサルスベリ
↓成木は風格のある庭木となる

サンタンカ （山丹花）
アカネ科◆周年
● ● ● ○
H:0.5〜1m

サンタンカ（イクソラ・キネンシス）は中国、マレーシア原産の常緑樹で、半球状の集散花序にオレンジ色の小花を多数つける。普通は鉢花として楽しまれるが、暖地では庭植えにもされる。カラフルな園芸品種も数多く出回るようになった。
P 冬越しには10℃以上が必要。

シコンノボタン （紫紺野牡丹）
別名：ノボタン
ノボタン科
◆ 8〜12月
● ○ H:1〜3m

ブラジル原産の常緑低木。他の花木には見られないほど鮮やかな紫色の花をつけ、古くから栽培されている。鉢花としての栽培が多いが、夏花壇の材料ともされ、関西以南では簡単な霜除けをすると地下部が冬越しする。
P 鉢植えは、春から秋までは日当たりのよい戸外で管理する。

フヨウ （芙蓉）
別名：モクフヨウ
アオイ科 ◆7〜10月 ● ● ○ H:2〜3m

九州、沖縄から中国南部にかけて分布する落葉低木。夏から秋にかけて、花径10cmを超える大輪の花を次々とつける。八重咲きの'酔芙蓉'は咲き始めの朝のうちは白く、夕方近くになるにつれ桃色となるのが名の由来。
P 暖地性なので東京以西の日当たりのよい場所に植える。

ダツラ
別名：エンジェルス トランペット
ナス科 ◆6〜10月
● ● ● ○
H:2〜3m

南アメリカ原産。長さ15〜17cmのラッパ形の花を下垂させる。無霜地帯であれば、庭植えで大株に仕立てて、エキゾチックな花を楽しむとよい。少し寒い地域では、秋に地際まで切り戻し、厚めに覆土して冬越しさせる。
P 花後に切り戻して新枝を出させると年に2〜3回開花する。

花木　夏

デイコ（梯姑）
別名：デイゴ、デイグ

マメ科　5〜9月
H：3〜10m

熱帯、亜熱帯に広く分布する常緑樹。多くの種があるが、日本の暖地で栽培されているのは、アメリカデイコ（カイコウズ）か、オーストラリアでつくり出された園芸種のサンゴシトウ（ヒシバデイコ）がほとんど。
P 寒さを嫌うので、植えつけは4月下旬から5月に入ってからが安全。東京近辺では晩秋に枝を切り、幹巻きをして冬越しさせる。

↑サンゴシトウ
↓アメリカデイコ（カイコウズ）

ナシ（梨）
別名：アリノミ

バラ科　4月、実8〜10月
○ H：10〜15m

ナシ属の野生種はユーラシア大陸、北アフリカの温帯、暖帯に数十種が分布する。果樹として栽培されている日本梨はニホンヤマナシから長い年月をかけて改良されたもので、数多くの品種がある。このほか、果樹として西洋梨、中国梨の系統がそれぞれ古い時代から栽培されている。
P 花芽のつく短果枝を大切に扱うこと。赤星病に注意する。

↑'長十郎'の花
↓晩生の赤ナシ品種'新高'

ノウゼンカズラ（凌霄花、紫威）
ノウゼンカズラ科　7〜8月　●●●　つるの長さ：3〜10m

中国原産のつる性落葉樹で、日本には平安時代に渡来した。気根をもって他物に付着して伸び上がり、新梢の先に円錐花序を出し、橙赤色の花をつける。アメリカノウゼンカズラの花は小型で濃赤色。変種にキバナノウゼンカズラがある。日よけ棚やアーチ仕立てなど、自由な仕立てが楽しめる。
P 暖地性の木だが東北南部まで植栽可能。

↑アメリカノウゼンカズラ
→夏の庭を彩るノウゼンカズラ

ハイビスカス

アオイ科 ◆6〜10月
● ● ● ● ○ 複
H:1.5〜2m

広義にはヒビスクス属を意味するが、一般にハイビスカスというと、複雑な交雑からなる園芸品種群をさす。なかには、ブッソウゲを含む古いタイプもあるが、近年見かける鉢花の多くは、華麗な色彩を誇るハワイアン・ハイビスカスである。

▶ 冬越しには室内で10℃以上を保つこと。

ハギ（萩）
別名：ヤマハギ

マメ科 ◆7〜9月
● ○
H:1〜3m

夏から初秋の山野を彩る代表的な花木で、長く伸びた枝に小さな紅紫の蝶形花を群がらせて咲く。ヤマハギ、キハギ、マルバハギ、ツクシハギ、ケハギ、マキエハギなど全国に10余種が自生し、万葉の時代から秋の七草の一つに数えられてきた。ニシキハギ、シラハギなど、野生種と園芸種との区別が不明確なものも多い。代表種のミヤギノハギも、ケハギから園芸化されたものといわれる。

▶ 日当たりがよく、腐植質に富んだ肥沃な土地に適する。コンパクトな樹形を維持したい場合は、秋に地上部を短く刈りとって株を更新する。
季語 秋。🌸 物思い。

➡ 庭によく植えられるミヤギノハギ
➡ シラハギはニシキハギの白花型

パキスタキス・ルテア

キツネノマゴ科
◆周年
● ● H:1〜1.5m

中南米原産。花のように見えるのは苞で、苞の周からのぞく白い筒状のものが花。夏花壇に利用されることもあるが、多くは温室内の植栽や鉢花として楽しまれる。赤い苞のコッキネア種もあるが、出回るのは黄色い苞をもつルテア種が多い。

▶ 低温に比較的強く、越冬最低温度は5℃。

ブドウ（葡萄）

ブドウ科
◆5月、実8〜10月
○

つるの長さ：2〜3m

つる性の落葉樹。栽培ブドウは、ヨーロッパ産および北アメリカ産のブドウから改良された品種群。日本でつくられているものは、さらに独自の改良がなされたものが多い。ブドウの名はつくものの、ノブドウは別属。

▶ 日当たり、水はけのよい場所に適する。

ブラックベリー

バラ科 ◆4月、実7〜8月
● ○

つるの長さ：2〜3m

キイチゴの仲間で、ヨーロッパ産系と北アメリカ産系とがある。長いシュートを伸ばし、翌春、そこから発生した側枝に花房をつけ実をならせる。垣根仕立てにするとよい。

▶ 結実した主枝は収穫後に切除し、新しいシュートを育てる。

花木　夏

ホザキナナカマド（珍珠梅、穂咲七竈）

バラ科◆7月 ○ **H**：2〜3m

下北半島と北海道に多く自生する落葉樹。枝先に複総状花序を伸ばし、白い小花を密につける。羽状複葉がナナカマドに似ることが名の由来。近縁種のニワナナカマドは葉柄が無毛だが、本種は葉柄に軟毛がある。

P 日当たりのよい適湿地ならば、土質は選ばない。

ムクゲ（木槿花）
別名：ハチス、キハチス

アオイ科
◆7〜10月
●●●○（複）
H：3〜4m

中国原産のヒビスクス属の落葉樹。同属のなかで最も寒さに強く、全国どこでも栽培できる。刈り込みにも強いので、生け垣にもよい。中国名は木槿花（ムジンホワ）。国民花とされている韓国での名、無窮花（ムグンファ）および和名のムクゲも、この中国名から転じたものか。夏の間、休みなく咲き続けるので、庭木として珍重される。花はヒビスクス属の仲間と同様に一日花で、はかない栄華をたとえた「槿花一朝の夢」のことわざも、この性質を表したもの。園芸品種に底紅の'宗旦'（別名'日の丸'）、半八重咲きの'光花笠'、'赤祇園守'、八重咲きの'紫玉'などがある。

P 萌芽力が強いので、3月ごろに切り戻して樹形を整える。

季語 秋。♡ 尊敬。

▲'宗旦'
▼'光花笠'

ランタナ
別名：シチヘンゲ、コウオウカ

クマツヅラ科
◆6〜11月
●●●●○
H：0.3〜1.2m

熱帯アメリカ原産のカマラ種は花色が黄または橙で後に赤に変わるのでシチヘンゲの名がある。これより全体に小型で紅紫花を咲かせる矮性種にモンテビデンシス（コバノランタナ）があるが、現在は花色の豊富な園芸品種が数多く出回り、暖地では夏花壇などに利用されている。

P 日照不足は花つきを悪くするので注意。

▲ランタナ
▼花色豊富な園芸品種

リョウブ（令法）
別名：サルダメシ、ハタツモリ

リョウブ科 ◆7〜8月 ○ **H**：3〜7m

茶褐色の幹肌が美しい落葉樹。幹は直上して円錐形の樹形となる。長楕円形の葉が新梢の先に集まりついて、先端から10〜15cmの総状花序を伸ばし、白い小花を多数つける。花には微香がある。秋の紅葉も美しい。

P 樹勢が強い。夏以降の剪定は花芽を失う。 季語 春。

秋冬の花木

Flowering trees and shrubs of Autumn & Winter

花木とは花を楽しむ木とは限りません。四季折々の見どころをもつ木を「花木」と呼んでいます。秋から冬は、色づいた実ものや紅葉が美しい季節です。特に実ものは、花ものより長い期間、観賞できる点もうれしい長所です。

イイギリ（飯桐）
別名：ナンテンギリ

イイギリ科 ● 5月、実10～3月
H：7～10m

日本の中南部から台湾、中国南部に分布。1属1種の落葉高木で雌雄異株。名の由来は、大型の葉に飯を包んで運んだことによるという。枝先に長い円錐花序を出して帯緑黄色の花をつけ、雌株では秋に赤色の果実を鈴なりにつけ、冬も残る。
日当たり、水はけを好む。

ウメモドキ（梅擬）

モチノキ科 ● 6月、実9～12月
H：3～4m

本州、四国、九州に分布する落葉樹。雌雄異株。初夏に淡紫白色の小花を新梢の葉腋に集散状につけ、雌株では9月ごろ、赤く熟し、落葉後も枝上に残る。大実の園芸品種や白実の品種もある。和風の庭に好んで植えられる。
野趣のある木なので、できるだけ自然樹形を愛でること。

カキ（柿）

カキノキ科 ● 5月、実9～11月
H：3～10m

日本、朝鮮半島、中国に分布。改良が最も進んだのは日本で、鎌倉時代にはすでに甘ガキが栽培され、江戸時代になると、各地方で特色のある品種が栽培されるようになった。甘ガキは生食、渋ガキは渋抜きをしたり、干しガキとして食される。
乾燥地は避ける。
季語 秋。

花木　秋冬

ガマズミ （莢蒾）
別名：アラゲガマズミ

スイカズラ科 ◆5〜6月、実10〜11月 ○ H:2〜4m
北海道から九州、朝鮮半島南部から中国中部にかけて分布する落葉樹。初夏に枝先に散房花序を出し、白い小花を密につけるが、観賞価値が高いのは秋の紅熟果。変種に、果実が黄熟するキミノガマズミがある。
P 耐陰性もあるが日がよく当たるほうが実つきがよい。

↑ガマズミの実
←初夏に咲くガマズミの花

カマツカ （鎌柄）
別名：ウシコロシ

バラ科 ◆4〜5月、実10〜11月 ○ H:3〜5m
日本全土の山地に生える落葉樹。材が強靱で、鎌の柄に使われたことが名の由来。春、小枝の先に散房花序を出し、清楚な白い小花をつけ、秋には紅熟した実が楽しめる。野趣が愛され、庭木や盆栽にされることもある。
P 日の当たる適湿地に植えるとよい。冬には強剪定も可能。

カラタチバナ （唐橘）
別名：百両金、タチバナ

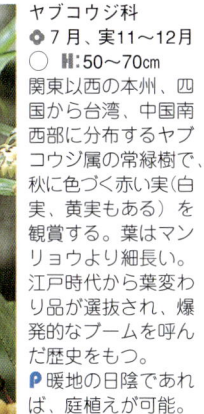

ヤブコウジ科 ◆7月、実11〜12月 ○ H:50〜70cm
関東以西の本州、四国から台湾、中国南西部に分布するヤブコウジ属の常緑樹で、秋に色づく赤い実（白実、黄実もある）を観賞する。葉はマンリョウより細長い。江戸時代から葉変わり品が選抜され、爆発的なブームを呼んだ歴史をもつ。
P 暖地の日陰であれば、庭植えが可能。

キンカン （金柑、金橘）

ミカン科 ◆5月、7月、9月 実2〜3月 ○ H:1〜2m
中国原産の常緑樹で室町初期に渡来したという。果樹として栽培されているニンポウキンカン、マルキンカン、ナガキンカンなどのほかに、小さな実をつける観賞用のマメキンカン（キンズ）がある。
P ウンシュウミカンが育つ地域なら庭植えで育てられる。

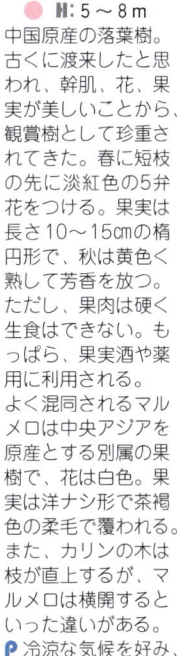

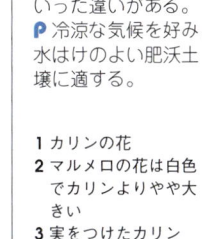

カリン （花梨）

バラ科 ◆4〜5月、実10月 ● H:5〜8m
中国原産の落葉樹。古くに渡来したと思われ、幹肌、花、果実が美しいことから、観賞樹として珍重されてきた。春に短枝の先に淡紅色の5弁花をつける。果実は長さ10〜15cmの楕円形で、秋は黄色く熟して芳香を放つ。ただし、果肉は硬く生食はできない。もっぱら、果実酒や薬用に利用される。よく混同されるマルメロは中央アジアを原産とする別属の果樹で、花は白色。果実は洋ナシ形で茶褐色の柔毛で覆われる。また、カリンの木は枝が直上するが、マルメロは横開するといった違いがある。
P 冷涼な気候を好み、水はけのよい肥沃土壌に適する。

1 カリンの花
2 マルメロの花は白色でカリンよりやや大きい
3 実をつけたカリン

キンモクセイ（金木犀、丹桂）

モクセイ科
◆ 9〜10月
○ H: 5〜8m

中国原産の常緑樹。ギンモクセイの変種とされるが、一般にモクセイというと本種をさすことが多い。秋の彼岸ごろ橙黄色の花をほころばせ、強い香りを漂わせる。雌雄異株で、初めに日本に導入された株はすべて雄株だったため結実はしない。

P 乾燥を嫌う。剪定は花の直後が適期。

ギンモクセイ（銀木犀、桂花）

モクセイ科
◆ 10月
○ H: 3〜6m

中国原産。キンモクセイより少し遅れて開花し、香りはキンモクセイよりやや弱い。同じく刈り込み仕立てにされることが多いが、キンモクセイに比べ、枝打ちがやや粗い。雌雄異株で、これまで育てられてきた株はやはり雄株が多い。

P 関東以西の暖地むき。大気汚染を嫌う。

クリ（栗）

ブナ科
◆ 6月、実8〜11月
○ H: 5〜10m

日本から中国、ヨーロッパにかけて分布が見られる落葉樹。園芸品種が果樹として全国で栽培されているほか、野生のクリ（シバグリ）も自生している。花は雌雄異花の風媒花で、雌花は長い花穂の基部につく。果実はトゲのある総苞（いが）の中に1〜3果ある。

P 2品種以上を植えるとよく結実する。

季語 秋。

↑クリの実。品種は'有摩'
↓6月ごろに咲くクリの花

クロガネモチ（鉄黐） 別名：フクラモチ

モチノキ科
◆ 5〜6月、実10〜12月
○ H: 10〜15m

関東以西、台湾、中国に分布する常緑樹。雌雄異株。初夏に淡紫白色の小花を集散花序につけ、雌木では果実が秋に赤熟する。そこでもっぱら雌木だけが、暖地の庭に植栽されてきた。

P モチノキより寒さに弱いので、植えつけは暖かくなるのを待って行う。

コトネアスター

バラ科
◆ 5〜6月、実9〜10月
○ H: 1〜1.5m

中国中部から西部に多く分布する植物群。日本で最も普及しているのは半常緑性のベニシタンで、明治初年に導入され、主に鉢植えとして利用されている。そのほかにもグラウンドカバーに適した園芸品種が何種か栽培されている。

P 日当たり、水はけのよい場所で育てる。

花木　秋冬

クルミ（胡桃、山胡桃）

クルミ科◆5月、実9〜10月
● H：10〜20m

南北アメリカ、ヨーロッパ東南部から東アジアにかけて広く分布する落葉樹で、十数種の自生が知られている。雌雄異花または雌雄異株。硬い殻に包まれた種子は栄養価に富み、日本でも各地の遺跡の発掘調査により、野生のオニグルミやヒメグルミの果実が縄文時代から貴重な食料として利用されてきたことが明らかとなっている。現在、果樹として栽培されているのはアメリカから導入されたペルシアグルミの系統で、以前に中国、朝鮮半島から導入されていたテウチグルミとの交雑による品種群（シナノグルミ）に優秀なものが多い。
P 日照の多い冷涼地がよい。2〜3割が自然結果したら全部の収穫期。

↑オニグルミの開花
←シナノグルミの結実

コムラサキ（小紫）　別名：コシキブ

クマツヅラ科◆6〜7月、実10〜11月
● H：1.2〜2m

カリカルパ（ムラサキシキブ）属の1種で、本州、四国、九州から朝鮮半島、中国にかけて分布する落葉低木。園芸でムラサキシキブの名で扱われてきたことが多いため混同されがちだが、本種は枝が弓状に細長く伸び、ムラサキシキブに比べ、すべてが小さい。実のつき方も、本種は果柄が短いため、びっしりまとまってつく。基本種の実の色は紫だが、白実種もありシロシキブと呼ばれている。
庭木としてはムラサキシキブよりも普及しており、植え込みや生け垣、池の端の植栽などに幅広く利用されている。
P 日当たりのよい適湿地を選んで植える。剪定は晩秋、実が落ちてから行う。

↑コムラサキ
→白実種のシロシキブ

ゴンズイ（権萃）　別名：キツネノチャブクロ

ミツバウツギ科◆5〜6月　● H：3〜7m

関東以西の雑木林などにごく普通に見られる落葉樹。葉は羽状複葉で対生し、枝先に緑白色の小花を円錐花序につける。果実は秋に赤く熟し、一方向から割れて黒色の種子が露出する。庭に植えられることは少ない。
P 半日陰となる適湿地がよい。剪定は落葉期に行う。

↑ゴンズイの熟果
←ゴンズイの花

サンゴジュ（珊瑚樹）

スイカズラ科◆6〜7月　○ H：5〜7m

本州の西部から沖縄、中国南部まで分布する常緑樹。葉は長楕円形で対生し、濃緑色で光沢がある。夏に入るころ円錐花序を伸ばし、白い小花を多数つけ、秋には果実が赤熟する。名の由来は赤い熟果を珊瑚に見立てたもの。
P 萌芽力が強く、火に強いので生け垣に利用される。

サザンカ（山茶花、茶梅）

ツバキ科
◆10～12月
●●○複
H: 5～15m

ツバキと同じカメリア属の常緑樹で日本の特産種。野生種は日本の西南地域に自生するが、江戸時代から多数の園芸品種が作出されてきた。ツバキとの違いは、秋から冬咲きであること、花が散るとき、花弁がばらばらに散ること、若い葉の葉柄や子房に短毛があることなどで、花には甘い香りがある。日なたでも半日陰でもよく育つことから、庭木として重宝されてきた。

P 扱いはツバキと同様だが、寒さにやや弱く、栽培は東北地方南部まで。

1 '富士の峰' 最もポピュラーな白花品種
2 '近江衣' はハルサザンカの品種で、ツバキとの種間雑種とされる
3 '乙女' 青みのある淡桃色。遅咲き
4 '獅子頭' 別名、寒椿。種間雑種と思われる
5 '大空' 肥後サザンカ系。大輪、平開咲き
6 '三国紅' 江戸時代からの紅花の代表品種
7 '緋乙女' 桃紅色の小輪。別名 '紅乙女'

178

花木　秋冬

センダン （楝） 別名：アフチ

センダン科
- 5～6月
- H：10～20m

四国、九州から台湾、中国南部、西アジアまで分布する落葉高木。葉は2～3回羽状複葉。淡紫色の5弁花が円錐花序をなして咲き、秋には実が黄白色に熟し、落葉後も長く枝上に残る。暖地性の木だが東北南部まで栽培可能。緑陰樹、街路樹などに利用される。なお、「栴檀は双葉より芳し」の栴檀は香木のビャクダンのことで、本種とは無関係。
P 日当たりのよい場所に植える。

↑初夏に咲くセンダンの花
↓たわわに実をつけたセンダン。黄白色の実が冬の青空に映える

センリョウ （千両）

センリョウ科
- 6月、実12月
- H：50～80cm

本州以西、朝鮮半島南部から中国、インド、マレーシアまで広く分布する常緑樹。夏に短い花序を出し、黄緑色の小花をつける。球形の実が12月から翌年2月にかけて赤く熟す。なお果実が黄色のキミノセンリョウもある。正月用の切り花とされるほか、庭植えでは蹲踞や袖垣などに添わせることが多い。
P 半日陰に植える。東京近辺では冬の乾いた風と霜に注意。
季語 冬。

↑正月の縁起木とされるセンリョウ
↓キミノセンリョウ

チャ （茶）

ツバキ科
- 10～11月
- ○　H：3～5m

ツバキやサザンカと同じカメリア属の常緑樹。中国の雲南省、四川省が原産地とされる。古くから茶を製造する目的で栽培されてきた。生け垣に仕立てられることも多い。また、ツバキとの間で種間雑種もつくられている。
P 栽培は関東以西。萌芽力は強い。成木の移植は困難。

ナギイカダ （梛筏）

ユリ科 6月、実9～11月
- H：30～80cm

地中海沿岸の南ヨーロッパ原産で、明治初年に渡来した。常緑の低木で雌雄異株。葉のように見えるのは枝が変化した葉状枝で、本当の葉は退化して鱗片状となっている。葉状枝の上に花や実がつく様子が筏を思わせるのでこの名がある。
P 耐陰性が非常に強い。適湿地を好む。

ナツメ （棗）

クロウメモドキ科
◯ 6月、実10〜11月
H: 6〜10m

中国北部原産の落葉樹。果実が薬用、食用とされるため古い時代から栽培されてきた。日本への渡来も古く、万葉の時代には、すでに生食用、あるいは乾棗を薬用として利用していた。その後も庭先果樹としてほそぼそと栽培されてきたが、品種改良などは行われなかった。いっぽう中国では、400品種以上が知られている。

P 日当たり、水はけのよい肥沃地を選んで植える。

↑ナツメの結実
↓葉腋に淡黄色の小花をつける

ナンテン （南天）

メギ科 ◯ 6月、実11〜12月
◯ H: 1〜3m

中国、東アジアに分布する常緑樹で、日本では本州中部以南の暖地の山林に自生する。6月ごろ茎頂に円錐花序を出し、白い小花を多数つける。晩秋に果実が赤く熟す（白実種もある）。耐寒性に富み、東北地方まで植栽可能。「難を転じる」に通じるため縁起木とされ、玄関脇などによく植えられる。

P 伸びすぎた枝は適宜間引いて整理する。

季語 夏（花）、冬（実）。

↑初夏に咲くナンテンの花
↓色づいたナンテンの実

ニシキギ （錦木）
別名：ヤハズニシキギ

ニシキギ科
◯ 5〜6月、実10〜11月
● H: 2〜3m

日本各地から朝鮮半島、中国に分布する落葉樹。枝にコルク質の翼をつける。花は葉腋に集散花序につき、秋には果実が裂け、赤い仮種皮に包まれた種子が露出する。美しい紅葉が楽しめるため、庭木として利用される。

P 日当たりのよい適湿地に植える。

ネコヤナギ （猫柳）

ヤナギ科
◯ 3〜4月
◯ H: 1〜2m

日本各地の川沿いに生え、アジア東北部にも分布している落葉樹。早春に、出葉に先立って花穂を伸ばし、銀白色の絹毛で覆われる。名の由来は、花穂の様子をネコの尻尾になぞらえたもの。庭木より、早春の花材としてよく用いられる。

P 日のよく当たる湿潤地を好む。

花木　秋冬

ヒイラギ （柊、疼木）
別名：オニオドシ

モクセイ科 ● 11月
○ H：7〜10m

本州と四国の暖帯林に多く自生が見られる常緑樹。若木では葉縁に大型の鋸歯があり、その先端に鋭いとげがあるが、老木の葉は全縁で先が丸く、とげもない。モクセイの仲間で、雌雄異株。11月に入ってから咲くが、キンモクセイ、ギンモクセイよりも香りは薄い。とげがあることから魔よけの縁起木とされてきた。

P 整枝は3〜4月に全体を刈り込む。

季語 冬。 ♡機知、剛直、用心。

↑ヒイラギの花
↓斑入り葉の'シラフヒイラギ'

ヒメリンゴ （姫林檎）

バラ科 ● 4〜5月、実10月
○ H：2〜3m

春に短枝の先に蕾がピンク、咲き進むとさわやかな白い花をつけ、小さな果実が10月ごろに赤く熟す。本種は園芸種で、栽培リンゴのもととなったセイヨウリンゴと、日本に自生するズミ（ミツバカイドウ）との交雑種といわれている。もっぱら観賞用で、特に盆栽用樹として珍重されてきた。

P カイドウなどの受粉樹が近くにあると、実つきがよくなる。
♡名声。

↑満開のヒメリンゴの花
↓秋には果実が赤く熟す

ピラカンサ
別名：トキワサンザシ　バラ科 ● 5〜6月、実11〜12月　○ H：2〜4m

南ヨーロッパ、小アジアを原産地とする常緑低木。初夏に白色の5弁花が散房花序をなして咲き、平たい球形の果実が晩秋になると鮮紅色に熟す。株全体が熟果で覆われた姿は圧巻。黄色く熟す品種もある。
P 剪定は3月下旬に。花芽のつく短枝を大切に扱う。

↓ピラカンサの花　→たわわに実をつけたピラカンサ

フユサンゴ（冬珊瑚）別名：タマサンゴ

ナス科
❀5〜9月、
実7〜1月
○ H：30〜80cm

ブラジル原産の常緑または半落葉の低木で、鉢植えとして栽培されている。花は夏中、次々と咲き、7月ごろから鮮橙色に熟す。和名は、この熟果を珊瑚玉にたとえたもの。まれに黄実のものもある。
🅿 熱帯性の木だが、風の防げる日だまりなら関東地方までは庭植えで越冬可能。

ホーリー 別名：セイヨウヒイラギ

モチノキ科
❀4〜5月、
実11〜12月
○ H：3〜5m

西アジアからヨーロッパ南部に分布する常緑樹。前年枝の葉腋に白い小花を集散状につけ、11月になると果実が赤く熟す。緑と赤のとり合わせからクリスマス・ホーリーの名で親しまれてきた。
🅿 常緑樹だが、暖地での栽培はややむずかしい。

マユミ（真弓）別名：ヤマニシキギ

ニシキギ科
❀5〜6月、
実9〜10月
● H：2〜8m

日本各地からサハリン、朝鮮半島南部の山野に分布する落葉樹。名の由来は、昔、この木を弓に用いたため。雌雄異株。花は枝の下部の葉腋に集散花序につき、雌木では、やや四角形の果実がつく。果実は秋になると淡紅色に熟し、4裂して赤い仮種皮に包まれた種子を露出する。園芸品種には果実の紅が特に濃いものや、白実のものなどもある。白実のマユミは、赤い仮種皮とのコントラストが美しい。ニシキギより枝打ちは粗いが、野趣のある木なので雑木の庭によく合う。また盆栽や鉢植えにされることも多い。
🅿 ニシキギよりも日陰に強い。整枝は落葉中に枝抜きを行う。

▶秋を迎えたマユミ
⬅淡緑色の小花は、小さくて目立たない

マンリョウ（万両）

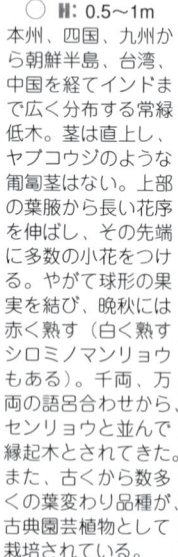

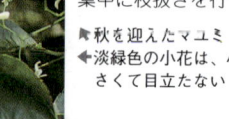

ヤブコウジ科
❀7月、
実11〜12月
○ H：0.5〜1m

本州、四国、九州から朝鮮半島、台湾、中国を経てインドまで広く分布する常緑低木。茎は直立し、ヤブコウジのような匍匐茎はない。上部の葉腋から長い花序を伸ばし、その先端に多数の小花をつける。やがて球形の果実を結び、晩秋には赤く熟す（白く熟すシロミノマンリョウもある）。千両、万両の語呂合わせから、センリョウと並んで縁起木とされてきた。また、古くから数多くの葉変わり品種が、古典園芸植物として栽培されている。
🅿 直射日光は禁物。同属のカラタチバナよりは耐寒性があるが、関東北部では冬期、簡単な防寒が必要。
季語 冬。

▶赤く熟したマンリョウの実
➡マンリョウの花

花木 秋冬

ムラサキシキブ （紫式部）
クマツヅラ科◆11月、実10〜11月 ○ H：2〜3m
日本全土、朝鮮半島、中国にかけて分布する落葉樹。雑木林に自生し、紫色をした球形の小さな果実を、葉腋に集散状につける。若い枝には毛がつくが、後に脱落する。野趣に富む木で、和風の庭によく合う。
P 腐植質に富んだ適質地を好む。整枝は枝抜き剪定で。

ユズ （柚）
別名：ユノス
ミカン科◆5月、実12月 ○ H：4〜6m
中国原産の常緑樹。初夏に白色の香りのよい5弁花をつける。果実は径6〜8cmの偏球形で、果皮に凹凸が多い。12月に鮮やかな黄色に熟す。果皮の香りを味わう柑橘で、酸味が強く生食にはむかない。
P 柑橘類のなかで耐寒性が特に強く、東北地方まで栽培されている。

ヤブコウジ （藪柑子）
別名：コウジ 
ヤブコウジ科 ◆7〜8月、実10〜11月 ○ H：10〜30cm
日本全土の林床に見られる常緑低木で、朝鮮半島、中国、台湾にも分布する。長い地下茎が地表近くを這い、その途中から茎が立ち上がる。基本種は晩秋に果実が赤熟するが、白色の果実をつけるシロミヤブコウジもある。林の中ではグラウンドカバー的存在で、小さな葉の下でうつむくように赤い実をつける様子は愛らしい。カラタチバナやマンリョウと同様に、昔から葉変わり品が多数選抜され、多くの愛好家に栽培されている。
P 典型的な陰樹で、直射日光の当たる場所では育たない。この仲間では最も寒さに強いが、冬期の乾燥した風は嫌う。
季語 冬。

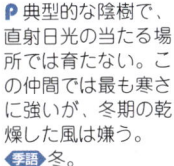

▶赤く熟したヤブコウジの実
◀夏になると可憐な小花をつける

リンゴ （林檎）
バラ科◆4〜5月、実8〜11月 ○ H：4〜7m
アジア西部、ヨーロッパの原産種から改良された果樹。江戸時代までのワリンゴに比べ格段に品質がよいことから、導入されてからのリンゴはすべてこのセイヨウリンゴとなった。今では日本独自の優秀な品種が次々と作出されている。
P 日当たり、水はけのよい肥沃地を好む。

ロウバイ （蝋梅）
別名：カラウメ
ロウバイ科◆1〜2月 ● H：2〜3m
中国原産で漢名は蝋梅。花弁が蝋質で、ウメのような澄んだ香りを放つところから名づけられた。淡黄色の花は花心近くは暗紫色だが、ソシンロウバイは濁りがなく花全体が淡黄色。また変種に大型花のトウロウバイがある。
P 肥沃な適湿地で、北風や西日が遮れる場所がよい。

庭木
《 Garden trees 》

庭に植える木は、花ものや実ものとは限りません。仕立てた樹形の美しさを楽しむ木もありますし、春の新緑や秋の紅葉など、四季折々の季節感を楽しむ木もあります。また、目隠し、緑陰といった実用的な目的で植えられる場合もあります。

アオキ (青木)
別名：アオキバ

ミズキ科
H:1～2.5m

日本全土に広く分布する常緑樹。株立ちとなり、枝は太くて緑色。長楕円形の葉は深緑色で光沢がある。雌雄異株。3～4月に紫褐色の小花が円錐花序をなして咲く。果実は楕円形で、翌春に赤く熟す。耐陰性が強いので、日陰の植栽によい。暗い場所には、明るい印象の斑入り葉品種がおすすめ。

P 強い日ざしと乾燥を嫌う。植えつけは暖かくなる4月下旬に入ってから行う。

1 アオキの花
2 斑入りアオキ
3 アオキの結実

庭木

アオギリ（梧桐）

アオギリ科 H:15〜20m

沖縄、奄美大島、台湾、中国南部、インドシナに分布する落葉高木。樹皮は緑色で滑らか。葉は大型の扁円形で、3〜5裂する。6〜7月に円錐花序を出し、果実は10月ごろに熟す。街路樹、緑陰樹とされるほか、材は建具や家具に利用。
🅟 丈夫で生長が早い。萌芽力があり、強剪定にも耐える。

アカシデ（赤四手）別名：ソロ、ソロノキ、コソネ

カバノキ科 H:10〜15m

日本全国、朝鮮半島、中国に分布する落葉樹。雑木山を形成する樹種の一つで、灰色の樹皮で縦に浅い裂け目ができ、縞模様となる。葉は無毛なので、毛のたくさんあるイヌシデと見分けがつく。庭木や盆栽とされる。
🅟 日当たりと水はけのよい場所で、肥沃地に適する。

アカマツ（赤松）別名：メマツ、オンナマツ

マツ科 H:20〜30m

北海道中部以南に自生する常緑針葉樹。樹皮が赤褐色を帯びることが名の由来。葉がクロマツよりしなやかで、全体に優美な感じを与える。クロマツが海岸近くに自生するのに対し、本種は山地に多く見られる。大気汚染には弱いが、庭木では主木とされるほか、盆栽としても楽しまれている。
🅟 枝を整えるうえで、5月のみどり摘みと、晩秋からのもみ上げは欠かせない。

↑アカマツの樹皮は赤褐色
↓葉は針状で細長く、しなやか

アカメガシワ（赤芽柏）別名：ゴサイバ、サイモリバ

トウダイグサ科 H:10〜15m

本州中部以南の全土から台湾、中国に分布する落葉樹。新芽が紅色になるところからこの和名がある。長い葉柄をもち、葉は卵状菱形。しばしば、オオバベニガシワ（P188）をアカメガシワと誤称することがあるので注意。
🅟 非常に丈夫なので、緑陰樹などに利用してもよい。

アスナロ（翌檜）別名：アスヒ、アテ、ヒバ

アスナロ科 H:30〜40m

和名の由来は「明日はヒノキになろう」で、幼木時の生育が遅いことによる。葉はヒノキより大型だが、材はヒノキに似て緻密で芳香があり、耐朽性に富むため、建築用材としての価値が高い。日陰に強いので庭木としても、よく利用されている。
🅟 肥沃な湿潤地がよい。年2回ほど刈り込んで姿を整える。

アラカシ（粗樫）

ブナ科 H: 10～20m
本州の宮城県以南、四国、九州、沖縄から台湾、中国にかけて分布する常緑樹。雌雄異花。葉はシラカシより幅広で縁に粗い鋸歯があり、裏面は灰白色で伏毛がある。関西地域では盛んに庭木として利用され、同地方でカシといえば、本種をさす。

P 5月が植えつけの適期。秋植えは寒害を受けやすい。

イチイ（一位）別名：アララギ、オンコ

イチイ科
H: 10～15m
北海道から九州、アジア東北部にかけて分布する常緑針葉樹。線形の葉が枝上に2列に水平に並ぶ。雌雄異株で、雌株は秋に赤い仮種皮に包まれたタネがつく。変種のキャラボクは葉がらせん状に四方につく低木で、日本海側の山地に自生する。イチイは平地での生育が悪いので、もっぱら寒冷地で植えられるが、キャラボクは暖地でも育つため、植栽範囲が広い。

P イチイもキャラボクも刈り込み仕立てとすることが多い。

1 イチイの結実
2 キャラボク
3 新芽が黄金色のキンキャラ

イチョウ（公孫樹、銀杏）別名：ギンナンノキ

イチョウ科
H: 20～30m
中国原産の落葉樹。日本への渡来は古く、各地の神社や寺に巨木が残されている。雌雄異株で、雌株には秋にギンナンがみのり、食用となる。用材はまな板に使われる。耐寒性に富み、大気汚染にも強いので街路樹、公園木として利用される。

P 高木となるため家庭では育てにくい。
季語 秋。

イヌコリヤナギ '白露錦'

ヤナギ科
H: 2～3m
イヌコリヤナギは南千島から北海道、四国、九州、朝鮮半島、ウスリーにかけて分布する落葉樹。本種は、その園芸品種で、新芽がピンク、その後、白、クリーム色と変化する葉色を楽しめる。欧米で人気を呼び、そのよさが再認識された。

P 狭い庭ではスタンダード仕立てにするのもよい。

庭木

イヌツゲ（犬黄楊）
別名：ヤマツゲ、ニセツゲ 
モチノキ科　H: 6〜10m

北海道から九州にかけて分布する常緑樹。長さ1.5〜2cmの小型の葉が互生し、縁には低い鋸歯がある。雌雄異株で、6月に淡い紫白色の4弁花が咲き、雌株では球形の小果が秋に黒熟する。イヌツゲの名は、材がツゲに劣るの意味でつけられたもの。ただし、日陰にも強く、刈り込みに耐え、都市公害に強いなど、庭木としては優等生。変種に、葉の表面が丸く反るマメツゲがある。
🅟 3月から10月まで、年に3〜4回刈り込んで樹形を維持する。

1 変種のマメツゲ
2 イヌツゲの雌花
3 イヌツゲの散らし玉仕立て

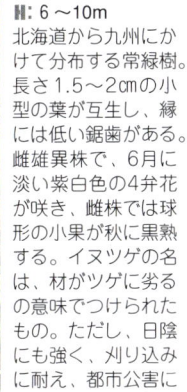

イヌマキ（犬槙）
別名：マキ
マキ科　H: 4〜8m

関東南部以西、四国、九州、沖縄の暖地沿岸地域に自生する常緑針葉樹。葉は長さ8〜15cm、幅1cmほどの線状披針形で、らせん状につく。雌雄異株。5〜6月に開花し、雌株は秋になると花托が赤色から紫色となり、その上に緑色球形のタネがつく。この花托は多汁質で甘く、生食できる。
クロマツやアカマツとともに、風格のある仕立てものとされる代表的な木で、豪壮な門かぶりなどに仕立てられることが多い。耐陰性があり、潮風に強く、刈り込みがきいて、萌芽力も強い。
変種に、葉が細く小ぶりで生長の遅いラカンマキがある。
🅟 温暖な地域の適湿地でよく育つ。

↗ イヌマキの散らし玉仕立て
→ イヌマキの実

ウバメガシ（姥芽樫、姥女樫）
別名：イマメガシ、ウマメガシ
ブナ科　H: 10〜15m

日本の関東以西と中国に分布する常緑樹。樹幹は屈曲することが多い。葉はカシ類のなかでは小型で、縁に低い鋸歯があり、小枝や若葉に淡褐色の毛が多い。潮風や乾燥、都市公害に強く、生け垣などに刈り込むことが多い。
🅟 なるべく日がよく当たり、耕土層の深い肥沃地を好む。

エンジュ （槐、槐樹）
別名：キフジ、ホンエンジュ

マメ科 H：5～10m
中国北部原産の落葉樹。樹皮は縦に割れ目ができ、葉は羽状複葉。7～8月に淡黄白色の蝶形花が複総状花序をなして多数咲く。中国では古来、招福の縁起木として庭植えにされてきた。日本では街路樹、公園木とされることが多い。変種にはシダレエンジュがある。
🅟 肥沃な適湿地に。成木は移植を嫌う。

オオバベニガシワ （大葉紅柏）
別名：オオバアカメガシワ

トウダイグサ科 H：3～4m 
中国中南部原産の落葉樹。4月初旬にいっせいに開く紅色の新葉は壮観。葉は長い柄をもち広卵形。ただし、時がたつにつれ、紅色は次第に薄れ、薄いクリーム色から緑葉へと変わる。庭の添景木や切り花として楽しむ。
🅟 関東以西の暖地むき。日当たりを好む。

オリーブ
モクセイ科 H：5～8m
中近東原産の常緑樹。果実からはオリーブ油が採れ、また塩漬けにもなるので、地中海沿岸では盛んに栽培されている。果実は10～11月ごろから紫黒色に熟す。葉は革質で深緑、葉裏は銀灰色。近年、日本では観賞用樹木として人気が高い。
🅟 関東以西の暖地に適する。日当たりのよいことが条件。

カイヅカイブキ （貝塚伊吹）
別名：カイヅカ、カイヅカビャクシン

ヒノキ科 H：5～8m 
日本、朝鮮半島、中国に分布するイブキ（ビャクシン）の変種で、葉は鱗片状。側枝が旋回して伸び、枝先が火炎状となる。生け垣にされるほか、円錐形、円筒形など、好みの形に仕立てられる。
🅟 深く刈り込むとスギ葉が出るので、形ができたらこまめに枝先を摘むとよい。

カクレミノ （隠蓑）
別名：ミツデ

ウコギ科 H：3～5m
本州の千葉県以西、四国、九州、沖縄に自生する常緑樹。小枝は太くて緑色。葉は長さ6～12cm、革質で光沢のある深緑色。若木の葉は3～5裂するが、成木となると卵形から倒卵形の全縁となる。日陰や大気汚染に強いため、庭木として使いやすく重宝される。
🅟 関東以西の暖地むき。霜や寒風に注意。

カシワ （柏）
別名：カシワギ、モチガシワ

ブナ科 H：10～15m 
日本、中国原産の落葉樹。樹皮に深い溝がある。葉は倒卵形で縁に波状の浅い切れ込みがある。カシワは「炊葉」の意で、食べ物を盛る葉を昔はカシワと呼んだ。秋に葉が枯れても、翌春まで枝上に残る。少し広い庭に植えられる。
🅟 日がよく当たり、水はけのよい肥沃地が理想的。

庭木

カエデ類 (槭樹、楓)
別名：モミジ

カエデ科
H: 3〜8m

カエデは蛙手の意味で、葉の形（掌状葉）が蛙の手を思わせることによる。この仲間は、日本では、紅葉の美しいイロハモミジやオオモミジ、ヤマモミジなどを俗に「モミジ」と呼び、ほかをカエデと呼んできたが、すべてカエデ科カエデ属である。春の出葉、夏の緑葉、秋の紅葉と見どころが多いことから、古来最も親しまれてきた景観木の一つ。また、明治以降は、ノルウェーカエデやネグンドカエデなど、外国産種も多数導入されている。
P 西日の防げる適湿地に植えたい。

1 ネグンドカエデの斑入り種
2 夏まで暗赤色を保つノムラカエデ
3 中国原産のトウカエデ
4 真っ赤な出芽が美しい '猩々'
5 イロハモミジ。春の開花時の姿
6 '舞孔雀' はハウチワカエデの園芸品種
7 '手向山' は別名 '紅枝垂'
8 9 ハウチワカエデ

カツラ（桂）
別名：オカズラ、コウノキ

カツラ科　H：20〜30m

日本全土に分布する落葉樹で、山の谷間や斜面などに生育する。幹は直立し、葉は円形で対生し、縁に鈍鋸歯がある。樹皮は暗褐色で縦に割れ目が入る。雌雄異株。花は春に咲くが、花弁がないので目立たない。さわやかな緑葉と秋の黄葉が魅力で、公園木や庭木とされる。別名のコウノキは、葉から香料をつくることに由来する。変種にシダレカツラがある。

📍湿気の多い肥沃地を好む。日なたでも半日陰地でも育つが、夏の乾燥に注意。

↑ シダレカツラ
↓ カツラの若枝

カナメモチ（要黐）
別名：アカメモチ、ソバノキ

バラ科　H：3m

本州東海地方以西、四国、九州に分布する常緑樹。葉は革質で光沢のある濃緑色。葉縁には細鋸歯がある。展葉期の葉の紅色が美しい個体はベニカナメとも呼ばれ、刈り込みにも強いことから生け垣や庭木に用いられる。

なお、近年よく生け垣に用いられるようになった濃い赤色葉の'レッドロビン'はアメリカで作出されたオオカナメモチとの雑種。

📍寒地での栽培は不適。関東地方では9月半ばに刈り込むと、新春まで赤い葉の状態を楽しめる。

↑ 'レッドロビン'は大型葉
↓ カナメモチ（春の状態）

カミヤツデ（紙八手、通脱木）
別名：ツウソウ、ツウダツボク

ウコギ科　H：3〜5m

台湾、中国南部に分布する常緑樹。葉は径30〜50cmの大型葉で、形はヤツデに似るが薄い膜質で、裏面には白い綿毛がある。3〜4年生の幹からとれる髄を丸通草といい、コルクの代用、敷物などに利用される。

📍暖地なら庭植えで楽しめる。冬期、地上部が枯れても、毎年萌芽する。

カヤ（榧）
別名：カヤノキ、ホンガヤ

イチイ科　H：20〜35m

宮城県以西、四国、九州に分布する常緑針葉樹。雌雄異株。タネが食用にもなり、また明かり用の油が採れることから、民家の庭先に植えられた。材は淡黄色で美しく、耐湿性に富み、碁盤に最適とされてきた。

📍陰樹で強剪定にも耐え、育てやすい。移植も容易。

庭木

カラタチ（唐橘、枸橘）
別名：キコク
ミカン科　H：2m

中国原産の落葉樹だが、暖地では常緑性となる。古くに渡来したと考えられ、日本全土に半ば野生化している。長大なとげをもち、昔は侵入を防ぐ目的で生け垣にされた。今ではカンキツ類を接ぎ木する際の台木としての利用価値が高い。鉢植えにむく矮性品もある。
🅿 カンキツ類のなかで最も耐寒性が強い。日当たりがよく風の当たらない肥沃地に植える。

↑カラタチの果実（冬）
↓結実して間もない果実（秋）

ギョリュウ（御柳、檉柳）
ギョリュウ科　H：6m

中国原産の落葉樹。一見、針葉樹のようだが広葉樹で、細い鱗片状の葉が枝全体につく。花は年に2回で、1回めは5月ごろ前年枝に、2回めは夏から秋にかけて今年枝に、淡紅色の花序を出す。涼しげな葉姿が愛され、庭木、盆栽として利用されてきた。
🅿 強剪定にも耐える。

キリ（桐）
ノウゼンカズラ科　H：10〜15m

中国原産の落葉樹だが、九州、隠岐島などの山野にも半ば野生状態が見られる。葉は対生し、大型の広卵形。5月に葉に先立って美しい紫色の花を多数つける。材は軽く、狂いがなく、吸湿性に富むことから、家具、建具材として珍重されている。生長が早い。
🅿 日当たりと水はけのよい砂質土を好む。

クスノキ（樟）
別名：クス
クスノキ科　H：15〜30m 

ベトナム、中国、日本の暖地に分布する常緑樹で、樹齢数百年に達する巨木もある。樹皮は灰褐色で裂け目が入る。5月に円錐花序を出し、淡黄色の小花をつける。幹や根が昔は樟脳の原料とされた。材は耐朽性が強いため、船材、大建築などに利用されてきた。
🅿 日当たり、水はけのよいところを好む。

クヌギ（櫟）
別名：クノギ
ブナ科　H：10〜15m

本州、四国、九州、朝鮮半島、中国に分布する落葉樹。雌雄同株。樹皮は灰褐色で、不規則な縦裂が入る。葉は狭長楕円形で先がとがり、葉縁に波状鋸歯があるなど、クリの葉によく似る。堅果は球状で径2cmほどと大きい。
🅿 よく日の当たる肥沃地に適する。自然樹形を大切に。

クマシデ （熊四手）

カバノキ科
H: 10～15m

本州、四国、九州の山地に自生する落葉樹。幹は老木になると黒褐色になり、縦に裂けて剥離する。葉は長楕円形で先端が長くとがる。果穂は5～10cmの長楕円状円柱形で、シデ類のなかで最も太く見ごたえがある。材は硬く、家具や器具材となる。
🅿 日当たりと水はけのよい肥沃地を好む。

クロマツ （黒松）
別名：オマツ、オトコマツ

マツ科
H: 20～30m

本州、四国、九州にかけて分布する常緑針葉樹。日本の海辺の原風景を「白砂青松」と言い表すが、この青松とは本種のこと。針葉は濃緑色でアカマツより剛直。樹皮は灰黒色で、豪壮な印象を受けるところからオトコマツの別名がある。耐乾性があり、潮害に強く、また都市公害にもアカマツより強い。
🅿 樹勢が強いので樹形の維持に「みどり摘み」は欠かせない。

↑クロマツの樹皮
↓伸び出た「みどり」（新芽）

クロモジ （黒文字）

クスノキ科
H: 2～6m

本州、四国、九州から中国にかけて分布する落葉樹。葉は楕円形で全縁。3～4月ごろ、頂芽の横から短い花序を出し、黄色い小花を咲かせる。実は球形で9～10月に黒く熟す。芳香性の精油が含まれており、枝幹は香りがよいので、楊枝の材料となる。
🅿 やや湿り気のある半日陰地を好む。

クワ （桑）

クワ科　H: 10～15m

日本全土と東アジアに広く分布する落葉樹。雌雄異株。新梢の葉腋についた実は夏ごろに黒く熟し、生食できる。養蚕に利用されるのは、多くは中国原産のトウグワだが、日本では在来種のヤマグワも利用される。
🅿 日当たりのよい肥沃な土地を好む。さし木で繁殖。

ゲッケイジュ （月桂樹）
別名：ローレル

クスノキ科
H: 5～10m

地中海沿岸に分布する常緑樹。古代ギリシアやローマでは、本種の小枝や葉でつくった月桂冠を栄誉のしるしとして勝利者の頭に冠する風習があった。葉には精油が含まれハーブとして料理に利用される。日本へは1906年（明治39年）に導入された。
🅿 日当たり、水はけのよい肥沃地を好む。

庭木

ケヤキ（欅）
別名：ツキ

ニレ科
H：20〜25m

本州、四国、九州から朝鮮半島、台湾、中国に分布する落葉樹。直立した幹から放射状に枝が広がり、独特の箒形の樹形となる。樹皮は灰白色で、老木となると鱗片状に剥がれる。葉は互生し、狭卵形で先がとがり、縁に鋭い鋸歯がある。材は強く、木目が美しいため建築材として広く利用されてきた。
🅿 広い庭で本来の美しい樹形を楽しみたい。移植は容易。

↑果実が熟した秋の様子
↓ケヤキの自然樹形

コノテガシワ（児の手柏）
別名：コノテ

ヒノキ科
H：4〜7m

中国、朝鮮半島に分布する常緑針葉樹で中国名は柏。日本には中国から元文年間（1736〜1741年）に渡来したが、葉姿のおもしろさもあってか、全国に普及した。葉はヒノキに似るが、枝葉が手のひらを縦に開いたような形で伸びるのが特徴。園芸品種も多い。
🅿 日がよく当たる適湿の肥沃地を好む。

コウヤマキ（高野槇）
別名：ホンマキ

スギ科
H：30〜40m

日本特産の常緑針葉樹で、本州の福島県以南、四国、九州に自生する。枝先に線形の光沢のある葉を輪生する。円錐形の美しい樹形は老木となっても乱れないので、ヒマラヤスギ、アローカリアとともに、世界の三大庭園樹に数えられる。
🅿 強光線や寒風は苦手。幼木時の生長は遅い。移植を嫌う。

ゴヨウマツ（五葉松）
別名：ヒメコマツ

マツ科
H：10〜20m

北海道南部、本州、四国、九州に分布する常緑針葉樹。クロマツやアカマツなど、その他の日本産のマツは、いずれも葉が2本束生するのに対し、本種は短い葉が5本束生するところからこの名がある。葉は淡緑色で、下面に白色の気孔の筋があるため青みが強く感じられる。なお、本州中部以北の山地には、変種のキタゴヨウが生育する。いずれも庭木や盆栽として親しまれている。
🅿 新芽の伸びは短いので、クロマツほど強く「みどり」を摘む必要はない。

↑庭植えのゴヨウマツ
↓ゴヨウマツの「みどり」

コナラ （小楢）
別名：ナラ、イシナラ

ブナ科
H：15～20m

日本各地および朝鮮半島、中国に分布する落葉樹。樹皮は灰白色で、老木になると縦に不規則な浅裂が入る。葉は長さ10～15cm。倒卵形で先がとがり、葉縁には粗い鋸歯がある。果実（堅果）は小型の長楕円形で、大型で球形のクヌギと区別できる。野趣に富んだ雑木で、茶庭には欠かせない樹種だが、近年は洋風の庭にも植えられる。

🅟 生長が早く、乾燥地にも耐える。自然樹形を味わう木なので、できるだけ枝の切り詰めは避けたい。

▲ コナラの樹皮
▼ コナラの葉は倒卵形

サカキ （榊）
別名：マサカキ、ホンサカキ

ツバキ科
H：5～8m

関東南部以西の日本全土と、朝鮮半島、台湾、中国に分布する常緑樹。葉は互生し、光沢のある濃緑色の長楕円形で、鋸歯はない。6～7月に葉腋から集散花序を出し、小さな白花が1～3個ずつ咲く。球形の果実は熟すと3～4裂し、橙色の仮種皮に覆われたタネが露出する。神事に用いられてきた木なので、神社に多い。

🅟 強風の当たらない半日陰の適湿地に。

▲ サカキの花
▼ 美しい赤芽の個体

サワラ （椹）
別名：ヒバ、サワラギ

ヒノキ科
H：30～40m

岩手県以南と九州の一部に分布する。ヒノキよりやや寒地を好む。葉裏全体に白粉がある。ヒノキに似るが材が黄みを帯び、また軟らかいため、あまり建築材とはされない。ただし、水質に強いので、桶や飯台の材料とされてきた。園芸品種が多い。

🅟 日当たり、水はけのよい場所を好む。

◣ サワラの葉　▼ 円錐形の樹形となる

庭木

サンショウ（山椒）
別名：ハジカミ 
ミカン科
H：2〜4m

北海道から九州まで全国の山野に自生が見られる落葉樹で、強い芳香のある若葉や4〜5月に枝先に咲く花、若い実やタネが香辛料として利用される。枝には10mmほどのトゲがあり、葉は羽状複葉。なお、ほとんどトゲのない品種にアサクラザンショウがある。
🅿 西日の避けられる肥沃な適湿地を好む。

シイ（椎）
別名：スダジイ、イタジイ
ブナ科
H：10〜15m

本州の関東以西、四国、九州、琉球諸島、台湾、中国南部にかけて分布する常緑樹。樹皮は滑らかで灰緑色。葉は卵状長楕円形で先はとがり、全縁または上部に波状の鋸歯がある。花期は5〜6月。秋に熟す果実は、かつては救荒食として利用された。葉や実が大きめのものをスダジイといい、小型のものをツブラジイと呼ぶ。
🅿 肥沃な適湿地を好む。移植は5〜6月。

↑ツブラジイの花
↓スダジイの実

シャリンバイ（車輪梅）
別名：タチシャリンバイ 
バラ科　H：2〜4m

本州の中国地方、九州に自生する常緑樹。小枝が車輪状に出て、ウメのような5弁花を咲かせるためこの名がある。葉は互生し、倒卵状長楕円形で、葉縁に鈍鋸歯があり、革質で硬い。5月ごろ小型の白花が円錐花序をなして咲く。庭木として利用されているのは、本種の変種でより低木のマルバシャリンバイが多い。
🅿 耐潮性に富むむが、関東以西の暖地むき。日の当たる肥沃地に。

↑シャリンバイの若木
↓マルバシャリンバイ

シダレヤナギ（枝垂柳、垂柳）
別名：イトヤナギ
ヤナギ科
H：10〜20m

中国中南部原産の落葉樹。奈良時代に渡来し、広く栽培されている。枝は細く長く伸びて葉とともに下垂する。葉は線状披針形で裏面は帯白色。雌雄異株。3〜4月に黄緑色の花が穂をなして咲く。水質地に適する。
🅿 萌芽力が強いので、仕立て方次第で狭い庭でも楽しめる。
季語　春。

シラカシ（白樫）
別名：クロガシ

ブナ科
H：15〜20m

福島、新潟以西、九州までと済州島、中国に分布する常緑樹。葉裏は淡青白色。材が白いのが名の由来で、別名の由来は樹皮が黒みがかるため。どんぐり（堅果）の帽子に6〜7本の環状の帯があるのが特徴。北関東地方では、よく防風垣とされる。
🅿️ 庭木では棒ガシ仕立て、寸胴仕立てにされることが多い。

シラカバ（白樺）
別名：シラカンバ、カバノキ

カバノキ科
H：20m

北海道、本州中部以北の山地に分布する落葉樹。樹皮は白色で、薄く横に剥げる。葉は互生し、三角状広卵形で縁に重鋸歯がある。冷涼地にむく木で、生長は早いが、大気汚染にやや弱いため、都会地では短命。より高地に生えるダケカンバは樹皮が灰褐色。
🅿️ 日当たり、水はけのよい場所を好む。

スギ（杉）
別名：マキ

スギ科
H：20〜30m

北海道中南部以南、屋久島までと中国に分布する常緑針葉樹。雌雄同株。名の由来は「直ぎ」で、幹がまっすぐ直立することによる。ヒノキと並ぶ良材で、建築用材として最も重要な樹種。そこで明治以来、盛んに植林された結果、人造林の面積が多い。このことが今、問題のスギ花粉症の一因となった。古くから社寺の参道、街道の並木などに植栽されてきたほか、庭木としては、台杉仕立てとしたものが珍重されるが、エンコウスギ、セッカンスギ、タマスギ、メジロスギなど、園芸的に利用されている変種も数多い。
🅿️ 十分日の当たる場所で、肥沃な湿潤地を好む。庭植えでは枝抜き剪定をし、枝張りを抑えるとよい。

▶ スギの枝葉
◀ 台杉仕立ては、多数の枝幹を武者立ちにする独特の樹形

ソテツ（蘇鉄、鉄樹）
別名：オオソテツ

ソテツ科
H：3〜5m

九州南部から沖縄、中国南部に分布する常緑樹。茎は太い円柱形。葉は大型の羽状複葉で茎頂にまとまってつく。雌雄異株。開花は8月。タネは広卵形で朱赤色に熟す。潮風に強い。
🅿️ 暖地性の木で、日当たりのよい乾燥地を好む。東京地方では冬期、葉を切り取り、コモで包んで防寒するとよい。

ダイオウショウ（大王松）
別名：ダイオウマツ

マツ科
H：20〜40m

北アメリカ東部原産のマツで、高木。幹は直立し、枝は太く、細枝は少ないため独特の雄大な姿となる。葉は3本束生して垂れ下がり、長さ20〜40cmと、マツ類で最も長い。庭木とされるほか、枝は正月の床飾りとなる。
🅿️ 日当たりのよい肥沃地を好む。枯れ葉は冬の間にもみ上げ取り除くこと。

庭木

タギョウショウ（多行松）
別名：ウツクシマツ 
マツ科
H：3～5m

アカマツの園芸品種で、根元近くから多数の幹が分かれ、樹冠は傘形となる。同じく、多数の幹が分岐するアカマツの変異品に、滋賀県甲西町に自生するウツクシマツがあるが、栽培されているタギョウショウは、より枝の広がる角度が広い。通路沿いや建物沿いに列植したりする。
🅿 アカマツに準じる。

タラヨウ（多羅葉）
別名：モンツキシバ、ハガキノキ
モチノキ科
H：10～15m

本州の静岡県以西から中国東部に分布する常緑樹。葉は光沢のある長楕円形の革質葉で、長さ20cmと大型。雌雄異株で、雌木では球形の果実が秋に赤く熟す。この葉に傷をつけると黒くなり、文字を記すことができるところからハガキノキの別名がついた。
🅿 半日陰でも育つ。肥沃な適湿地がよい。

チャボヒバ（矮鶏檜葉）
別名：カマクラヒバ
ヒノキ科 
H：4～6m

ヒノキの変異品種で、枝葉が短く扇状に密生し、生長は遅いが庭木によく用いられる。仕立て方としては円筒形に刈り込んだり、散らし玉仕立てとされることが多く、庭の主木として単植したり、列植して目隠しに利用したりする。成木の移植はむずかしい。葉先が黄色くなる品種にオウゴンチャボヒバがある。

↑枝葉が短く扇状に整う
↓チャボヒバの列植

🅿 整枝は葉先をこまめに手で摘むとよい。

ツゲ（黄楊、黄楊木）
別名：ホンツゲ
ツゲ科　H：3～5m

関東以西、四国、九州に分布する常緑樹。葉は対生し、長さ1～3cmの倒卵形で、先端がわずかに凹む。材は硬く緻密で、印材や櫛などに加工される。葉が黄緑色で高さ50～60cmのクサツゲは本種の栽培品ともいわれる。
🅿 日当たりのよい適湿地を好む。刈り込んで整枝する。

トネリコ（梣）
別名：サトトネリコ、タモ
モクセイ科
H：15m

本州中部以北に分布する落葉樹。材が緻密で弾力に富むため、諸器具の柄材とされ、特に野球のバットの材料として有名。葉は羽状複葉で、小葉は長楕円形。雌雄異株で、4～5月ごろ、今年枝の枝先に円錐花序を出し、白い小花を多数つける。雑木の庭に合う。
🅿 湿り気のある肥沃地を好む。

トベラ （扉）
別名：トビラ

トベラ科
H：2～3m

関東以西と朝鮮半島南部、台湾、中国に分布する常緑樹。雌雄異株。葉は互生し、革質で光沢がある。4～6月に、今年枝の先端に集散花序を出し、香りのよい白い小花をつける。雌木では秋に熟果が3つに割れ、赤い仮種皮に包まれた種子を露出する。耐潮性に富むので、海浜地域の植栽には最適。
🅿 暖地性の木なので、冬は防寒に注意を。日照地を好む。

↑トベラの熟果
↓トベラの花

ニワトコ （庭常）
別名：セッコツボク

スイカズラ科
H：3～6m

本州、四国、九州、朝鮮半島に分布する落葉樹。葉は2～3対の小葉からなる羽状複葉。よく分枝して枝を広げ、4～5月に新枝の先に円錐花序をなして淡黄白色の花をつける。果実は赤く熟す。庭木としてもしばしば植栽されている。
🅿 日なたでも半日陰でもよく育つ。また、土壌湿度を好む。

ネズミモチ （鼠黐）
別名：タマツバキ

モクセイ科
H：4～7m

イボタノキの仲間で、本州の中部以西、四国、九州、沖縄から朝鮮半島、台湾、中国にかけて分布する常緑樹。6月に新枝の先に円錐花序を出し、白色の小花を多数咲かせる。晩秋に実は紫黒色に熟すが、その実が、ネズミの糞に似ていて、葉はモチノキに似ているのでこの名がついた。生長が早いので、刈り込んで生け垣にされることが多い。
🅿 日陰にも強く強健。

↑ネズミモチの花
↓秋の熟果

ニオイシュロラン （匂棕櫚蘭）
別名：センネンボクラン　リュウケツジュ科　H：10m

ニュージーランド原産の常緑樹で、観葉植物でおなじみのコルジリネの仲間。茎の先端に革質披針形の葉を密生する。5～6月に葉腋から円錐花序を出し、甘い香りの白色の小花を咲かせる。関東以南の暖地では庭木とされる。
🅿 日当たり、水はけのよい場所なら土質は選ばない。

庭木

ハナイカダ（花筏）
別名：ヨメノナミダ

ミズキ科
H：1.5～2m

日本各地と中国に分布する落葉樹で、株立ちとなる。雌雄異株。花期は4～5月で、葉の表の主脈の真ん中に淡緑色の花を、雌株は雌花を1～3個、雄株は雄花を4～5個つける。8月ごろ、雌株では果実が黒く熟す。
🅿 半日陰で腐植質に富んだ肥沃地を好む。強い日ざしや乾燥、強風は避けたい。

ハマヒサカキ（浜姫榊）

ツバキ科
H：1.5～3m

本州の千葉県以西、四国、九州、沖縄から朝鮮半島南部、中国にかけての海岸に広く分布する常緑樹。葉は倒卵形で葉縁には鋸歯があるが、葉が裏に巻き込んでいるため、全縁に見える。雌雄異株。暖地では庭木、生け垣とされることが多い。
🅿 半日陰でも育つ。刈り込んで枝を密に茂らせ樹形を整える。

ヒイラギモクセイ（柊木犀）

モクセイ科
H：4～6m

日本および中国の各地で植栽されている。ヒイラギとギンモクセイとの雑種と考えられているが、由来は不明。葉はヒイラギより大きな卵状楕円形。10月ごろ香りのよい白花を咲かせるが結実はしない。日陰でもよく育つため生け垣によく利用されている。
🅿 晩秋または3月ごろに刈り込んで整枝。

ヒサカキ（姫榊）
別名：イヌサカキ

ツバキ科
H：4～8m

本州の岩手県、秋田県以南、四国、九州、南西諸島から小笠原、朝鮮半島南部に分布する常緑樹。樹皮は灰褐色で、不規則な縦じわが入る。葉は互生し、長さ3～8cmの楕円形または倒披針形。ハマヒサカキと異なり、光沢は著しくない。3～4月ごろ、帯黄白色の小花が前年枝の葉腋に1～3個ずつ束生し、下向きに咲く。実は晩秋に紫黒色に熟す。耐潮性、耐煙性、耐乾性があり、刈り込みに耐えるため、庭の下木、建物の北側の植栽、生け垣などのほか、街路樹にも利用される。地域によってはサカキの代わりに神前に供えられたりもする。常緑樹だが、東北地方まで植栽が可能。
🅿 半日陰が適地だが、日なたでも育つ。

🔺ヒサカキの実（11～12月の状態）
➡枝を埋めて咲くヒサカキの花

ヒノキ（檜）
別名：ホンヒ

ヒノキ科　H：20～30m

日本特産の常緑針葉樹。和名は「火の木」で、古代、この木をこすり合わせて火をおこしたことに由来する。材は品質が優秀であることから、建築材などに広く用いられてきた。造園に使われる園芸品種も多い。
🅿 日当たり、水はけのよい場所に植える。

ヒマラヤスギ （ヒマラヤ杉）
別名：ヒマラヤシーダー
マツ科　H：20〜30m

ヒマラヤ北西部からアフガニスタンに生育する常緑針葉樹。円錐形の自然樹形の美しさから、コウヤマキ、アローカリアと並んで、世界三大庭園樹の一つに数えられている。暑さ、寒さに強く、育てやすい。萌芽力が強く刈り込みに耐えるので、狭い庭では思いきって枝を切り詰め、円筒形や散らし玉に仕立てることもできる。また、生け垣にも利用されている。
🅿 おう盛に伸びるので、刈り込みは4月、6〜7月、11〜12月と年に2〜3回行う。

↑自然樹形は美しい円錐形となる
↓ヒマラヤスギの枝葉

ヒメシャラ （姫沙羅）
ツバキ科　H：15〜20m

本州の関東以西、四国、九州から朝鮮半島（済州島）に分布する落葉樹。6〜7月にナツツバキ（シャラノキ）に似た白い小花をつけるが、ナツツバキより花や葉が小型であることからこの名がついた。樹皮が赤褐色になり、紅葉も美しく、庭木としての人気が高い。
🅿 日当たり、水はけのよい肥沃地を好む。

ブナ （橅）
別名：シロブナ
ブナ科　H：30m

北海道から九州まで分布する落葉広葉樹で、ブナ帯と呼ばれる主要林をつくる。その典型が世界遺産に登録された白神山地。樹皮は灰白色。葉は長さ5〜8cmの菱状卵形。葉腋から雌花が2個出て総苞に包まれた堅果をつける。材は緻密で良質。盆栽としても楽しまれている。
🅿 北国では庭木や公園木とされることも。

プラタナス
別名：スズカケノキ
スズカケノキ科　H：15〜30m

ヨーロッパ南東部から西アジア、ヒマラヤ地方にかけて分布する落葉樹。成木は樹皮が大きく剥離し、緑白色の斑紋を生じる。葉は大きな掌状葉。古くから緑陰樹として使われ、街路樹、公園木として広く植栽されている。
🅿 日当たりのよい適湿地を好む。強剪定にも強い。

ミズキ （水木）
別名：クルマミズキ
ミズキ科　H：10〜20m

日本各地から朝鮮半島、台湾、中国、ヒマラヤまで分布する落葉樹。5〜6月に枝先に散房花序を出し、木全体が白く見えるほど白い小花を密につける。名の由来は春先に枝を切ると、水がしたたり落ちることによる。庭や公園に緑陰樹として植栽される。
🅿 幹に強光線の当たらない適湿地を好む。

庭木

ポプラ 別名：セイヨウハコヤナギ

ヤナギ科　**H**: 30m

ヨーロッパ原産でイタリアポプラともいう。真っ直ぐな幹と直上する枝とで、特有の箒状の樹形をつくる。樹形が美しく、生長も早いので、各地で並木として植栽されている。特に北海道大学農学部のポプラ並木は有名。ポプラは雌雄異株で、並木に用いる細長い樹形はすべて雄株。雌株は枝張りが広く大きな樹冠となる。

🅿 雄株をふやす必要があるので、苗木はさし木でつくられる。

↑ポプラの枝葉
↓秋のポプラ並木

マサキ （柾）

ニシキギ科　**H**: 2〜5m

生け垣に用いられることが多いので、なじみの深い常緑樹。普段の姿を見ると、落葉樹であるニシキギの仲間とは想像しにくいが、秋に果実が割れて露出する赤い仮種皮に包まれた種子を見ると、なるほどニシキギの仲間であることが実感できる。美しい斑入り葉の品種として、葉の縁に不規則な白覆輪が入るギンマサキや、葉の中央部に黄斑の入るキンマサキ、葉の縁が黄色の覆輪斑で縁取られるキフクリンマサキなどがある。耐陰性が強いので用途が広い。常緑樹だが寒さにも強く、北海道南部まで植栽が可能。

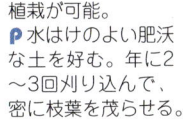

🅿 水はけのよい肥沃な土を好む。年に2〜3回刈り込んで、密に枝葉を茂らせる。

1 オウゴンマサキ
2 キフクリンマサキ
3 密に茂ったマサキの枝葉

ムクロジ （無患子） 別名：ムクロ

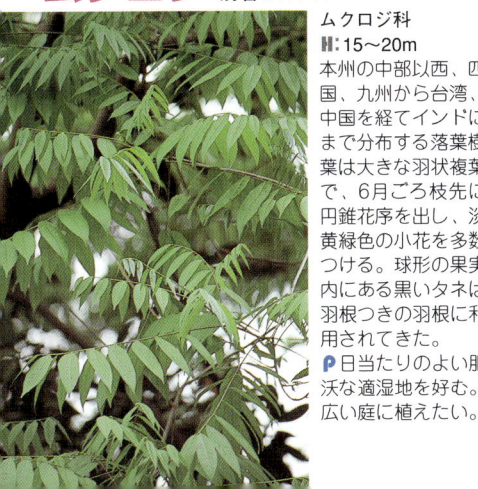

ムクロジ科　**H**: 15〜20m

本州の中部以西、四国、九州から台湾、中国を経てインドにまで分布する落葉樹。葉は大きな羽状複葉で、6月ごろ枝先に円錐花序を出し、淡黄緑色の小花を多数つける。球形の果実内にある黒いタネは羽根つきの羽根に利用されてきた。

🅿 日当たりのよい肥沃な適湿地を好む。広い庭に植えたい。

メギ （目木） 別名：コトリトマラズ

メギ科　**H**: 2m

日本原産の落葉樹。よく分枝し、葉や節のつけ根に鋭いトゲがある。葉は小型の倒卵形または楕円形で互生するが短枝では束生する。針葉が出るころ淡黄色の花をつけ、秋には実が赤く熟す。赤紫葉や黄葉の園芸品種がある。

🅿 日当たりのよい湿潤地がよい。刈り込んで整枝する。

メタセコイア　別名：アケボノスギ

スギ科　**H**：30m

中国原産。化石でのみ知られ、新第三紀には滅びたものと思われていた。ところが1945年に四川省で生きた個体が発見され、「生きた化石植物」として話題を呼んだ。落葉針葉樹。整った円錐形の樹形となる。葉は秋になると小枝ごと落ちる。ラクウショウ（ヌマスギ）に似るが、ラクウショウの葉は互生なのに対し、本種は枝、小枝、葉とも対生するので区別がつく。公園木とされることが多い。

📍日当たり、水はけのよい湿潤地を好む。繁殖はさし木、実生。

↑メタセコイアの並木
↓小枝、葉とも対生する

モチノキ　（黐の木）　別名：モチ、トリモチ

モチノキ科　**H**：6〜10m

関東、東海および北陸沿岸部以西の暖地、朝鮮半島南部に分布する常緑樹。樹皮から「鳥もち」をつくったので、この名がある。葉は互生し、倒卵状楕円形で全縁、ただし、幼木では鋸歯が出ることもある。やや厚い革質で上面は深緑色。雌雄異株。4月に黄緑色の小花がかたまって咲き、雌株では球形の果実が秋に赤熟する。萌芽力が強く強い切り込みに耐え、移植も容易であることから、昔から庭木として欠かせない樹種とされてきた。散らし玉などに仕立てられたものは主木に、また、若木は生け垣や目隠しなどに用いられる。暖地性の木だが、比較的、耐寒性にも富み、東北中部くらいまで植栽可能。

📍有機質に富んだ肥沃な適湿地を好む。

↖モチノキの実
→花は前年枝の葉腋に出る短枝につく

モッコク　（木斛）　別名：ボッボウユス

ツバキ科　**H**：8〜12m

千葉県以西、四国、九州、沖縄からアジア東南部に分布する常緑樹。葉は枝先に放射状に互生し、革質で光沢がある。7月に淡黄白色の小花が咲き、果実は秋に熟して裂け、4個の赤い種子が露出する。庭の主木とされる。

📍西日の避けられる肥沃な適湿地が理想。

↖モッコクの果実
←つややかな若葉

ヤツデ　（八手）　別名：テングノハウチワ

ウコギ科　**H**：2〜2.5m

関東以西、四国、九州、沖縄に分布する常緑樹。大型の掌状葉が特徴で、切れ込みの数が多いことを八で表現して八つ手の名がついた。晩秋に大きな円錐花序を出し、白色の小花が球状に群がって咲く。耐陰性に富むため、日陰の植栽に適する。

📍枝幹がふえすぎたときは、枝抜きをして樹形を整える。

庭木

ヤマハゼ （山黄櫨）
別名：ハゼノキ、ハニシ 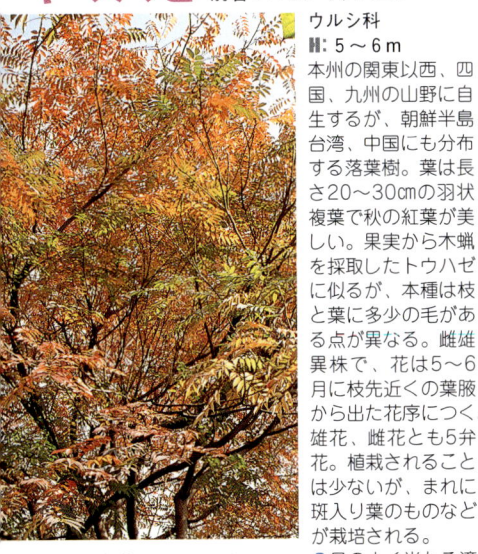
ウルシ科
H：5〜6m

本州の関東以西、四国、九州の山野に自生するが、朝鮮半島、台湾、中国にも分布する落葉樹。葉は長さ20〜30cmの羽状複葉で秋の紅葉が美しい。果実から木蝋を採取したトウハゼに似るが、本種は枝と葉に多少の毛がある点が異なる。雌雄異株で、花は5〜6月に枝先近くの葉腋から出た花序につく。雄花、雌花とも5弁花。植栽されることは少ないが、まれに斑入り葉のものなどが栽培される。
🅿日のよく当たる適湿地を好む。

↑美しく紅葉したヤマハゼ
↓結実したばかりの果実

ヤマモモ （山桃）
別名：ヤマモ、ヤンメ
ヤマモモ科
H：15〜17m

本州の中・南部以西の暖地、四国、九州から台湾、中国南部に分布する常緑樹で、よく公園木などとされる。雌雄異株。雌株では球形の果実を結び、6〜7月に紫紅色に熟し、生食できる。和名は山のモモの意味というが、中国名、楊梅（ヤンメイ）が語源ともいう。
🅿関東南部以西むき。日なたの肥沃地に。

ユーカリ
別名：ユーカリジュ
フトモモ科
H：6〜40m

オセアニア地方に約600種が分布する常緑樹。この仲間の葉はコアラの餌となることで知られるが、種によって葉の形はさまざま。柳のような細葉のものもあれば、ツキヌキユーカリのような丸葉のものもある。世界各地で街路樹や公園木とされるが、日本で多いのはグロブルス種。
🅿東京以西の暖地で。

ユズリハ （譲葉）
別名：ユズルハ、ダイダイモッコ
ユズリハ科 
H：10〜15m

東北南部以西、四国、九州から台湾にかけて分布する常緑樹。葉は光沢のある厚葉で、葉柄は赤い。新旧の葉の入れ替わりが顕著なのでこの名があり、枝葉は新年を迎える正月飾りに用いられる。日陰にも強いので庭木として利用される。
🅿やや粘質の湿潤地を好む。剪定は6月下旬か11月に行う。

ユリノキ （百合の木）
別名：ハンテンボク
モクレン科
H：20〜30m

北アメリカ産。日本には明治初年に渡来したといわれ、街路樹や公園木として利用されている。樹皮は茶色。葉は互生し、やや四角形の半纏を思わす特異な形で、初夏に緑黄色のチューリップ形の大きな花をつける。
🅿日当たりのよい湿潤地を好む。広い場所で、雄大な自然樹形を楽しみたい木。

タケ／ササ類　コニファー

Conifer & Bamboo, Bamboo grass

コニファーとは、針葉樹全体を意味する言葉です。そうした意味では、マツやスギなども含まれます。しかし、一般的には近年、欧米から紹介された比較的新しい樹種や品種をさすことが多いようです。タケ、ササ類といっしょに紹介しましょう。

アビス・コリアナ 'オーレア'

マツ科
H：10〜15m

朝鮮半島南部や済州島、沿海州南部に分布するモミ属の1種で、和名はチョウセンシラベ。生長は緩やかだが、10m以上に育つ。樹形は円錐形。ヨーロッパの庭にはよく植栽され、いくつかの品種がある。本品種は葉が美しい黄白色となる。
P 冷涼地に適する。

クプレッサス・マクロカルパ 'ゴールドクレスト'

ヒノキ科
H：15m

和名はモントレーイトスギ。'ゴールドクレスト'は葉が鮮やかな黄金色の品種で、鉢物として日本で最も普及している。近年は庭植えにされることもあるが、根が粗いため、強風にあうと倒れやすい。
P 室内で温風に当てると葉がちりちりに枯れるので注意。

ジュニペラス・バージニアナ 'スカイロケット'

ヒノキ科
H：4〜5m

和名はエンピツビャクシン。針葉と鱗葉とが混在し、幼木は主に針葉、老木は鱗葉を呈する。本品種はシャープな狭円錐形の樹形となる人気品種で、緑青色の美しい葉色が冬も変わらない。
P 水不足や肥料不足は枝枯れの原因となるので注意。

コニファー

ジュニペラス・サビーナ 'モンナ'

ヒノキ科　H：4〜5m

和名はサビナビャクシン。ヨーロッパ中南部から中国北部、コーカサス、西アジアにかけて分布する。
🅿 日がよく当たり、水はけのよい場所に植える。

ジュニペラス・ホリゾンタリス 'ブルーチップ'

ヒノキ科　H：4〜5m

和名はアメリカハイネズ。匍匐性の強いビャクシンで、本品種は春から秋は美しい銀青色、冬は紫色を帯びる。
🅿 日当たりを好む。グラウンドカバーに最適。

ジュニペラス・サビーナ 'バリエガータ'

ヒノキ科　H：4〜5m

サビナビャクシンは乾燥した山地に生育する匍匐性の針葉樹。本品種は、緑葉地に美しい黄白色の斑が入る。
🅿 列植や寄せ植え、グラウンドカバーに適する。

チャメシパリス・ピシフェラ 'フィリフェラ オーレア'

別名：オウゴンヒヨクヒバ
ヒノキ科
H：5〜7m

ヒヨクヒバ（フィリフェラ）の黄金葉品種。一年中、この色を保ち、冬にはさらに橙色を帯び美しい。刈り込んでグラウンドカバーにされるが、主幹を立てれば主木としても使える。
🅿 肥料不足、乾燥過多に注意する。

ジュニペラス・スクワマータ 'ブルースター'

ヒノキ科　H：30〜40cm

スクワマータ種の和名はニイタカビャクシン。本品種は矮性品種で、小枝がおう盛に分岐し、狭い場所に最適。
🅿 日当たりを好み、日照不足だと生育が悪くなる。

チャメシパリス・オブトゥーサ 'ナナ ルテア'

ヒノキ科　H：1m

ヒノキの矮性品種で、オウゴンチャボヒバより濃い黄色葉。ただし、日陰だと黄色の発色が悪くなる。若木のうちは心が立ちにくいが、やがて狭円錐形になる。枝伸びはきわめて遅いので、ロックガーデンなどにもよい。
🅿 過湿を嫌うので、低湿地では盛り土をして植えるとよい。

ツヤ・オキシデンタリス 'ウッドワーディー'

ヒノキ科　H:1.5～2m

ツヤ・オキシデンタリスはクロベ属のニオイヒバのこと。北アメリカ原産で、葉に触れると芳香を発することから、この名がついた。本品種は緑色の枝葉を密生するが、冬にはベージュまたは褐色を帯びる。樹形は球形。
🅟 この仲間は除草剤に弱いので注意する。

ピセア・プンゲンス 'モンゴメリー'

マツ科　H:5～6m

この仲間の葉色が灰青色を帯びるのは、新しい葉がワックスで覆われているため。本品種は'ホプシー'と同様、特に葉色のよい選抜品種。木は'ホプシー'よりも小型で、生長が遅い。
🅟 どちらかというと北国に適した樹種。大気汚染を嫌う。

ツヤ・オキシデンタリス 'ラインゴールド'

ヒノキ科　H:2～3m

若木は半球形。その後、心が立って、円錐形の樹形となる。春から秋にかけては黄金色で、冬は銅色を帯びる。
🅟 針葉を伸ばすが、ときとして先祖返りで鱗葉も出る。

ピセア・アビス 'ニディフォルミス'

マツ科　H:1m

ドイツトウヒは、クリスマスツリーに用いられるのでなじみ深い木だが、'ニディフォルミス'はその矮性品種。欧米では庭園材料として盛んに使われている。生育はきわめてゆるやかで、年間に3～4cmしか生長しない。
🅟 列植や寄せ植え、ロックガーデンなどに適する。

ピセア・プンゲンス 'ホプシー'

マツ科　H:6～8m

北アメリカ北部に広く分布するトウヒで、硬くとがった針葉をもち、樹形は端正な円錐形。コロラドトウヒまたはアメリカハリモミともいう。'ホプシー'は、針葉がみごとな青白色の人気品種。
🅟 植えつけてから幹が自立するまでは、支柱を添えておく。

ピセア・グラウカ 'アルバーティアナ コニカ'

マツ科　H:3～4m

北アメリカ北部に広く分布するカナダトウヒ（シロトウヒ）の選抜品種。枝葉が密に茂り、生長はゆるやかだが、最終的には樹高3～4mほどの美しい円錐形の樹形となる。コニファーのなかでも人気の高い品種。
🅟 日当たり、通風のよいところで育てる。

| コニファー | タケ/ササ |

タケ/ササ類

タケ、ササは身近な植物ですが、意外にその違いは知られていません。タケノコの皮が成長してからも長く稈上に残るのがササです。

マダケ （真竹）
イネ科 H:10～12m
中国中部原産。渡来時期は不明。タケノコが出るのは6月。節間が長く、各種細工ものに利用される。

モウソウチク （孟宗竹）
イネ科 H:10～12m
中国江南地方原産。江戸時代中期に琉球から導入。日本のタケ類中、最大。タケノコは食用とされる。

キッコウチク （亀甲竹）
別名：ブツメンチク
イネ科 H:10m
モウソウチクの変異品。基部近くの稈が亀甲状につながる。

ホテイチク （布袋竹）
別名：ゴサンチク
イネ科 H:12m
節間が布袋の腹のようにふくれる。稈は乾燥すると非常に折れにくいため、釣り竿に利用される。

クロチク （黒竹）
別名：シチク
イネ科 H:2～4m
当初は緑色だが、夏ごろから胡麻肌となり黒褐色に変わる。前庭の植栽、軸掛け、筆軸などの材料に。

シホウチク （四方竹）
別名：イボダケ、シカクダケ
イネ科 H:5～6m
稈の断面が四角形。タケノコが秋に出るので寒害を受けやすい。

オカメザサ （阿亀笹）
別名：ブンゴザサ
イネ科 H:1～2m
日本産のタケ類中、最も小型で密生する。生け垣や前庭の植栽に。

クマザサ （隈笹、熊笹）
イネ科 H:1～2m
本州、四国、九州の山地に分布。晩秋になると葉縁が白く縁取られて美しい。広く庭園に植栽される。

チゴザサ （稚児笹）
イネ科 H:10～50cm
ケネザサに黄や白の縞斑が入ったもの。庭植えにされるほか、松竹梅寄せ植えのタケに利用される。

つる植物

《 Vine plants 》

枝や茎がつる状に伸び、他物にからみながら成長する植物をつる植物といいます。ここでは、庭に植えられる木本性の主なつる植物を紹介しました。

1 2 アケビ
アケビ科 ❀4～5月、実10月
つるの長さ：10～15m

本州、四国、九州に分布する落葉樹で、雌雄同株。葉は5枚の小葉からなる掌状複葉で、小葉は全縁。近縁種のミツバアケビは小葉が3枚の掌状複葉で、小葉には鋸歯がある。ゴヨウアケビは本種とミツバアケビとの交雑種とされ、小葉は5枚で、鋸歯がある。ムベはアケビ科だが別属の植物で常緑。アケビの熟果は縦に割れるのに対し、果実が割れない。

☞ 日陰地や湿潤地への植栽は避ける。

1 花は総状花序をなして咲く
2 タネを包む果肉は甘く、食べられる

3 カロライナジャスミン
フジウツギ科 ❀4～6月
つるの長さ：6～7m

北米南部からメキシコ原産の常緑樹。鮮黄色の花でよく匂う。東京以西ではフェンス、壁面に誘引したりする。ジャスミンの仲間ではない。

☞ 日当たり、水はけのよい肥沃地に。

4 ツキヌキニンドウ
(突抜忍冬)
スイカズラ科 ❀5～6月
つるの長さ：10m以上

北アメリカ原産の半常緑樹。上部の1～2対の葉がつるを囲むようにして合着することが和名の由来。

☞ 日当たりのよい肥沃地に適する。

5 ツリガネカズラ
(釣鐘葛) 別名：カレーバイン
ノウゼンカズラ科 ❀5～7月
つるの長さ：10m以上

北米南部原産の常緑樹。気根を出して壁面を這い上がる。褐色を帯びた黄橙色の花が咲くことが別名の由来。

☞ 関東地方以西で露地植えが可能。

6 ツルハナナス
(蔓花茄子) 別名：ソケイモドキ
ナス科 ❀6～9月
つるの長さ：5～6m

南アメリカ原産の常緑樹。香りのよい星形の小花を夏の間、次々と咲かせる。関東南部以西の暖地むき。

☞ 日当たり、水はけのよい肥沃地に。

7 テイカカズラ
(定家葛) 別名：マサキノカズラ
キョウチクトウ科 ❀5～6月
つるの長さ：約10m

気根を出して、壁面を密に覆う常緑樹。花には芳香があり、咲き始めは白色だが、次第に淡黄色となる。

☞ 石塀や地表を覆う素材として好適。

つる植物

8 トケイソウ

（時計草）別名：パッシフローラ
トケイソウ科 ◉ 7〜9月　複
つるの長さ：7〜8m
南アメリカ原産の常緑樹。巻きひげ
を他物にからませながら生長する。
花の形が時計の文字盤を思わせる。
P 関東南部以西では露地植えも可能。

9 ハゴロモジャスミン

モクセイ科 ◉ 3〜6月　○
つるの長さ：3〜5m
中国南部原産の常緑樹。香りのよい
白い小花が1房に30〜40個ずつ群
がって咲く。鉢花にされることが多
いが、東京以西では露地植えも可能。
P 水はけがよく、乾きぎみの場所に。

10 ハーデンベルギア

別名：ヒトツバマメ
マメ科 ◉ 3〜4月　○
つるの長さ：2〜3m
オーストラリア原産の常緑樹。春に
総状花序を出し、菫青色の蝶形花を
咲かせる。暖地なら露地栽培も可能。
P 登攀力はないので、誘引が必要。

クレマチス

別名：テッセン、カザグルマ
キンポウゲ科　5〜10月
●●●●●●○複
つるの長さ：0.8〜6m

世界中に約250種が知られる。多くはつる性、ときに直立性の木本または多年草。葉は対生し、1〜数回3出複葉または羽状複葉。花弁のように見えるのは萼片で、花弁はふつうない。多くは落葉性だが、常緑性のものもある。日本にはカザグルマやハンショウヅルが自生しており、江戸時代に中国から渡来したテッセンとともに、古くから栽培されてきた。膨大な数の園芸品種があるが、代表的な系統に、豪華な大輪系のパテンス（カザグルマ）系、花色が多彩なジャックマニー系、中〜小輪のビチセラ系、壺形の花をつけるテキセンシス系などがある。

フェンスやラティスなどにつるをからませたり、大型のコンテナにトレリスを設け、これに誘引して楽しんだりする。

P 日当たりがよく、保水性、保肥性

つる植物

のよい土壌を好む。植えつけ適期は2～3月または10月中旬～11月。地中に1～2節埋まるように植えるのがコツで、地上部が枯れたとき、休眠芽が伸び出すので立枯れ病の対策となる。旧枝に咲くモンタナやカザグルマはあまり剪定しない。ジャックマニー系などは新枝に咲くので、花後に全体の3分の2を切り戻す。

1 タングチカ・ヘリオス
2 テッセン
3 ハンショウヅル
4 テキセンシス
5 'ニオベ'
6 'ビル ド リオン'
7 モンタナ 'テトラ ローズ'
8 'ドクター ラッペル'
9 '雪の粧'
10 'ロウグチ'
11 '揖斐'
12 'ビビアン ペンネル'
13 'ベノサ バイオレシア'
14 'ザ ブライド'
15 'マダム ジュリアン コレボン'
16 'バイオレット エリザベス'

1 ビナンカズラ

（美男葛）別名：サネカズラ
モクレン科
◆8～9月、実10～11月
○ つるの長さ：7～8m

関東以西に自生する常緑樹。光沢のある革質葉で、雌雄異花。果実は秋に美しく赤熟する。樹皮の粘液がかつて整髪料とされたのが名の由来。
🅿 肥沃な適湿地。半日陰でも育つ。

2 プルンバゴ

別名：ルリマツリ
イソマツ科 ◆5～10月 🔵 ○
つるの長さ：1.5～2m

南アフリカに自生する常緑樹。初夏から秋まで次々と空色の花をつける。比較的耐寒性に富み、暖地では霜よけ程度の防寒をすれば冬越しできる。
🅿 水はけのよい日なたを好む。

3 ヘンリーヅタ

（ヘンリー蔦）
ブドウ科 ◆7～8月 ○
つるの長さ：2～3m

中国原産の落葉樹でツタの仲間。5つの小葉からなる掌状葉で、主脈に沿って入る銀白色の模様が美しい。秋の紅葉も美麗。
🅿 ハンギング仕立てにも適する。

4 マダガスカルジャスミン

別名：マダガスカルシタキソウ
トウワタ科 ◆4～6月 ○
つるの長さ：4～5m

マダガスカル原産の常緑樹。花が強い芳香を放つため、この和名がついた。冬越しには15℃以上が必要なため、温室鉢物として楽しまれている。
🅿 春秋は30％、夏は50％の遮光を。

5 マタタビ

（木天蓼）別名：ナツウメ
マタタビ科 ◆5～7月 ○
つるの長さ：10～15m

北海道から九州まで自生する落葉樹で、分布は朝鮮半島、中国に至る。夏に枝の上部の葉が白くなるので、遠目にも目立つ。実は薬用となる。
🅿 日なた、半日陰の適湿地を好む。

山野草・身近にある野草

*Mountain wild grass
and
familiar Wild grass*

Mountain grass

Wild grass

山野草 《Mountain wild grass》

野山で自然に咲く山野草には、園芸草花にない魅力をもつものがたくさんあります。山や高原で見られる、主なものを集めてみました。

1 アズマギク（東菊）
別名：エリゲロン
キク科 ❖4〜5月 ●○

日当たりのよい海岸や山地などに生える多年草。東の国（本州の中部地方以北）に多く見られることから、その名がある。

🅿 栽培はやさしい。年間を通して、日当たりと風通しのよいところに置く。

2 イチリンソウ
（一輪草）別名：イチゲソウ
キンポウゲ科 ❖3〜5月 ○

野山や田畑の縁、林縁などに群生する多年草。花は日が当たると開花し、曇天や夕方になると閉じる。1茎に径4cmの花を1花つける。

🅿 芽出しから開花までは日なたに置く。花後は半日陰で管理する。

3 ニリンソウ
（二輪草）別名：コモチグサ
キンポウゲ科 ❖3〜5月 ○

日本各地から中国東北部、サハリン、ウスリーに分布。1茎に2輪咲かせることが多いので、ニリンソウの名で呼ばれる。

🅿 芽出しから開花までは日なたに置く。花後は半日陰で涼しく管理する。

4 イワチドリ（岩千鳥）
別名：ヤチヨ
ラン科 ❖4〜5月 ●○ 複

渓谷の湿った岩の上や岩壁に生える球根植物。本州の中部地方から近畿地方、四国に分布する。花が美しいことから山野草として栽培されている。

🅿 芽出し前の3月に、硬質鹿沼土7、軽石砂3の用土で植える。

山野草　春

5 エゾエンゴサク
（蝦夷延胡索）
ケシ科 ● 4～5月 ●
本州北部から北海道、南千島、サハリンなどに分布する球根植物。山地や山麓のやや湿ったところに群生する。
P 秋に深めの4～5号鉢に、水はけよい用土で、2～3球植える。

6 オウレン（黄蓮）
7 バイカオウレン（梅花黄蓮）
別名：オウレン→キクバオウレン
キンポウゲ科 ● 2～4月 ○
オウレンは北海道から本州、四国にかけて分布する常緑多年草。照り葉で濃い緑色の葉をもち、花のない時期でも葉を観賞できる。根茎は黄色でアルカロイドを含むことから、昔から薬用に使われた。山野草として多く栽培されるのは、ウメの花に似た端正な花をつけ、葉も美しいバイカオウレン（別名ゴカヨウオウレン）。
P 花が終わった5～6月中旬または9月中旬～10月中旬に、赤玉土4、軽石砂4、腐葉土2の配合土で植える。

8 オオバナエンレイソウ
（大花延齢草）別名：タチアオイ
ユリ科 ● 4～5月 ● ○
エンレイソウの仲間。オオバナエンレイソウは本州の北部から北海道にかけて自生する大輪種で、山野草として栽培される。
P 花後と秋に置き肥するなどして、やや肥料を多めに施す。

9 オオミスミソウ
（大三角草）別名：ユキワリソウ
キンポウゲ科 ● 2～4月
● ● ● ● ● ○ ●
山地の落葉樹林の林縁や林床に自生する多年草。花の変異が多彩で、花形も一重咲き、千重咲き、丁字咲きなど変化に富んでいる。季語 春（雪割草）。
P 蕾から開花までは日なたに置く。

10 カタクリ（片栗）
別名：カタカゴ、カタゴ
ユリ科 ● 4～5月 ● ○
北海道、本州、四国、九州の山地や丘陵にある雑木林の林床に生える球根植物。木漏れ日のなかで、花が群生して咲く様子はみごと。
P 鉢栽培はややむずかしい。季語 春。

1 カッコソウ （勝紅草）
サクラソウ科 ❀4～5月 ●

サクラソウの仲間。カッコソウは関東地方北部と四国に分布する多年草。葉が円形で、サクラソウに似た花をつける。花色の濃い選別種がある。
▶芽出しから開花中は日なたに置き、花後は半日陰で管理する。

2 ガンゼキラン
（岩石蘭） ラン科 ❀4～5月 ●

日本の暖地に自生するラン科植物。地上に高さ4～5㎝のバルブを並立し、花茎の先にシンビジウムに似た淡黄色の花をつける。和名は並び立つバルブを岩石に見立てたもの。
▶戸外の半日陰で、冬は室内で管理する。

3 キクザキイチゲ
（菊咲き一華）
別名：キクザキイチリンソウ
キンポウゲ科 ❀3～5月 ● ○

近畿地方以北から北海道の林縁などに自生する多年草。葉は3枚が輪生してつき、早春から春に径3～4㎝の花をつける。
▶芽出しから開花までは日なたに置く。

4 キバナノアマナ
（黄花の甘菜） ユリ科 ❀3～5月 ●

北海道、本州、四国の雑木林の林縁などに生える多年草。葉は線形でやや厚みがあり、春に15～20㎝の花茎を伸ばして、黄色の花を数輪つける。
▶芽出しから開花までは日なたに置き、休眠後は直射日光が当たらないところに置く。

5 クマガイソウ
（熊谷草） ラン科 ❀4～5月 (複)

北海道、本州、四国、九州に分布する多年草。林床や林縁でしばしば群生する。葉は扇形で直径15～20㎝。葉の中心から花柄を立てて袋状の唇弁をもつユニークな花をつける。
▶開花中は午前中に日が当たる場所に、それ以外は半日陰に置く。 季語 春。

6 ショウジョウバカマ
（猩々袴） 別名：ユキワリバナ
ユリ科 ❀3～5月 ● ○

北海道、本州、四国、九州の山間部の湿り気のある場所に生える多年草。
▶花芽が出るころから開花期は日なたに、あとは半日陰に置く。 季語 春。

山野草　春

7 シライトソウ
（白糸草）ユリ科 ◆5〜6月 ○
本州の秋田県以南、四国、九州に分布する多年草。山地の林床に生え、高さ15〜50cmの花茎を伸ばして、先に白糸を集めたような花をつける。
🅟 明るい日陰に置いて管理する。

8 シラネアオイ
（白根葵）別名：ハルフヨウ
キンポウゲ科 ◆4〜5月 ● ○
本州の中部地方から北海道に分布する多年草。日光の白根山に自生が多いことからその名で呼ばれる。
🅟 芽出しから開花中は日の当たる場所に、その後は半日陰に置く。 季語 夏。

9 セッコク （石斛）
別名：セキコク、園芸品種を長生蘭という
ラン科 ◆5〜6月 ● ● ●
岩手県以南の本州、四国、九州、沖縄に分布するラン科植物。花が美しいので園芸品種化されている。
🅟 木陰の空中に吊す。 季語 夏。

10 セツブンソウ（節分草）
11 キバナセツブンソウ
キンポウゲ科 ◆2〜3月 ● ○
本州の関東地方以西の低山地にある落葉樹林下や、山麓にある田園の土手などで、石灰岩質のところに多く自生する球根植物。早春になると米粒ほどの塊茎から根出葉と花柄が伸び始め、ウメの花に似た5枚の花びらをつける。花びらは萼が花弁化したもので、本当の花は、萼片の内側で退化し、黄色のY字形になったもの。和名は節分（旧暦）のころに開花するのでつけられた。
🅟 7〜9月中旬に、深めの4〜5号鉢に5〜10球を目安に植えつける。用土は硬質鹿沼土4、軽石砂4、赤玉土2で水はけよく配合する。開花中は日なたに、あとは半日陰で管理。 季語 春。

12 タイリントキソウ
（大輪朱鷺草）
別名：タイワントキソウ
ラン科 ◆4〜5月 ● ●
台湾、中国に分布するラン植物。山地のやや湿度が高い林床や岩の上に生えている。洋ランに似た花が美しく、数多くの交配種がある。
🅟 明るい日陰で管理する。

1 タツタソウ

（竜田草）メギ科 ◆3～4月 ●○

中国東北部、朝鮮半島北部に自生する多年草。薄紫色の花がひときわ美しいことから、明治の末期に日本にもち込まれたといわれている。

🅿 花後と秋に水はけよい用土で植えつけ、雨を避けられる半日陰で管理する。

2 タツナミソウ

（立浪草）別名：スイモノグサ

シソ科 ◆4～5月 ●●○

本州、四国、九州に分布する多年草。重なるように咲く花を、寄せては砕ける波に見立てて、その和名になった。

🅿 5～6号の中深鉢に植え、日の当たる場所で管理する。季語 夏。

3 タンチョウソウ

（丹頂草）別名：イワヤツデ

ユキノシタ科 ◆3～4月 ○

中国北東部から朝鮮半島に分布する多年草。庭木のヤツデの葉を小さくした葉をもち、渓谷の岩場や岩壁に生えることから、イワヤツデの名で呼ばれる。

🅿 年間を通して、日が当たる場所に置く。2～3年に1回植えかえる。

4 バイカカラマツ

（梅花唐松）キンポウゲ科 ◆4～5月

●●○●

北アメリカ原産の球根植物。基本種はウメに似た花をつけるが、花形に変異が見られ、雄しべ、雌しべともに弁化した八重咲き（写真）などがある。

🅿 春と秋は十分に日に当て、あとは半日陰で管理する。

5 パンダカンアオイ

ウマノスズクサ科 ◆3～6月 複

北半球の温帯地域に約60種分布するカンアオイの仲間。パンダカンアオイは、中国の湖北省や四川省などに自生し、花色が黒と白であることから、動物のパンダにちなんで名づけられた。

🅿 直射日光を避け、年間を通して半日陰から日陰で育てる。

6 ヒメフウロ （姫風露）

フウロソウ科 ◆4～8月 ●○

地中海のバレアレス諸島原産の多年草。フウロソウの花は左右対称の5弁花。八重咲き種もある。

🅿 一年を通して、風通しのよい日なたに置く。梅雨の長雨は避ける。

山野草　春

7 ヒトリシズカ（一人静）
8 フタリシズカ（二人静）

別名：ヒトリシズカ→ヨシノシズカ
センリョウ科 ◆ 4〜5月 ●○

北海道、本州、四国、九州に分布し、野山の林縁や林床に生える多年草。ヒトリシズカには花弁や萼がなく、花糸と呼ばれる白い花穂を1本、4枚葉に包まれたように立ち上げる。林内でひっそり咲く姿を、源義経と悲運をともにした静御前に見立てて名づけられた。フタリシズカは花穂が1〜3本あり、花は丸い粒状になる。
▶木漏れ日がさす程度の半日陰に置く。地上部が枯れて休眠したら、雨の当たらない日陰に移す。 季語 春。

9 ヒメリュウキンカ
（姫立金花）
キンポウゲ科 ◆ 2〜5月 ●○

ヨーロッパからロシアにかけて広く分布する多年草。湿気があり、日が当たる林床や川沿いの草原などで群生する
▶冬から開花するので、北風や強い霜を避けた、日だまりに置く。

10 ヤマシャクヤク
（山芍薬）
キンポウゲ科 ◆ 4〜5月 ●○

関東地方以西の本州から四国、九州に分布する多年草。日本の自生種は2種で、白花種と紅花種がある。ともに実生や株分けが容易。
▶一年を通して、木漏れ日が当たる程度の木陰に置く。

11 ヤマブキソウ
（山吹草）別名：クサヤマブキ
ケシ科 ◆ 4〜5月 ●

本州、四国、九州、中国の山地の林床や林縁に群生する多年草。明るい黄花が、バラ科のヤマブキに似ていることからその名がついた。
▶芽出しから開花までは日なたに置く。花後は半日陰に移す。 季語 春。

12 ユキモチソウ
（雪持草）別名：カンキソウ
サトイモ科 ◆ 4〜7月 覆

本州の一部と四国の山地の林床に自生する球根植物。仏炎苞の内側の先端部分が球形にふくらみ、雪のように白く、餅に見えることから、その名がついた。
▶通年、明るい日陰に置く。

1 アワチドリ （安房千鳥）
ラン科 ◆6〜7月 ● ○

千葉県の特定地の山地に自生する多年草。ハクサンチドリやウチョウランの仲間。小輪多花性種で、小さな距がある。育種が盛んに行われている。
▶ 芽出しから葉が枯れるまで、雨が当たらず風通しのよい、半日陰に置く。

2 イワタバコ （岩煙草）
イワタバコ科 ◆6〜9月 ● ● ○

福島県以南の本州、四国、九州に分布する多年草。日陰の湿った岩場に生える。葉がタバコの葉に似ることからその名がある。
▶ 一年を通して、明るい日陰に置く。水ぎれしないように注意する。

3 ウチョウラン
（羽蝶蘭）別名：イワラン
ラン科 ◆6〜7月 ● ○

本州、四国、九州、朝鮮半島に自生する多年草。花弁に現れる斑紋や紫点に変化が見られ、観賞価値の高い花が選別されて、数多くの園芸種がある。
▶ 芽出しから葉が枯れるまで、雨の当たらない、風通しのよい半日陰に置く。

4 オナガエビネ
（尾長海老根）
ラン科 ◆7〜8月 ●

夏に咲くエビネの仲間。オナガエビネは鹿児島県の甑島（こしきじま）や沖縄、台湾、中国南部の広葉樹林の林床に生える多年草。
▶ やや湿り気があり、強風の当たらない明るい日陰に置く。

5 カキラン （柿蘭）
別名：スズラン
ラン科 ◆6〜8月 ● ●

本州、四国、九州、朝鮮半島、中国北東部、ウスリーに分布する多年草。山野の日当たりのよい湿地で、根茎を這わせて広がる。
▶ 芽出しから新葉が出るまでは日なたに、秋冬は日陰に置いて管理する。

6 キツネノカミソリ
ヒガンバナ科 ◆8〜9月 ●

本州、四国、九州の野原や山麓に生える球根植物。葉はやや広い線形で、夏に橙色の花を3〜5個つける。似た仲間にオオキツネノカミソリがある。
▶ 開花中から葉のある間は日なたに。

山野草　夏

7 サギソウ （鷺草）
ラン科●7〜8月 ○
本州から九州の低地の湿地に生える球根植物。花を飛んでいるシラサギに見立ててその名がある。増殖が活発に行われている。
P 生育期は日なたで栽培。休眠期は水をきって保存する。**季語** 秋。

8 ササユリ （笹百合）
ユリ科●6〜7月 ●
本州中部以西、四国、九州の山地の草原に生える多年草。茎は高さ50〜100cmになり、淡紅色の花を横向きに開く。和名は葉がササの葉を思わせるため。
P 葉が出ている間は日なたに置き、休眠後は木陰で保護する。**季語** 夏。

9 ツリガネニンジン （釣鐘人参）
キキョウ科●8〜10月 ●
北海道から九州に分布する多年草。高さ60〜100cmになり、枝先に青紫の鐘形の花を数輪、段状に下垂してつける。
P 葉が出ている間は日なたに置き、休眠後は日陰で保護する。

10 ツルラン （鶴蘭）
ラン科●7〜8月 ○
夏に咲くエビネの仲間。ツルランは鹿児島県南部、屋久島、種子島、沖縄、台湾、中国、マレーシアに分布。花には橙色の突起がある。
P やや湿り気があって、強風の当たらない明るい日陰で管理する。冬凍らないように保護する。

11 トキソウ （朱鷺草）
ラン科●5〜7月 ● ○
北海道、本州、四国、九州の、日当たりのよい湿原に生える多年草。茎が直立し、高さ10〜30cmになり、茎の頂部に紅紫色の花を1花つける。
P 硬質鹿沼土7、軽石砂3の割合で配合した水はけのよい用土で植え、通年、日なたに置く。

12 ナゴラン （名護蘭）
ラン科●6〜7月 ○
本州の一部、四国、九州、沖縄、朝鮮半島に分布し、山地の木に着生している。花は緑白色で、赤紫色の縞や斑点が入り、芳香がある。
P 木陰に吊して管理する。冬は水やりを控えて、凍らないように管理。

1 ニオイハンゲ
(匂半夏) サトイモ科 ◆5～8月 ●
中国原産の球根植物。湿気のある岩場に生える。花は甘い果実のような香りを放ち、サトイモのような美しい斑紋が現れる、小型の野草。
🅿 栽培は容易。一年を通して明るい日陰に置く。

2 ヒメサユリ (姫小百合)
別名：オトメユリ
ユリ科 ◆5～8月 ●
山形県、福島県、新潟県の県境付近の山地から高山帯に分布する日本の特産種。小型で花が美しいことから山野草として人気が高い。
🅿 葉が出ている間は、日なたで管理する。

3 フウラン (風蘭)
別名：フウキラン
ラン科 ◆6～7月 ● ○
本州の関東地方以西、四国、九州、沖縄、朝鮮半島、中国に分布。山地の木や岩に着生する。花はクリーム白か淡桃色で、芳香を放つ。
🅿 木陰に吊り下げて管理する。冬は凍らないところで保護する。

4 ミズバショウ (水芭蕉)
サトイモ科 ◆5～6月 ○
北海道、本州の兵庫県および中部以北の日本海側、カムチャツカに分布する多年草。山地の湿原に群落をつくって生える。仏炎苞は白、長さが8～15cm。小さい花が棒状の花軸に密集する。
🅿 水ぎれしないように注意する。

5 モモイロテンナンショウ
(桃色天南星)
サトイモ科 ◆5～7月 ●
扁球形の地下茎をもつ球根植物で、主に湿った薄暗い山地や林床に生える。モモイロテンナンショウは中国原産。仏炎苞に淡紫色の縦縞が入る。
🅿 一年を通して、直射日光の当たらない、明るい日陰で育てる。

6 レンゲショウマ (蓮華升麻)
キンポウゲ科 ◆7～8月 ● ○
本州の福島県から奈良県に分布する多年草。深山の薄暗い林床に生える。ハスの花に似た花を数輪つける。
🅿 通年、明るい日陰に置く。

山野草　夏 秋 冬

7 イソギク （磯菊）
キク科 ❖ 10～11月 🟡

本州の千葉県犬吠崎から静岡県御前崎の、海岸の崖などに群生する多年草。花は黄色で舌状花がなく、筒状花のみをつける。花径は約5㎝。

🅿 一年を通して、風通しのよい日なたに置く。　季語 秋。

8 イワシャジン （岩沙参）
キキョウ科 ❖ 6～10月 🟣 ○

本州の関東地方西部と中部地方西南部に分布する多年草。山地の日当たりのよい、湿った岩場などに生えている。花は鐘形で、下垂して咲くことが多い。

🅿 芽出しから梅雨までは風通しのよい日なたに、その後は半日陰に置く。

9 ウメバチソウ （梅鉢草）
ユキノシタ科 ❖ 8～10月 ○

北海道、本州、四国、九州、東アジア北部、台湾に分布する多年草。花は白い5弁花で、梅鉢紋に似ていることから、その名がある。

🅿 芽出しのころは日なたで、その後は半日陰で育てる。　季語 夏。

10 カリガネソウ （雁草）
クマツヅラ科 ❖ 9～10月 🔴 🟣

北海道から九州、朝鮮半島、中国に分布する多年草。野山の林縁や道端に生える。長く突き出したしべの形を雁が飛ぶ姿に見立てて、その名がある。

🅿 4～6号の中深鉢に、軽石砂を混ぜた水はけよい用土で植える。年間を通して、明るい日陰に置く。

11 ナンバンギセル
（南蛮煙管）別名：オモイグサ
ハマウツボ科 ❖ 8～10月 🔴 ○

北海道、本州、四国、九州、中国、インド、マレーシアに分布する。山野の草地に生えるイネ科、カヤツリグサ科の植物に寄生する一年草。花は筒状で、先が浅く5裂する。

🅿 一年を通して、日なたで管理する。

12 ノコンギク （野紺菊）
キク科 ❖ 8～11月

本州、四国、九州の野山にごく普通に見られる多年草。茎は高さ50～100㎝。夏から秋にかけて、茎の先端に多数花をつける。花は舌状花で径2.5㎝。

🅿 年間を通して、風通しのよい日なたに置いて管理する。

身近にある野草

《Familiar wild grass》

空き地や畑のあぜ道などで見かける、花の美しい主な雑草を集めてみました。

1 アマドコロ（甘野老）
ユリ科 ◆4〜5月

北海道、本州、四国、九州に分布する多年草。山地の草原や林床、林縁に生える。横に伸びる根茎の先端から、高さ30〜80cmの茎を伸ばして、長さ5〜15cmの長楕円形の葉を互生する。葉のつけ根に1〜2個、長さ約2cmの緑白色の花をつける。季語 夏。

2 ウマノアシガタ
（馬の脚形）別名：キンポウゲ
キンポウゲ科 ◆4〜5月

北海道南西部から本州、四国、九州に分布する多年草。山地や野原の土手などに普通に見られる。茎の高さは30〜60cmで上部で分枝し、径2cmほどの黄色い5弁花をつける。名は葉の形に由来する。季語 春。

3 オオイヌノフグリ
ゴマノハグサ科 ◆3〜5月

ユーラシア、アフリカ原産の一年草。帰化植物。明治のころに渡来して、全国の草地や空き地など、人里近くに繁殖している。茎は地を這うように横に広がり、春に径7〜10mmの瑠璃色の花をつける。果実が犬のふぐり（陰嚢）に似ることから、その名がついた。

4 オオジシバリ
（大地縛り）キク科 ◆4〜7月

日本全土の人里近くに自生する多年草。やや湿り気のある道端や水田などに多く見られる。茎は地を這って長く伸びる。葉は長さ6〜20cm、幅1.5〜3cmのへら状の楕円形。春から夏にかけて10〜30cmの花茎を伸ばして、径3cmぐらいの黄花をつける。小型のものにジシバリがある。

5 オドリコソウ
（踊り子草）シソ科 ❂4〜5月

日本各地の野原や道端の半日陰に生える多年草。高さ30〜50cmの茎を伸ばし、粗い鋸歯のある葉を対生する。春に葉のつけ根に淡紫色または白色の唇形花を輪生する。名は、輪になって段状につく花を、笠をかぶって踊る踊り子の姿に見立てたもの。 季語 夏。

6 オニタビラコ
（鬼田平子）キク科 ❂4〜9月

鬼は大きいという意味で、タビラコより大型で、高さ20〜100cmになる。日本各地の道端や草原、空き地などに生える一・二年草。根出葉の葉の間から花茎を伸ばして分枝し、枝先に径7〜8mmの黄花をつける。

7 オランダガラシ
（和蘭辛子）別名：クレソン
アブラナ科 ❂4〜8月

ヨーロッパに分布する多年草。辛味成分があり生食される。日本には明治の初期に渡来し、栽培されていたものが野生化した。清流の水辺に群生する。

8 カキドウシ
（垣通し）シソ科 ❂4〜5月

日本各地の人家に近い道端の草地や野原に生える、つる性の多年草。葉は円腎形で対生し、葉のわきに唇形の小さな花を1〜3輪ずつつける。茎は開花中は高さ25cmぐらいまで直立するが、花後倒れて地表を這い、節から発根して広がる。 季語 春。

9 カラスノエンドウ
（烏野豌豆）別名：ヤハズノエンドウ
マメ科 ❂3〜6月

本州、四国、九州、沖縄に分布。人里近くに普通に生える一年草。葉は3〜7対の小葉からなり、長さ12〜18mの美しい蝶形花をつける。花後に鞘をもった実がつき、黒く熟す。

10 キケマン （黄華鬘）
ケシ科 ❂3〜5月

本州の関東以西、四国、九州、沖縄の海岸地方や低地で多く見られる二年草。丸くて太い茎を40〜60cmの高さに伸ばし、羽状に裂けた葉をつける。全体に粉白色を帯びる。春には花茎を伸ばして筒状の黄花を穂状につける。この仲間にヤマエンゴサクやムラサキケマンがある。

1 ギシギシ（羊蹄）

タデ科 ● 5～6月

北海道、本州、四国、九州に分布。田畑のあぜ道や湿地などに生える多年草。根出葉は20㎝前後の先のとがった楕円形。5月に高さ約1mの茎を伸ばして分枝し、枝先に薄緑色の小花を穂状につける。若芽は、おひたしやあえもので食用になる。季語 春。

2 キツネノボタン（狐牡丹）

キンポウゲ科 ● 4～7月

北海道、本州、四国、九州に分布。水田のあぜ道や溝など、湿ったところに生える多年草。高さ20～60㎝に伸び、径2㎝ほどの黄花をつける。葉がボタンに似て、キツネの出そうなところに生えるので、その名がある。季語 春。

3 キランソウ（金瘡小草）

別名：ジゴクノカマノフタ
シソ科 ● 3～5月

本州、四国、九州に分布。人家の周囲や野山に普通に生える多年草。茎は地面を這うように伸びて広がり、春に葉のわきに、濃紫色の唇形花をつける。

4 クサノオウ（草黄）

ケシ科 ● 5～7月

北海道、本州、四国、九州に分布。日当たりのよい道端や草地、空き地などに普通に生える多年草。茎は中空で高さ30～80㎝に伸び、裏面が白い羽状の葉を互生する。春から夏に枝先に径2㎝ほどの黄色の4弁花をつける。季語 夏。

5 コバンソウ（小判草）

イネ科 ● 5～6月

ヨーロッパ原産の一年草。帰化植物。明治時代に観賞用として渡来したものが野生化し、特に本州中部以南の沿海地で多く見られる。茎は30～40㎝の高さに伸び、分枝した先に長さ1～2㎝の小穂を垂れ下げる。季語 夏。

6 スイバ（酸葉）

別名：スカンポ
タデ科 ● 5～6月

北海道、本州、四国、九州に分布。空き地、田畑のあぜ道など、人家近くに生える多年草。5月になると根出葉の間から50～80㎝の茎を伸ばし、細かく分枝して紫または淡緑色の小花を多数つける。若い茎をかじると酸味があるので、酸い葉の名がある。季語 春。

野草　春

7 8 スギナ （杉菜）
別名：ツクシンボ、スギナノコ
トクサ科 ❖ 春

北海道、本州、四国、九州をはじめ、北半球の温帯以北に広く分布する多年草。平地から山地までの野原や荒れ地、畑、土手、道路わきなどに生える。早春に、地下茎の節からツクシと呼ばれる胞子茎が現れる。高さは10〜20㎝で、先端が2〜4㎝の胞子穂になり、各節には固いはかまがある。
スギナはツクシと同じ地下茎から生える栄養茎で、ツクシが枯れたころから地上に現れる。高さは30〜40㎝で節が多く、細い枝が輪生する。
季語 春（ツクシ、スギナ）。

7 スギナに先立って現れるツクシ
8 細い枝を輪生させるスギナ

9 スズメノテッポウ
（雀の鉄砲）イネ科 ❖ 4〜6月

北海道、本州、四国、九州に分布する一年草。水田や湿った平地などに群生する。茎は20〜40㎝になり、茎の先に淡緑色の小花を密集した小穂をつける。小穂をスズメがもつテッポウに見立てて、その名がついた。

10 セキショウ （石菖）
サトイモ科 ❖ 3〜5月

本州、四国、九州の溝や小川のほとりなど、湿ったところに生える常緑多年草。葉は長さ20〜50㎝の線形で、春に茎を伸ばして、淡黄色の肉穂をつける。葉がなめらかで美しく、日陰に強いことから庭の下草として利用されることもある。季語 夏。

11 タネツケバナ
（種付花）別名：タガラシ
アブラナ科 ❖ 3〜5月

北海道、本州、四国、九州に分布。溝や小川の縁、水田やあぜ道などに生える一年草。茎は10〜30㎝になり、春に小さな十字花をつける。花後すぐに鞘が伸び出す。季語 春。

12 チガヤ （茅）
イネ科 ❖ 4〜6月

北海道、本州、四国、九州に分布。河原や野原、土手などに群生する多年草。茎は30〜70㎝になり、長さ20〜50㎝の線形の葉をつける。春から初夏に長く伸びた茎の先に銀白色の花穂をつける。根茎は利尿、止血などの漢方薬にされる。季語 秋。

1 タンポポ （蒲公英）

別名：ツヅミグサ、タンポグサ
キク科 ◆ 3〜5月

北海道、本州、四国、九州に分布。全国にわたって分布するのはセイヨウタンポポで、地域によって在来種のタンポポがある。平地から高山までの野原や荒れ地、空き地、土手などに生える多年草。季語 春。

2 シロバナタンポポ

（白花蒲公英）キク科 ◆ 3〜5月

本州の関東地方西部以西、四国、九州に分布するタンポポ。葉は羽状に切れ込みがあり、ほかのタンポポに比べると、やや立っているように見える。春に高さ30cmほどの花茎を伸ばして、頂部に径4cmぐらいの白い花をつける。

3 ナズナ （薺、菁、鈴菜）

別名：ペンペングサ、シャミセングサ
アブラナ科 ◆ 3〜6月

北海道、本州、四国、九州に分布。人里近くに生える一年草。花後に結ぶ実の形が三味線のバチに似ることから、別名がある。季語 新年（なずな摘む）。

4 ノアザミ （野薊）

キク科 ◆ 5〜8月

本州、四国、九州の野山に、普通に見られる多年草。茎が60〜100cmと高く、上部で分枝して、その先端に紅紫色の花をつけるので、よく目につく。花は径4〜5cmと大きい。野生のアザミで春に咲く品種は本種のみ。名は野に咲くアザミの意。季語 春。

5 ハコベ （繁縷）

ナデシコ科 ◆ 3〜9月

北海道、本州、四国、九州に分布。平地や山地にある人里のいたるところに生える一年草。葉は先がとがった卵形で、茎に対生する。花は径5mm。花弁は深く2裂した5弁花で、一見10枚の花弁に見える。季語 春。

6 ハハコグサ （母子草）

別名：ホウコグサ
キク科 ◆ 4〜6月

北海道、本州、四国、九州に分布。平地から山地の、人里に近い空き地や道端、畑の縁、野原などに生える一年草。葉や茎などに綿毛が多く、淡緑色に見える。花茎は20〜30cmぐらいの高さに伸び、分枝した先に黄色の小さな花を多数つける。季語 春。

野草　春

7 ハルジオン
（春紫苑）キク科 ❀4〜6月
北アメリカ原産の帰化植物。多年草。大正時代に渡来し、観賞用に東京で栽培されたものが始まりといわれる。戦後、周辺に急速に広がり、現在では全国的にごく普通に見られるようになった。茎は60cmぐらいに伸び、径2〜2.5cmの花をつける。

8 ヒメオドリコソウ
（姫踊り子草）シソ科 ❀4〜5月
ヨーロッパ、小アジア原産の帰化植物。一年草。明治の中ごろに日本に渡来したといわれる。主に人里の近くの草地や土手、空き地などに生える。茎は10〜20cmで、上部の葉が暗紫色を帯びる。花は小さな唇形花。

9 ヒメスイバ
（姫酸葉）タデ科 ❀5〜6月
ユーラシア原産の多年草。帰化植物。明治初期に渡来し、各地の道端や荒れ地、空き地などでごく普通に見られる。スイバより小型だが、スイバ同様に茎をかじると酸っぱい味がする。

10 11 12 フキ （蕗）
別名：ヤマブキ、ミズブキ
キク科 ❀2〜3月
岩手県以南の本州、四国、九州、沖縄の平地から野山に生える多年草。道端や空き地、野原、川縁などに普通に生える。雌雄異株で地下茎を伸ばして群生する。早春には花茎（フキノトウ）が立ち、頂部に黄色い小花を多数咲かせる。夏には地下茎から長い葉柄のついた葉を伸ばす。葉は腎臓状の円形で直径15〜30cm。

このほか、フキの仲間には、東北地方の北部から北海道にかけて自生するアキタブキがある。葉の直径は1.5m、葉柄は2mになる大型種で、このフキの下にはコロボックルという妖精が住んでいたという伝説がある。

栽培の歴史は古く、10世紀以前から。我が国独特の野菜として栽培された。栽培品種では「愛知早生フキ」「水フキ」などがある。

フキノトウは天ぷらやあえもの、おひたし、フキ味噌に、夏にとるフキは葉柄をゆがいてあくを抜き、おひたしや煮物にする。

10 黄色の小花が集まって咲くフキの花
11 夏に茂るフキの葉
12 早春の味覚、フキノトウ

1 ヘビイチゴ（蛇苺）
バラ科 ❖ 4〜6月

日本全土、中国、台湾、フィリピンなどに分布する多年草。水田のあぜ道、道端、草地など、やや湿り気のあるところに生える。春に径12〜15mmの黄色い花をつけ、花後に赤い実を結ぶ。実は食べてもおいしくない。
上―赤い果実　下―ヘビイチゴの花

2 ホトケノザ（仏座）
別名：サンガイグサ
シソ科 ❖ 3〜6月

本州、四国、九州、沖縄に分布する二年草。人里で普通に見られる。高さ10〜30cmの茎を立ち上げ、円形の葉を対生し、茎の上部にある葉のつけ根に唇形花を輪状につける。 季語 新年。

3 ムラサキケマン
（紫華鬘）ケシ科 ❖ 4〜7月

本州近畿以東の、丘陵地や山地の林縁の日陰や、谷川のそばなどやや湿ったところに生える二年草。茎は高さ20〜50cmになり、多数の花茎を出して、唇形花を多数つける。

4 ムラサキサギゴケ
（紫鷺苔）ゴマノハグサ科 ❖ 4〜5月

本州から九州に分布する多年草。水田のあぜ道など、湿り気のあるところに群生する。葉の間から5〜15cmの花茎を伸ばして、頂部に数輪花をつける。花は紅紫色の唇形花で、長さは1.5〜2cm。白花をつけたものはサギゴケと呼ぶ。 季語 春（さぎごけ）。

5 ラショウモンカズラ
（羅生門蔓）シソ科 ❖ 4〜5月

本州、四国、九州の、山野の木陰や林床に生える多年草。花茎がやや斜上して伸び、高さ20〜30cmになる。卵心形の葉を対生し、上部の葉のわきに唇形花を数輪つける。花後に長い枝を出して、節から発根して広がる。 季語 春。

6 レンゲソウ（蓮華草）
別名：ゲンゲ
マメ科 ❖ 4〜6月

中国原産の帰化植物。根に根粒菌があり、空気中の窒素を固定するため、緑肥として利用された。これが水田地帯を中心に野生化した。茎は根元で多数に分かれ、楕円形の小葉をつける。葉のわきから10〜20cmの花茎を伸ばし、蝶形の花を7〜10輪つける。 季語 春。

野草　春夏

7 イブキトラノオ
（伊吹虎の尾）タデ科 ◆7～9月

北海道、本州、四国、九州の山地の草原に生える多年草。茎は高さ50～100cmに直立し、長さ20cm、幅5cmの細長い葉をつける。夏から初秋に、茎の頂部に長さ3～8cmほどの円柱形の花穂をつけ、白色または淡紅色の小花を密につける。

8 イワダレソウ
（岩垂草）クマツヅラ科 ◆7～10月

本州の関東地方南部以西、四国、九州、沖縄に分布。海岸の砂地や岩場に生える多年草。茎は地面を這い、節から発根して広がる。夏から秋にかけて、葉のわきから花茎を伸ばして、先端に小さな花を多数つける。

9 ウツボグサ （靱草）
別名：カコソウ
シソ科 ◆6～8月

日本全土の山地の草地に生える多年草。茎は四角。先のとがった長楕円形の葉を対生し、茎の頂部にある花穂に小さな唇形花を密につける。 季語 夏。

10 オオバコ （大葉子）
別名：カエルッパ
オオバコ科 ◆4～9月

北海道、本州、四国、九州に分布。平地の道端、空き地など、人が踏みつけるような場所に生える多年草。葉は先のとがった卵形で大きく、太い葉脈が数本並んで通る。春から秋に花茎を出して、小花を穂状につける。 季語 秋。

11 カラスウリ （烏瓜）
ウリ科 ◆8～9月　実：秋

本州、四国、九州に分布。林の縁などに見られるつる性の多年草。8～9月に、レースのように細かく裂けた白花を、夜に開花する。秋には長さ5～7cmの楕円形で、赤く熟した実を吊り下げる。 季語 秋。

12 キバナカワラマツバ
（黄花河原松葉）アカネ科 ◆7～8月

北海道、本州、四国、九州、朝鮮半島に自生する多年草。茎は高さ30～80cmに伸び、線状の葉を8～10枚輪生する。分枝した茎の先に、夏に多数の淡黄色の小花をつける。花が黄色で松葉のような葉をつけ、石がごろごろしている河原のような草原に生えるので、その名がある。

1 コケイラン （小恵蘭）
ラン科 ◆5〜7月

北海道、本州、四国、九州、朝鮮半島、中国に分布する多年草。深山の木陰に生える。細長い葉が2枚つき、20〜40cmの花茎を伸ばして、上部に黄褐色で、ラン特有の唇弁を持つ花を多数つける。花は径1cm。エビネに似ることから、俗にササエビネともいわれる。

2 コヒルガオ
（小昼顔） ヒルガオ科 ◆6〜8月

本州、四国、九州、沖縄に分布。野原や道端で普通に見られるつる性の多年草。地下茎で伸び。三角形のほこ形の葉をつける。花は径3〜4cmの漏斗形、花色は淡紅色。大型で、花茎5cmの花をつけるヒルガオがある。

3 チドメグサ （血止草）
セリ科 ◆5〜10月

北海道を除く全国に分布する多年草。人家に近い草地などに生える。やや切れ込みのある円心形の葉をつけ、白色の小花をつける。葉をもんで傷口につけると血が止まるので、その名がある。

4 チョウジソウ
（丁字草）
キョウチクトウ科 ◆5〜6月

日本全土と朝鮮半島、中国の川岸や湿原などに自生する多年草。直立する茎を立ち上げて高さ40〜80cmになる。茎の上部に青い筒状の花をつける。花の形が高木のチョウジに似ることから、その名がある。 季語 夏。

5 ツユクサ （露草）
ツユクサ科 ◆6〜9月

北海道、本州、四国、九州に分布する一年草。道端や荒れ地、畑の縁などに生える。株は地面を這うように伸びる。盛んに分枝して上部を斜上し、高さ20〜50cmになる。初夏から秋に蝶形の青い花をつける。 季語 秋。

6 ドクダミ （十薬、蕺草）
別名：ジュウヤク
ドクダミ科 ◆6〜7月

本州、四国、九州、沖縄に分布する多年草。平地から山地まで、道端や草地、荒れ地、林縁など、やや湿った半日陰のところに普通に見られる。心臓形の葉をもち、白い花をつけるが、花びらに見えるのは総苞片。花は花心に密集する。 季語 夏。

野草　夏

7 ノカンゾウ
（野萱草）ユリ科 ◆7〜8月
本州、四国、九州、沖縄に分布。野原や山麓の、日当たりのよい場所に生える多年草。夏に70cmほどの花茎を立てて、先を2つに分枝し、それぞれに蕾をつけて、下から順に花をつける。花は漏斗形で径7cmぐらいで、1株に10花ほどつく。花は一日花。

8 ハンゲショウ
（半夏生）別名：カタシログサ
ドクダミ科 ◆6〜8月
本州、四国、九州、沖縄に分布。水辺に生える多年草で、高さ60〜100cm。卵心形の葉を互生する。夏に白い花穂をつけ、同じころに上部にある葉の表面が白くなる。 季語 夏。

9 ヘラオオバコ
（箆大葉子）オオバコ科 ◆6〜7月
ヨーロッパ原産の多年草。帰化植物。日本には幕末ころに渡来し、全国的に広がる。葉は根出葉で、10〜30cmのへら形。夏に30〜80cmの花茎を伸ばして円柱形の花穂をつける。

10 ヤグルマソウ
（矢車草）ユキノシタ科 ◆6〜7月
北海道、本州、朝鮮半島に分布する多年草。深山の谷沿いに生える。長さ40cmほどの5枚の葉が放射状につき、その様子が端午の節句の鯉のぼりに飾る矢車に似ることから、その名がついた。夏に径6〜8mmの小花を集めて円錐状に花をつける。 季語 夏。

11 ヤブカンゾウ
（藪萱草）ユリ科 ◆7〜8月
北海道、本州、四国、九州に分布する多年草。ノカンゾウと似ていて、同じような環境に生える。葉は長さ50〜60cm、幅3〜4cmの広線形。夏に1mほどの花茎が伸びて、先端に径10cm前後の八重咲きの花を数花つける。

12 ヨウシュヤマゴボウ
（洋種山牛蒡）
ヤマゴボウ科 ◆6〜9月
北アメリカ原産の多年草。帰化植物。明治のはじめに渡来し、人家に近い野原や道端、空き地などで普通に見られる。赤みを帯びた太い茎が1〜2mになり、長楕円形の葉をつける。初夏から秋にかけて径5mm前後の白い花をつけ、花後に黒紫色の果実を熟す。

1 イタドリ （虎杖）
別名：スイカンボ
タデ科 ◆ 7～10月
北海道、本州、四国、九州に分布する多年草。荒れ地や河原の土手などに生える。茎は高さ30～150cmになり、先のとがった卵形の大きな葉をつける。夏から秋に枝先に多数の白い小花を集めて花穂をつくる。季語 夏（花）。

2 イヌタデ （犬蓼）
別名：アカマンマ
タデ科 ◆ 6～10月
日本全土に分布する一年草。道端や野原に普通に生え、ままごと遊びに使われたことから、親しみのある別名がある。高さ20～50cm。初夏から秋まで紅色の小花をつける。季語 秋（花）。

3 エノコログサ
（狗尾草）別名：ネコジャラシ
イネ科 ◆ 8～11月
日本全土の日当たりのよい平地でよく見かける。一年草。夏から秋に出る、円柱状の花穂は親しみのあるネコジャラシの名で呼ばれる。季語 秋。

4 オナモミ （葈耳）
キク科 ◆ 8～10月
北海道、本州、四国、九州に分布する一年草。道端や荒れ地に生える。子どもたちがとげのある実をとり、投げ合って衣服にくっけて遊んだ。高さ1mぐらいになる。夏から秋に黄緑色の花がつき、多数のとげのある実を結ぶ。季語 秋。

5 オミナエシ （女郎花）
別名：アワバナ、ボンバナ
オミナエシ科 ◆ 8～10月
北海道、本州、四国、九州に分布する多年草。日当たりのよい山地や丘陵に生える。高さ1mぐらいになり、よく分枝した先に多数の黄色い小花をつける。季語 秋。

6 カナムグラ （金葎）
クワ科 ◆ 9～10月
北海道、本州、四国、九州、奄美大島に分布するつる性の一年草。荒れ地や原野で多く見かける。茎は緑色で長く伸び、とげが多い。地面やほかの植物を覆うようにして伸びる。雌雄異株で、秋に咲く花は、雄花は円錐状に枝先につき（写真）、雌花は垂れてつく。季語 夏。

野草　秋

7 キクイモ （菊芋）
別名：カライモ、シシイモ
キク科 ● 8〜10月

北アメリカ原産の多年草。帰化植物。戦時中に食料や飼料として栽培されたものが、野生化して全国に広まった。高さ1.5〜3m。卵形の葉を対生し、夏から秋に黄花をつける。花は径6〜8cmの舌状花。 季語 秋。

8 クサフジ （草藤）
マメ科 ● 5〜9月

北海道、本州、九州に分布するつる性の多年草。山野の日当たりのよい草地で見られる。茎は約150cmほど伸び、葉の先端が巻きひげになる葉をつける。5〜9月に長さ6〜15cmの花茎を出して青紫の花を多数つける。

9 クズ （葛）
マメ科 ● 8〜9月

北海道、本州、四国、九州、奄美に分布するつる性多年草。強健で、あまり場所を選ばずにどこにでも生える。地面やほかの植物を覆うように伸び、夏から秋に蝶形花をつける。 季語 秋。

10 ゲンノショウコ
（現証拠）別名：イシャイラズ
フウロソウ科 ● 7〜10月

北海道、本州、四国、九州、奄美大島に分布する多年草。茎は30〜50cm、3〜5裂した葉を対生する。夏から秋にかけて、小さな5弁花をつける。東日本では白花、西日本では赤花が多い。下痢止めの薬草として有名。 季語 夏。

11 ススキ （芒、薄）
別名：カヤ
イネ科 ● 8〜10月

北海道、本州、四国、九州に分布する多年草。各地の平地、日当たりのよい山地に生える。高さは1〜1.5m。夏から秋に茎の頂きに、長さ20〜30cmの大きな花穂をつける。 季語 秋。

12 セイタカアワダチソウ
（背高泡立草）
キク科 ● 10〜11月

北アメリカ原産の多年草。帰化植物。一時期、急激に繁殖して、鉄道沿いや休耕田、河原などにはびこり、花粉症の原因の一つにされた。最近、その数が減少している。高さ2.5mくらいになり、10〜11月に、20〜50cmの大きな花穂を枝先につける。

235

1 ヒキオコシ （引起）
シソ科 ◆9～10月

北海道西南部、本州、四国、九州の山地や丘陵に生える多年草。高さが1mほどに伸び、茎には下向きの毛が生えてざらざらしている。先がとがった広卵形の葉を対生し、秋に枝先や葉のつけ根に、円錐形の花穂をつける。花は青紫の唇形花。

2 ヘクソカズラ （屁糞葛）
別名：ヤイトバナ
アカネ科 ◆8～9月

北海道、本州、四国、九州に生えるつる性の多年草。林縁、やぶなどで多く見られる。触れるとひどい臭いがすることから、その名がある。花は漏斗形で中央が赤く染まる。季語 夏。

3 ミズヒキ （水引）
タデ科 ◆8～10月

北海道、本州、四国、九州に分布する多年草。茎はまばらに分枝して50～80cmになり、広楕円形の葉を互生する。8～10月に、細い花穂に小さな赤い花を点々とつける。季語 秋。

4 ミゾソバ （溝蕎麦）
タデ科 ◆8～10月

北海道、本州、四国、九州に分布する一年草。山野の水辺に多く自生している。茎は地面を這い、上部の茎が30～80cmに立ち上がる。茎には下向きのとげがある。ほこ形の葉を互生し、夏から秋に枝先に小花を10花ほど集めて花穂をつける。季語 秋。

5 ヨメナ （嫁菜、娵菜）
キク科 ◆7～10月

本州中部以西、四国、九州に分布する多年草。あぜ道や川の縁などやや湿っていて日当たりのよいところに生える。高さ50～100cmになり、秋には分枝した枝先に、径3cmぐらいの淡紫色の花をつける。季語 秋（花）。

6 ワレモコウ （吾亦紅）
バラ科 ◆8～11月

北海道、本州、四国、九州の日当たりのよい山野に生える多年草。70～100cmになり、8～11月にかけて、枝先に暗赤色の短い円筒状の花穂をつける。花には花弁がなく、4枚の萼片があり、上から下へ咲き進む。季語 秋。

野草 秋 ラン

洋ラン
《Orchid》

「洋ラン」とは、欧米を通じて紹介されたランの総称です。バラエティーに富んだ華やかさは数ある園芸植物のなかでもNo1。主な種類を紹介しましょう。

カトレア類

ラン科◆周年

花茎の長さ：20〜150cm

カトレアは中南米に分布する着生ランだが、近縁の属にレリア（略号L.）、ソフロニティス（Soph.）、ブラサボラ（B.）などがあり、これらとの間では交配が可能であることから、次々と華麗な属間交配種がつくり出されている。そして、カトレアとの間に生まれたこれらの交配種を含めてカトレア類と総称している。主なものにレリオカトレア（Lc.）、ソフロレリオカトレア（Slc.）、ブラソレリオカトレア（Blc.）、4属すべての血が入ったポティナラ（Pot.）などがある。

🅿 冬は夜間、15℃以上に保ちたい。

1 Pot. ラブコール
2 L. アンセプス
3 Slc. ルベッセント アトレウス
　'ピンキー'
4 Slc. ヘーゼル ボイド
　'エンペラー'
5 C. ドゥビオサ
　'パーフェクション'
6 Lc. ピンク コスチューム
7 Blc. アルナ キー
　'T.P. マリー'

237

シンビジウム

ラン科 ✿ 2～4月

花茎の長さ：30～100cm

インド北部の山岳地帯から、ミャンマー、タイ北部、中国雲南省南部の山地に分布する半着生のラン。年末の贈答用としての鉢花として多量に出回るため、洋ランのなかでも最もなじみが深い。アメリカでは切り花としての用途が主なので、長い花茎に大輪の花をつける品種が追求されてきたが、日本では鉢花として改良されてきたため、多花性でコンパクトな咲き方をする品種が主流。なお、近年、人気の下垂性タイプは、フィリピン、オーストラリア、インドネシアなどを原産地とする着生種を改良したもので、従来のシンビジウムに比べ、冬越し温度も少し高い。

📍洋ランのなかで最も低温に強く、育てやすい。春から夏にかけて十分な水と肥料を与え、バルブを充実させることが花つきをよくするコツ。

1 Cym.インシグネ 'サンデリー'
2 Cym.ラブリー バニー 'オセロ'
3 Cym.キス ミー 'キャンドル ライト'

デンドロビウム

ラン科 ✿ 4～5月

H：30～80cm

デンドロビウム属の原種はアジア一帯にかけて広く分布する着生ランで、日本に自生するものにセッコクがある。園芸店で一般にデンドロビウムとして市販されているものは、ヒマラヤ地方に自生するノビル系の改良品種で、シンビジウム同様、冬期の贈答鉢花として盛んに利用されている。低温性なので育てやすい。高温性のデンドロビウムにデンファレがあり、切り花としての需要が多いが、温室が必要なこともあり、家庭で栽培されることは少ない。

📍5月ごろから秋までは、午前中だけ直射日光が当たる戸外で管理する。9月から水は控えめとし、霜が降りる前に暖房のない室内にとり入れる。低温にあわせないと、せっかくの花芽が高芽に変わりやすいので注意する。

1 Den.イースター パレード
2 Den.ヒメザクラ 'サノック'
3 Den.ゴールドスター
　　　'オレンジ ロイヤル'
4 Den.レッド エンペラー 'プリンス'

ラン

ファレノプシス

別名：コチョウラン
ラン科 ◆ 2〜5月
花茎の長さ：30〜100cm

東南アジアに分布する着生ランで、地上から20mほどの高木に着生する。すらりと伸びた花茎に点々と華麗な花をつける様子が蝶の乱舞をおもわせるため、コチョウラン（胡蝶蘭）の名がついた。台湾などではさまざまな花色の園芸品種がつくられているが、日本ではもっぱら白花やピンク花、白弁赤リップの大輪系の品種が、贈答用として大量に生産されている。ファレノプシスは開花調節の技術が進み、年間を通じて開花させることができるので、いつでも開花株を購入できる。

🅿 高温性のランで、冬越しには最低15℃以上に保つ必要がある。ただし、温度さえ保てれば、花を咲かせるのはむずかしいことではない。夏は戸外で育てるが、直射日光は禁物。

1 Phal.ブディ リンファン
2 大輪コチョウラン・ピンク花
3 大輪コチョウラン・白弁赤リップ

パフィオペディラム

ラン科 ◆ 3〜4月
花茎の長さ：15〜70cm

東南アジアを中心に分布する地生ランで、袋状をしたユーモラスなリップ（唇弁）に特徴がある。1本の花茎に1花を咲かせるものと、いくつかの花を咲かせるものとがある。華やかな花色を特徴とする洋ランのなかにあって、パフィオペディラムの花色は、白、茶、黄、緑など、どちらかといえば渋い色調のものが多く、そうした意味でもマニアむきのランといえよう。冬越しは明け方10℃を保てる室内であれば、心配ない。ただし、葉の色が緑1色のものと、緑のなかに白っぽい斑模様が入るタイプとがあり、後者は緑葉の系統に比べ、冬越しにやや高い温度（最低15℃）が必要。

🅿 明るい日陰を好む。根は常に湿り気が必要なので、乾燥には注意する。

1 Paph.ロスチャイルディアナム（原種）
2 Paph.ミクランサム（原種）
3 Paph.ダブル チン（交配種）
4 Paph.モウディエ'マグニフィカム'（交配種）

オンシジウム

ラン科 ◆ 10〜2月 ●●複
花茎の長さ：15〜80cm

西インド諸島から中南米にかけて広く分布する着生ラン。1本の花茎に何十、何百という小花を総状または円錐状につける様子は壮観。400種もの自生が知られているが、切り花や贈答用鉢花として最も普通に流通している明るい黄花の品種は、フレクスオーサム種の改良種。また、最近は甘い香りのするミニ・オンシジウムのトゥインクル'フレグランス ファンタジー'なども人気を呼ぶようになった。

P 洋ランのなかでも特に日光を好む。ただし、必ず30％ほどの遮光を。冬越しに必要な温度は10℃以上。水は好むが、冬の間は乾かしぎみにする。

バンダ

ラン科 ◆ 6〜8月
●●●●●複
花茎の長さ：30〜50cm

インドからニューギニア、オーストラリア、台湾に至るまで、アジア一帯に広く分布する着生ラン。高温を好み、年間を通じて18℃以上に保てれば、休まずに生長して年に3回花を見ることも可能。バンダは単茎種で枝は出ず、上へ上へと伸びる。上部の葉腋から伸び出た花茎に、大型の美しい花を多数つける。特にコエルレア種の淡い空色から濃紫の花色はみごと。

P 木製のバスケットに入れて育てる。植え込み材料は不要。18℃以上に保てる場合は、日に1回の水やりに加え、こまめに霧水を与える。

リカステ

ラン科 ◆ 種によって異なる
●●●●○●複
花茎の長さ：10〜30cm

メキシコからグアテマラ、南米のペルーにかけて分布する地生、または着生ラン。花弁（ペタル）や唇弁（リップ）は小型だが、3枚の萼片（セパル）が大きく発達しているのが特徴。原産地により少しずつ花色やタイプが異なるが、現在日本でよくつくられているのは、丈夫な黄花のアロマティカ（原種）と、白からピンクのスキンネリーを元に改良された交配種。アロマティカ系はよい香りがあるが、スキンネリー系は香りがない。

P 弱光を好むので、夏は60％、冬でも30％の遮光を。冬は10℃以上に。

「花と木の名前」1200がよくわかる図鑑

Picture book to understand
"Name of flowers and trees"
1200

索引
Index

本書に出てくる植物名を五十音順に並べました。

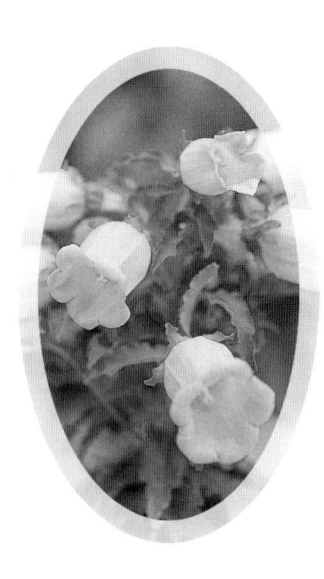

ア

- アーティチョーク……74
- アエオニウム……74
- アオキ……184
- アオキバ……184
- アオギリ……185
- アカシデ……185
- アカバセンニチコウ……114
- アカバナトキワマンサク……158
- アガパンサス……46
- アカマツ……185
- アカマンマ……234
- アカメガシワ……185
- アカメモチ……190
- アカリファ……46
- アカンサス……46
- アキザクラ……106
- アキサンゴ……138
- アキチョウジ……102
- アキメネス……74
- アキレア……60
- アクイレギア……51
- アグラオネマ……118
- アグロステンマ……47
- アケビ……208
- アケボノスギ……202
- アゲラタム……75
- アサガオ……75
- アサギスイセン……38
- アサギリソウ……114
- アサリナ……75
- アザレア……128
- アジアワタ……112
- アジサイ……150
- アシダンセラ……102
- アシビ……128
- アシミ……128
- アジュガ……47
- アスクレピアス……75
- アスター……75
- アスチルベ……47
- アストランティア・マヨール……76
- アスナロ……185
- アスヒ……185
- アスペルラ・オリエンタリス……76
- アズマギク……214
- アセビ……128
- アセミ……128
- アッツザクラ……73
- アテ……185
- アナガリス……47
- アナナス類……118
- アニゴザンサス……22
- アニソドンテア……18
- アネモネ……18
- アビス・コリアナ'オーレア'……204
- アフェランドラ……118
- アフチ……179
- アブチロン……168
- アフリカスミレ……31
- アフリカホウセンカ……77
- アフリカワスレナグサ……49
- アフリカキンセンカ……32
- アフリカンデージー……21
- アフリカンヒアシンス……43
- アベリア……169
- アマドコロ……224
- アマリリス……48
- アメリカザイフリボク……158
- アメリカシャクナゲ……153
- アメリカセンノウ……76
- アメリカデイコ……171
- アメリカノウゼンカズラ……171
- アメリカフヨウ……76
- アメリカヤマボウシ……142

アメリカンブルー……………78	イチゲソウ………………………214	ウケザキオオヤマレンゲ…152
アヤメ……………………48	イチハツ……………………49	ウコン……………………82
アラカシ……………………186	イチョウ……………………186	ウコンコウ……………………34
アラゲガマズミ……………175	イチリンソウ………………214	ウコンバナ……………………139
アラゲハンゴンソウ………101	イトヤナギ……………………195	ウシコロシ……………………175
アラセイトウ………………27	イヌサカキ……………………199	ウシノケグサ……………………64
アララギ……………………186	イヌコリヤナギ '白露錦'……186	ウスベニアオイ………………97
アリウム……………………48	イヌサフラン………………107	ウチョウラン…………………220
アリノミ……………………171	イヌタデ……………………234	ウツギ……………………152
アルクトティス……………18	イヌツゲ……………………187	ウツクシマツ…………………197
アルクトテカ…………………76	イヌマキ……………………187	ウツボグサ……………………231
アルケミラ・モリス………48	イフェイオン…………………19	ウノハナ……………………152
アルストロメリア……………48	イブキトラノオ……………231	ウバメガシ……………………187
アルメリア……………………19	イベリス……………………19	ウマツツジ……………………149
アレカヤシ……………………119	イポメア'トリカラー'……114	ウマノアシガタ………………224
アロエ……………………102	イマメガシ……………………187	ウマメガシ……………………187
アローカシア………………119	イロハモミジ………………189	ウメ……………………130
アワチドリ……………………220	イロマツヨイ…………………56	ウメバチソウ…………………223
アワモリソウ……………………47	イワカラクサ…………………20	ウメモドキ……………………174
アンゲロニア……………………77	イワザクラ……………………149	ウンランモドキ………………33
アンスリウム………………119	イワシャジン…………………223	
アンチューサ……………………49	イワタバコ……………………220	**エ**
	イワダレソウ…………………231	エキウム……………………49
イ	イワチドリ……………………214	エキザカム……………………103
イイギリ……………………174	イワハナビ……………………101	エキナケア……………………77
イースターカクタス………19	イワヤツデ……………………218	エキノプス……………………77
イカダカズラ………………164	イワラン……………………220	エゴ……………………152
イカリソウ……………………19	インカノユリ…………………48	エゴノキ……………………152
イキシア……………………19	イングリッシュローズ……160	エスキナンサス………………20
イシナラ……………………194	インチュンホワ……………132	エゾエンゴサク………………215
イシブキ……………………109	インドワタ……………………112	エゾギク……………………75
イシャイラズ………………235	インパチエンス……………77	エッグボール…………………78
イスメネ……………………94		エドキリシマ…………………133
イソギク……………………223	**ウ**	エニシダ……………………129
イソトマ……………………49	ウインターグラジオラス…103	エニスダ……………………129
イタジイ……………………195	ウォーターヒアシンス………97	エノコログサ…………………234
イタドリ……………………234	ウォールフラワー……………20	エノテラ……………………64
イチイ……………………186	ウキツリボク………………168	エビスグサ……………………57

エビネ……………………20
エボルブルス………………78
エラチオールベゴニア………44
エリカ………………………129
エリゲロン……………49, 214
エリスロニウム………………20
エリヌス・アルピヌス………20
エリンジウム…………………78
エレムルス……………………49
エンジェルストランペット…170
エンジュ……………………188
エンメイギク…………………32

オ

オイランソウ…………………59
オウショッキ…………………90
オウバイ……………………132
オウバイモドキ……………132
オウレン……………………215
オオアマナ……………………50
オオアラセイトウ……………43
オオイヌノフグリ…………224
オオイワギリソウ……………24
オオジシバリ………………224
オオソテツ…………………196
オオタニウツギ……………152
オオタニワタリ……………119
オオデマリ…………………132
オーニソガラム………………50
オオバアカメガシワ………188
オオバコ……………………231
オオバジシャ………………159
オオバナエンレイソウ……215
オオハリソウ…………………56
オオバンソウ…………………72
オーブリエチア………………21
オオベニガシワ……………188
オオベニウツギ……………152

オオベンケイソウ…………103
オオミスミソウ……………215
オオムラサキ………………129
オオムラサキリュウキュウ…129
オオヤエクチナシ…………154
オオヤマレンゲ……………153
オールドローズ……………160
オカズラ……………………190
オカトトキ……………………80
オカトラノオ…………………100
オカメザサ…………………207
オキザリス…………………103
オキザリス '紫の舞'………115
オキザリス・レグネリー……115
オキシペタルム………………50
オキナグサ……………………21
オシロイバナ…………………78
オステオスペルマム…………21
オダマキ………………………51
オックスアイデージー………39
オトコマツ…………………192
オトコヨウゾメ……………133
オトメギキョウ………………21
オトメザクラ…………………40
オトメユリ…………………222
オドリコソウ………………225
オナガエビネ………………220
オナモミ……………………234
オニオドシ…………………181
オニゲシ………………………50
オニタビラコ………………225
オマツ………………………192
オミナエシ…………………234
オモカゲグサ………………149
オモト…………………………50
オランダカイウ………………80
オランダガラシ……………225
オランダセキチク……………52

オランダセンニチ……………78
オリーブ……………………188
オリエンタルポピー…………50
オリヅルラン………………119
オンコ………………………186
オンシジウム………………240
オンナマツ…………………185
オンファロデス………………21

カ

ガーデニア…………………154
カーネーション………………52
ガーベラ………………………79
カイヅカ……………………188
カイヅカイブキ……………188
カイヅカビャクシン………188
カイドウ……………………133
ガイラルディア………………78
ガウラ…………………………79
カエデ類……………………189
カエルッパ…………………231
カカリア………………………79
カガリビバナ………………107
カキ…………………………174
カキツバタ……………………50
カキドウシ…………………225
カキラン……………………220
ガクアジサイ………………150
カクレミノ…………………188
カゲツ………………………103
カコソウ……………………231
カザグルマ…………………210
ガザニア………………………52
カジュマル…………………121
カシワ………………………188
カシワギ……………………188
カシワバアジサイ…………150
カシワバゴムノキ…………121

カスミソウ……………52	カリガネソウ……………223	キソケイ……………132
カタカゴ……………215	カリステモン……………154	キダチルリソウ……………65
カタクリ……………215	カリフォルニアン・ブルーベル 64	キチコウ……………80
カタゴ……………215	カリフォルニア・ポピー……64	キチジソウ……………65
カタシログサ……………233	カリン……………175	キッコウチク……………207
カッコウアザミ……………75	カルセオラリア……………22	キツネノカミソリ……………220
カッコウソウ……………216	カルミア……………153	キツネノチャブクロ……177
カツラ……………190	カレーバイン……………208	キツネノテブクロ……57
カトレア類……………237	カロライナジャスミン……208	キツネノボタン……………226
カナムグラ……………234	カワラナデシコ……………52	キツネユリ……………82
カナメモチ……………190	カンガルーポー……………22	キハチス……………173
カバノキ……………196	カンキソウ……………219	キバナカワラマツバ……231
カマクラヒバ……………197	ガンジツソウ……………38	キバナコスモス……………80
ガマズミ……………175	ガンゼキラン……………216	キバナセツブンソウ……217
カマツカ……………175	カンナ……………79	キバナタマスダレ……108
カマッシア……………52	カンパニュラ・イソフィラ… 53	キバナノアマナ……………216
カミヤツデ……………190	カンパニュラ・グロメラータ 53	キバナノコスモス……80
カムシバ……………139	カンパニュラ・パーシシフォーリア	キバナフジ……………154
カメリア……………140	……………68	キバナルピナス……………22
カモミール……………57	カンパニュラ・メディウム… 53	キブシ……………133
カヤ……………190, 235	カンパニュラ・ラティフォリア	キフジ……………133, 188
カヤノキ……………190	……………53	キブネギク……………109
カラー……………80	カンボク……………132	ギボウシ……………54
カラアイ……………82	ガンライコウ……………110	キミカゲソウ……………60
カライモ……………235		キャラボク……………186
カラウメ……………183	**キ**	キャンディタフト……19
カラジウム……………120	キキョウ……………80	球根ベゴニア……………80
カラスウリ……………231	キキョウナデシコ……65	キョウガノコ……………54
カラスオウギ……………93	キク……………104	キョウチクトウ……………169
カラスノエンドウ……225	キクイモ……………235	ギョリュウ……………191
カラタチ……………191	キクザキイチゲ……………216	ギョリュウバイ……………153
カラタチバナ……………175	キクザキイチリンソウ……216	キランジソ……………83
カラタニウツギ……………152	キクニガナ……………88	キランソウ……………226
カラタネオガタマ……153	キクバオウレン……………215	キリ……………191
カラテア……………120	キケマン……………225	ギリア……………22
カラナデシコ……………30	キコク……………191	ギリア・ルテア……………72
カラボケ……………145	ギシギシ……………226	キリシマツツジ……………133
カランコエ……………21	キショウブ……………54	キリンソウ……………81

キルタンサス……………81	クマザサ……………207	クロユリ……………39
キンカン……………175	クマシデ……………192	グロリオサ……………82
キンキャラ……………186	グミ……………169	クワ……………192
キンギョソウ……………55	クモマグサ……………23	クンショウギク……………52
キングサリ……………154	グラジオラス……………81	クンシラン……………24
キンシバイ……………154	クラスペディア……………54	
キンセンカ……………22	クリ……………176	**ケ**
キンチャクソウ……………22	クリアンサス……………55	ケイトウ……………82
ギンナンノキ……………186	クリーピングタイム……………54	ゲウム……………56
ギンパイソウ……………63	クリサンセマム……………23	ケープ・プリムローズ……60
キンポウゲ……………224	クリスマス・ベルズ……84	ゲッカビジン……………83
キンポウジュ……………154	クリスマスカクタス……107	ゲッケイジュ……………192
キンモクセイ……………176	クリスマスローズ……106	ケマンソウ……………24
ギンモクセイ……………176	クリヌム……………55	ケムリノキ……………158
ギンヨウアカシア……133	クリビア……………24	ケヤキ……………193
キンレンカ……………81	クリムソンクローバー……30	ゲンカイツツジ……………134
	クリンソウ……………55	ゲンゲ……………230
ク	クルクマ……………82	ゲンノショウコ……………235
クササンタンカ……………96	クルマミズキ……………200	ゲンペイウツギ……………164
クサショウジョウソウ……86	クルミ……………177	
クサノオウ……………226	クルメツツジ……………134	**コ**
クサフジ……………235	グレープヒアシンス……43	コウオウカ……………173
クサフヨウ……………76	クレオメ……………82	コウジ……………183
クサボケ……………145	クレソン……………225	コウショッキ……………99
クサヤマブキ……………219	クレピス……………68	コウスイソウ……………65
クジャクアスター……………81	クレマチス……………210	コウノキ……………190
クジャクサボテン……………81	クロガシ……………196	コウホネ……………83
クジャクソウ……………98	クロガネモチ……………176	コウメ……………142
クス……………191	グロキシニア……………24	コウヤマキ……………193
クズ……………235	クロタネソウ……………55	コーヒーノキ……………120
クスノキ……………191	クロチク……………207	コキア……………115
クチナシ……………154	クロッカス……………24	ゴクラクチョウカ……………87
クヌギ……………191	クロッサンドラ……………82	コケイラン……………232
クノギ……………191	クロトン……………120	コゴメバナ……………149
クフェア……………23	クロフネツツジ……………134	ゴサイバ……………185
クプレッサス・マクロカルパ 'ゴールドクレスト'……204	黒法師……………74	ゴシキトウガラシ……………83
クマガイソウ……………216	クロマツ……………192	ゴシキドクダミ……………115
	クロモジ……………192	コシキブ……………177

コスモス……………106	サクラソウ……………24	ジオウ……………101
コソネ……………185	ザクロ……………169	シオン……………107
木立ベゴニア……………56	ササユリ……………221	四季咲きベゴニア……………95
コチョウソウ……………24	サザンカ……………178	ジギタリス……………57
コットンラベンダー……………115	サツキ……………156	シクラメン……………107
ゴデチア……………56	サツキツツジ……………156	ジゴクノカマノフタ……………226
コデマリ……………135	サツマウツギ……………159	シコンノボタン……………170
コトネアスター……………176	サツマギク……………75	シザンサス……………24
コトリトマラズ……………201	サトウシバ……………139	シシイモ……………235
コナラ……………194	サトトネリコ……………197	シダルケア……………84
コネソ……………133	サネカズラ……………212	シダレヤナギ……………195
コノテガシワ……………193	サフラン……………107	シチヘンゲ……………173
コバノズイナ……………169	サポナリア……………84	シッサス……………122
コバンソウ……………226	サラサウツギ……………152	シデコブシ……………138
コヒルガオ……………232	サラサドウダンツツジ……………139	シナマンサク……………146
コブシ……………135	サルスベリ……………170	シナワスレナグサ……………57
コブシハジカミ……………135	サルダメシ……………173	ジニア……………86
コムギセンノウ……………64	サルビア……………85	シネラリア……………108
ゴムノキ類……………121	サルピグロッシス……………56	シノグロッサム……………57
コムラサキ……………177	サワラ……………194	シバザクラ……………25
コモチグサ……………214	サワラギ……………194	ジプソフィラ・レペンス……………25
ゴヨウマツ……………193	サンガイグサ……………230	シベリアアイリス……………57
コリウス……………83	サンゴシトウ……………171	シホウチク……………207
コリセウムアイビー……………59	サンゴジュ……………177	ジャーマンアイリス……………58
コリンジア……………56	サンザシ……………135	ジャーマンカモマイル……………57
コルチカム……………107	サンシクヨウソウ……………19	シャーレポピー……………25
コルムネア……………120	サンシュユ……………138	シャガ……………25
コレオプシス……………83	サンショウ……………195	シャクナゲ……………155
ゴンズイ……………177	三色スミレ……………37	シャクヤク……………57
コンフリー……………56	サンセベリア……………122	ジャコウレンリソウ……………27
コンボルブルス……………84	サンダーソニア……………84	シャコバサボテン……………107
	サンタンカ……………170	シャスターデージー……………57
サ	サントリナ……………115	シャゼンムラサキ……………49
	サンビタリア……………84	ジャノヒゲ……………59
サイネリア……………108		ジャノメギク……………41
サイモリバ……………185	**シ**	ジャノメソウ……………93
サカキ……………194		シャボンソウ……………84
サギソウ……………221	シイ……………195	シャミセングサ……………228
サクラ……………136	シェフレラ……………122	

246

シャラノキ……………159	シロクジャク……………81	スイモノグサ……………218
シャリンバイ……………195	シロジシャ……………139	スイレン……………59
シュウカイドウ……………108	シロタエギク……………116	スエツムハナ……………65
シュウメイギク……………109	シロバナタンポポ……228	スオウバナ……………142
ジュウヤク……………232	シロバナマンジュシャゲ…112	スカエボラ……………60
ジューンベリー……………158	シロブナ……………200	スカビオサ……………86
シュクシャ……………86	シロミミナグサ……………62	スカンポ……………226
宿根アリッサム……………25	シロヤマブキ……………138	スギ……………196
宿根ネメシア……………26	ジンジャー……………86	スギナ……………227
宿根バーベナ……………26	ジンチョウゲ……………138	スギナノコ……………227
宿根フロックス……………59	シンバラリア……………59	スズカケ……………135
ジュニペラス・サビーナ 'バリエガータ'………205	シンビジウム……………238	スズカケノキ……………200
ジュニペラス・サビーナ 'モンナ'……………205	**ス**	ススキ……………235
ジュニペラス・スクワマータ 'ブルースター'………205	スイートアリッサム……27	スズメノテッポウ……227
ジュニペラス・バージニアナ 'スカイロケット'………204	スイートピー……………27	スズラン……………60,220
ジュニペラス・ホリゾンタリス 'ブルーチップ'………205	スイカンボ……………234	スズランスイセン……30
シュロチク……………122	スイシカイドウ……………133	スターチス……………100
シュンギク……………84	スイセン……………28	スタキス……………60
ショウコウバイ……………153	スイセンノウ……………59	スダジイ……………195
ショウゴバナ……………82	スイバ……………226	ステイロディスカス……27
ショウジョウソウ……………86		ステルンベルギア……108
ショウジョウバカマ……216		
ショウブ……………63		
シラー……………26		
シライトソウ……………217		
シラカシ……………196		
シラカバ……………196		
シラカンバ……………196		
シラネアオイ……………217		
シラユキゲシ……………26		
シラン……………27		
シレネ・アルメリア……27		
シロアミメグサ……………122		

ストケシア……………86	セネシオ……………123	タイリントキソウ……217
ストック………………27	セネシオ・レウコスタキス116	タイリンルリマガリバナ…95
ストレプトカーパス……60	ゼフィランサス………87	タイワントキソウ……217
ストレリッチア・レギネ…87	ゼブリナ………………123	ダヴィディア…………164
ストロベリーキャンドル…30	ゼラニウム……………87	タギョウショウ………197
スナップドラゴン………55	セリンセ………………31	ダスティーミラー……116
スノードロップ…………30	セルピムソウ…………54	タチアオイ………88, 215
スノーフレーク…………30	セロシア………………82	タチジャコウソウ………61
スパティフィラム……122	センダン……………179	タチバナ……………175
スパラキシス……………30	センテッドゼラニウム…87	タツタソウ…………218
スプレケリア……………60	セントポーリア…………31	ダッチアイリス…………32
スミレ……………………30	センニチコウ…………88	タツナミソウ………218
スモウトリバナ…………30	センニチソウ…………88	ダツラ………………170
スモークツリー………158	センニンコク…………94	タニウツギ…………158
	センネンボクラン……198	タネツケバナ………227
セ	センボンタンポポ……68	タフテッドパンジー……37
	センリョウ…………179	タマクルマバソウ………76
セイタカアワダチソウ…235		タマサンゴ…………182
セイヨウアツキ…………61	**ソ**	タマスダレ……………87
セイヨウアジサイ……150		タマツバキ…………198
セイヨウカタクリ………20	ソケイモドキ………208	タマノオソウ………111
セイヨウキランソウ……47	ソテツ………………196	タムシバ……………139
セイヨウサクラソウ……40	ソバノキ……………190	タモ…………………197
セイヨウサンザシ……135	ソリダスター…………87	タラヨウ……………197
西洋ツツジ……………128	ソロ…………………185	ダリア…………………89
セイヨウノコギリソウ…60	ソロノキ……………185	ダンギク………………88
セイヨウハコヤナギ…201		ダンコウバイ………139
セイヨウヒイラギ……182	**タ**	ダンゴギク……………96
セイヨウフウチョウソウ…82		タンチョウソウ……218
セイヨウマツムシソウ…86	ダールベルグデージー…31	タンポポ……………228
セキコク……………217	ダイオウショウ……196	
セキショウ…………227	ダイオウマツ………196	**チ**
セキチク………………30	ダイコンソウ…………56	
セッコク……………217	タイサンボク………158	チオノドクサ…………32
セッコツボク………198	ダイダイモッコ……203	チガヤ………………227
セツブンソウ………217	タイツリソウ…………24	チグリジア……………88
セトクレアセア	タイマツバナ…………99	チゴグサ………………21
'パープルハート'……115	タイム…………………61	チゴザサ……………207
ゼニアオイ……………61	ダイヤモンドリリー…109	チコリ…………………88
	タイリンカッコウ……60	

248

チシャノキ………152	ツリウキソウ………95	**ト**
チドメグサ………232	ツリガネカズラ………208	ドイツアザミ………62
チドリソウ………69	ツリガネニンジン………221	トウオガタマ………153
チャ………179	ツリガネヤナギ………66	トウカエデ………189
チャイブ………61	ツルニチニチソウ………115	トウショウブ………81
チャボハシドイ………167	ツルハナサス………208	ドウダンツツジ………139
チャボヒバ………197	つるバラ………160	トウナンテン………143
チャメシパリス・オブトゥーサ	ツルボ………26	トーチリリー………91
'ナナルテア'………205	ツルラン………221	トキソウ………221
チャメシパリス・ピシフェラ	ツワブキ………109	トキワザクラ………40
'フィリフェラオーレア'………205	ツンベルギア………32	トキワサンザシ………181
チューリップ………34	**テ**	トキワマンサク………158
チョウジガマズミ………139	ディアスキア………90	ドクゼリモドキ………72
チョウジグサ………138	ティアレア………61	ドクダミ………232
チョウジソウ………232	テイカカズラ………208	ドクダミ'カメレオン'………115
長生蘭………217	デイグ………171	トケイソウ………209
チョウセンアザミ………74	デイコ………171	トサミズキ………142
チリアヤメ………32	デイゴ………171	トチノキ………159
ツ	ディジゴセカ………123	トネリコ………197
ツウソウ………190	ディフェンバキア………123	トビラ………198
ツウダツボク………190	ディプラデニア………90	トベラ………198
ツキ………193	ディモルフォセカ………32	ドラセナ・マルギナタ………124
ツキヌキニンドウ………208	デイリリー………96	トラデスカンティア………123
ツクシ………227	ディル………61	トラフユリ………88
ツクシンボ………227	デージー………32	ドラムスティック………54
ツクバネアサガオ………96	デコラゴムノキ………121	トリカブト………90
ツゲ………197	デザートピー………55	トリテレイア………62
ツタバキリカズラ………75	テッセン………210	トリトマ………91
ツバキ………140	テマリバナ………132,135	トリモチ………202
ツバメズイセン………60	テランセラ………114	トルコギキョウ………90
ツボサンゴ………61	デルフィニウム………62	トレニア………91
ツマクレナイ………97	テングノハウチワ………202	トロロアオイ………90
ツヤ・オキシデンタリス	テンジクアオイ………87	**ナ**
'ウッドワーディー'………206	テンジクボタン………89	ナギイカダ………179
ツヤ・オキシデンタリス	デンドロビウム………238	ナゴラン………221
'ラインゴールド'………206	テンニンギク………78	ナシ………171
ツユクサ………232		

ナスタチウム……………81	**ネ**	ハウチワカエデ…………189
ナズナ………………228		ハエマンサス……………109
ナツウメ………………212	ネグンドカエデ…………189	ハガキノキ………………197
ナツザキテンジクアオイ…41	ネコジャラシ……………234	ハギ………………………172
ナツシロギク………………67	ネコノヒゲ…………………91	パキスタキス・ルテア……172
ナツズイセン……………112	ネコヤナギ………………180	ハクウンボク……………159
ナツツバキ………………159	ネズミモチ………………198	ハクチョウゲ……………159
ナツメ……………………180	ネフロレピス……………123	ハクチョウソウ……………79
ナツユキソウ………………62	ネメシア……………………33	ハグマノキ………………158
ナノハナ……………………33	ネモフィラ…………………33	ハクレンボク……………158
ナラ………………………194	ネリネ……………………109	ハゲイトウ………………110
ナンジャモンジャ………143		ハコネウツギ……………164
ナンテン…………………180	**ノ**	バコパ………………………92
ナンテンギリ……………174		ハコベ……………………228
ナンバンギセル…………223	ノアザミ…………………228	ハゴロモギク………………18
	ノウゼンカズラ…………171	ハゴロモジャスミン……209
ニ	ノウゼンハレン……………81	ハゴロモルコウソウ……101
	ノカンゾウ………………233	ハジカミ…………………195
ニーレンベルギア…………63	ノコンギク………………223	バジル'ダークオパール'…63
ニオイアラセイトウ………20	ノボタン…………………170	ハス…………………………92
ニオイシュロラン………198	ノボリフジ…………………22	ハゼノキ…………………203
ニオイテンジクアオイ……87	ノムラカエデ……………189	ハタツモリ………………173
ニオイハンゲ……………222	ノリウツギ………………150	ハチス……………………173
ニゲラ………………………55		ハッカ………………………98
ニコチアナ…………………93	**ハ**	ハッキュウ…………………27
ニシキギ…………………180		パッシフローラ…………209
ニシキジソ…………………83	ハアザミ……………………46	ハツユキソウ……………117
ニセツゲ…………………187	バージニアストック………43	ハナアオイ…………………69
ニチニチカ…………………91	ハーデンベルギア………209	ハナアザミ…………………62
ニチニチソウ…………91,94	バーバスカム………………92	ハナイカダ………………199
ニホンサクラソウ…………24	バーベナ……………………36	ハナウリクサ………………91
ニューギニア・インパチエンス	バイカウツギ……………159	ハナエンジュ……………164
……………………77	バイカオウレン…………215	ハナカイドウ……………133
ニューサイラン…………116	バイカカラマツ…………218	ハナカタバミ……………103
ニリンソウ………………214	パイナップルミント………63	ハナカンナ…………………79
ニワウメ…………………142	パイナップルリリー………99	ハナギリソウ………………74
ニワゼキショウ……………63	ハイヒカゲツツジ………143	ハナキリン…………………93
ニワトコ…………………198	ハイビスカス……………172	ハナキンポウゲ……………44
ニワナズナ…………………27	ハイブリッド・ティーローズ…160	
	バイモ………………………39	

ハナグルマ……79	ハンテンボク……203	ビナンカズラ……212
ハナサフラン……24	ハンニチバナ……165	ヒノキ……199
ハナシノブ……63	パンパスグラス……110	ヒバ……185, 194
ハナショウブ……63	**ヒ**	ヒマラヤシーダー……200
ハナズオウ……142		ヒマラヤスギ……200
ハナスベリヒユ……97	ヒアシンス……36	ヒマラヤの青いケシ……68
ハナタバコ……93	ヒース……129	ヒマラヤユキノシタ……110
ハナツクバネウツギ……169	ヒイラギ……181	ヒマワリ……94
ハナツルグサ……20	ヒイラギナンテン……143	ヒメアガパンサス……62
ハナトラノオ……95	ヒイラギモクセイ……199	ヒメウツギ……164
ハナトリカブト……90	ヒエンソウ……62	ヒメエニシダ……129
ハナナ……33	ヒオウギ……93	ヒメオドリコソウ……229
ハナニラ……19	ヒオウギズイセン……45	ヒメキンギョソウ……72
ハナネギ……48	ビオラ……37	ヒメケマンソウ……38
花ザクロ……169	ビカクシダ……124	ヒメコスモス……38
ハナビシソウ……64	ヒカゲツツジ……143	ヒメコブシ……138
ハナミズキ……142	ヒガンバナ……112	ヒメコマツ……193
ハニシ……203	ヒキオコシ……236	ヒメサユリ……222
ハハコグサ……228	ヒゲナデシコ……36	ヒメシャガ……38
バビアナ……36	ヒサカキ……199	ヒメシャラ……200
パフィオペディラム……239	ビジョザクラ……36	ヒメスイバ……229
ハブランサス……93	ビジョナデシコ……36	ヒメツルソバ……94
ハボタン……110	ビスカリア……64	ヒメノカリス……94
ハマカンザシ……19	ピセア・アビス	ヒメハナシノブ……22
ハマヒサカキ……199	'ニディフォルミス'……206	ヒメヒオウギズイセン……99
ハヤサキユキゲユリ……32	ピセア・グラウカ	ヒメビジョザクラ……26
バラ……160	'アルバーティアナコニカ'……206	ヒメフウロ……218
バルーンパイン……95	ピセア・プンゲンス	ヒメフヨウ……18
ハルコガネバナ……138	'ホプシー'……206	ヒメミズキ……143
ハルジオン……229	ピセア・プンゲンス	ヒメリュウキンカ……219
ハルシャギク……93	'モンゴメリー'……206	ヒメリョウブ……169
ハルフヨウ……217	ヒソップ……93	ヒメリンゴ……181
パロケツツ……39	ヒッペアストラム……48	ヒモゲイトウ……94
ハンカチノキ……164	ヒデリソウ……97	ヒャクジツコウ……170
ハンゲショウ……233	ヒトエコクチナシ……154	ヒャクニチソウ……86
パンジー……37	ヒトツバタゴ……143	百両金……175
バンダ……240	ヒトリシズカ……219	ヒュウガミズキ……143
パンダカンアオイ……218	ヒナギク……32	ヒューケラ……61

ビヨウヤナギ…………164	ブライダルベール………125	ベニバナトチノキ………159
ピラカンサ……………181	ブラキカム……………38	ベニハリ………………43
ヒラドツツジ…………143	ブラシノキ……………154	ベニヒメリンドウ………103
ヒルザキツキミソウ……64	プラタナス……………200	ベニヒモノキ…………46
ピレア…………………124	ブラックベリー………172	ベニラン………………27
ヒロハノハナカンザシ…45	フランスギク…………39	ヘビイチゴ……………230
ビンカ…………………115	フランネルソウ………59	ペペロミア……………125
フ	フリージア……………38	ヘメロカリス…………96
	フリチラリア…………39	ヘラオオバコ…………233
ファセリア・カンパニュラリア 64	プリムラ………………40	ペラルゴニウム………41
ファレノプシス………239	ブルークローバー……39	ヘリアンセマム………165
フィソステギア………95	ブルースター…………50	ヘリオトロープ………65
フィロデンドロン・セロウム 124	ブルーデージー………41	ヘリクリサム…………65
フウキラン……………222	ブルビネラ……………41	ヘリクリサム・ペティオラタム 116
ブーゲンビレア………164	ブルーファンフラワー…60	ベルゲニア……………110
フウセンカズラ………95	ブルンバゴ……………212	ベルフラワー…………21
フウセントウワタ……64	フロックス・ドラモンディー 65	ヘレニウム……………96
フウラン………………222	フロリバンダローズ…160	ベロニカ
フウリンソウ…………53	ブロワリア……………95	'オックスフォードブルー'…41
フェスツカ……………64	**ヘ**	ベロニカ
フェニックス…………125		'ジョージアブルー'…41
フカミグサ……………166	ヘーベ…………………65	ベロニカ・スピカタ……96
フキ……………………229	ヘクソカズラ…………236	ベンジャミナ…………121
フキノトウ……………229	ベゴニア・センパフローレンス 95	ペンステモン…………66
フクシア………………95	ペチュニア……………96	ペンタス………………96
フクジュソウ…………38	ヘデラ…………………125	ペンツィア……………42
フクラモチ……………176	ベニウツギ……………158	ペンペングサ…………228
フサフジウツギ………165	ベニコブシ……………138	ヘンリーヅタ…………212
フジ……………………144	ベニサンゴバナ………172	**ホ**
フジバカマ……………110	ベニジウム……………41	
フタリシズカ…………219	ベニドウダン…………139	ホウキグサ……………115
フッキソウ……………65	ベニニガナ……………79	ホウコグサ……………228
ブッドレア……………165	ベニバナ………………65	ホウセンカ……………97
プテリス………………125	ベニバナアマ…………69	ホオガシワ……………165
ブドウ…………………172	ベニバナイチゴ………41	ホオズキ………………66
ブナ……………………200	ベニバナエゴノキ……152	ポーチドエッグプランツ 72
フユサンゴ……………182	ベニバナサワギキョウ…95	ポーチュラカ…………97
フヨウ…………………170	ベニバナダイコンソウ…56	ホオノキ………………165

ホーリー……………………182	マキ……………………187, 196	ミソハギ……………………98
ホクシャ……………………95	マサカキ……………………194	ミツデ……………………188
ボケ……………………145	マサキ……………………201	ミツバツツジ……………147
ホザキアヤメ………………36	マサキノカズラ……………208	ミツマタ……………………146
ホザキシモツケ……………165	マダガスカルシタキソウ…212	ミツマタコウゾ……………146
ホザキナナカマド…………173	マダガスカルジャスミン…212	ミツマタノキ………………146
ホシクジャク………………19	マダケ……………………207	ミニチュアローズ…………160
ホスタ……………………54	マタタビ……………………212	ミニホリホック………………84
ホソバシャクナゲ…………155	マツカサアザミ………………78	実ザクロ……………………169
ホソバヒイラギナンテン…143	マツバギク……………………66	ミムラス……………………68
ホソバヒャクニチソウ………86	マツバボタン…………………97	ミモザ……………………133
ホタルカズラ………………42	マツモトセンノウ……………97	ミヤギノハギ………………172
ホタルソウ……………………42	マトリカリア…………………67	ミヤコワスレ…………………67
ホタルブクロ…………………67	マメツゲ……………………187	ミヤマヨメナ…………………67
ボタン……………………166	マメフジ……………………133	ミヨソティス…………………45
ボタンイチゲ…………………18	マメブキ……………………133	ミント……………………98
ポットマリーゴールド………22	マユハケオモト……………109	**ム**
ポッポゥユス………………202	マユミ……………………182	ムギセンノウ…………………47
ホテイアオイ…………………97	マランタ……………………126	ムギワラギク…………………65
ホテイチク…………………207	マリーゴールド………………98	ムクゲ……………………173
ホトケノザ…………………230	マルコミア・マリティマ……43	ムクロ……………………201
ポトス……………………126	マルバシャリンバイ………195	ムクロジ……………………201
ホトトギス……………………110	マルバヤナギザクラ………149	ムシトリナデシコ……………27
ポプラ……………………201	マロウ………………………97	ムスカリ……………………43
ホホベニエニシダ…………129	マンサク……………………146	ムメ……………………130
ホヤ・カルノサ……………126	マンジュギク…………………98	ムラサキクンシラン…………46
ボリジ………………………66	マンデビラ……………………90	ムラサキケマン……………230
ホリホック……………………88	マンネングサ…………………67	ムラサキゴテン……………115
ホンエンジュ………………188	マンネンロウ…………………44	ムラサキサギゴケ…………230
ホンガヤ……………………190	マンリョウ……………………182	ムラサキシキブ……………183
ホンサカキ…………………194	**ミ**	ムラサキツユクサ……………98
ホンツゲ……………………197	ミズキ……………………200	ムラサキナズナ………………21
ボンバナ……………………98	ミズバショウ………………222	ムラサキハシドイ…………167
ホンヒ……………………199	ミズヒキ……………………236	ムラサキハナナ………………43
ホンマキ……………………193	ミズブキ……………………229	ムラサキバレンギク…………77
マ	ミセバヤ……………………111	ムレナデシコ…………………52
マーガレット…………………42	ミゾソバ……………………236	

メ

メイフラワー…………135
メギ………………201
メキシカンジニア………84
メグサ………………98
メコノプシス…………68
メタセコイア…………202
メマツ………………185
メランポディウム………99

モ

モウズイカ……………92
モウソウチク…………207
モクシュンギク…………42
モクフヨウ……………170
モクレン………………147
モケ……………………145
モスフロックス…………25
モチ……………………202
モチガシワ……………188
モチノキ………………202
モッコク………………202
モナルダ………………99
モミジ…………………189
モミジアオイ…………99
モモ……………………148
モモイロタンポポ………68
モモイロテンナンショウ…222
モモバギキョウ…………68
モンキーフラワー………68
モンステラ……………126
モンツキシバ…………197
モントブレチア…………99

ヤ

ヤイトバナ……………236
ヤグルマギク…………68
ヤグルマソウ………68, 233
ヤチヨ…………………214
ヤツデ…………………202
ヤナギトウワタ…………75
ヤナギハッカ……………93
ヤハズカズラ……………32
ヤハズニシキギ…………180
ヤブカンゾウ…………233
ヤブコウジ……………183
ヤブデマリ……………132
ヤブラン………………111
ヤマアジサイ…………150
ヤマアララギ…………135
ヤマグルマ……………167
ヤマグワ………………167
ヤマシャクヤク…………219
ヤマツゲ………………187
ヤマトナデシコ…………52
ヤマニシキギ…………182
ヤマハギ………………172
ヤマハゼ………………203
ヤマブキ…………149, 229
ヤマブキソウ…………219
ヤマボウシ……………167
ヤマモ…………………203
ヤマモモ………………203
ヤリズイセン……………19
ヤンメ…………………203

ユ

ユーカリ………………203
ユーカリジュ…………203
ユウゲショウ……………78
ユーコミス………………99
ユウゼンギク……………99
ユーフォルビア・マルギナタ…117
ユーリオプスデージー…111
ユキノハナ………………30
ユキモチソウ…………219
ユキヤナギ……………149
ユキワリソウ…………215
ユキワリバナ…………216
ユズ……………………183
ユスラウメ……………165
ユズリハ………………203
ユズルハ………………203
ユノス…………………183
ユリ……………………70
ユリアザミ……………100
ユリズイセン……………48
ユリノキ………………203

ヨ

ヨウシュアズマギク……49
ヨウシュヤマゴボウ…233
洋種クモマグサ…………23
ヨウラクソウ…………108
ヨシノシズカ…………219
ヨドボケ………………145
ヨメナ…………………236
ヨメノナミダ…………199

ラ

ラークスパー……………69
ライラック……………167
ラグルス…………………69
ラケナリア………………43
ラショウモンカズラ……230
ラッセルルピナス………44
ラナンキュラス…………44
ラバテラ…………………69
ラベンダー……………100
ラミアストラム…………69
ラミウム………………117
ラムズイヤー…………117
ランタナ………………173

リ

- リアトリス……………… 100
- リーガースベゴニア……… 44
- リカステ………………… 240
- リキュウバイ…………… 149
- リコリス………………… 112
- リシアンサス…………… 90
- リシマキア……………… 100
- リシマキア・コンゲスティフロラ 69
- リシマキア・ヌンムラリア… 117
- リナム…………………… 69
- リナリア………………… 72
- リビングストンデージー… 43
- リボンガヤ……………… 117
- リボングラス…………… 117
- リムナンテス・ダグラシー… 72
- リモニウム……………… 100
- リューココリネ………… 72
- リョウブ………………… 173
- リラ……………………… 167
- リンゴ…………………… 183
- リンドウ………………… 111
- リンドウザキカンパニュラ… 53

ル

- ルコウソウ……………… 101
- ルドベキア……………… 101
- ルナリア………………… 72
- ルリカラクサ…………… 33
- ルリギク………………… 86
- ルリソウ………………… 42
- ルリタマアザミ………… 77
- ルリチシャ……………… 66
- ルリチョウチョウ……… 73
- ルリトラノオ…………… 96
- ルリハコベ……………… 47
- ルリヒナギク…………… 41
- ルリマツリ……………… 212

レ

- レウィシア……………… 101
- レースフラワー………… 72
- レーマンニア…………… 101
- レックスベゴニア……… 112
- レプトシフォン………… 72
- レンギョウ……………… 149
- レンギョウウツギ……… 149
- レンゲショウマ………… 222
- レンゲソウ……………… 230
- レンゲツツジ…………… 149

ロ

- ロイヤルアザレア……… 134
- ロウバイ………………… 183
- ローズマリー…………… 44
- ローダンセ……………… 45
- ロードヒポキシス……… 73
- ローレル………………… 192
- ローレンチア…………… 49
- ロベリア………………… 73

ワ

- ワスレナグサ…………… 45
- ワタ……………………… 112
- ワタチョロギ…………… 117
- ワックスフラワー……… 167
- ワトソニア……………… 45
- ワレモコウ……………… 236
- ワンドフラワー………… 30

阿武恒夫（あんの つねお）

園芸研究家。
1931年生まれ。千葉大学園芸学部園芸学科卒。（株）サカタのタネに30余年勤務。退社後、執筆活動に入る。
著書に『庭の樹木』（小学館）、『宿根草を楽しむ』（主婦と生活社）、監修に『早わかり花と庭木550種 園芸12か月』（主婦と生活社）、訳書に『庭づくり百科事典』（グラフィック社）などがある。

◆写真協力
　（株）アルスフォト企画
　神谷好則
　（株）サカタのタネ
　タキイ種苗（株）
　久志博信
　（株）フラワーオークションジャパン
　（有）耕作舎
　（株）主婦と生活社

◆本文デザイン
　ノナカ・デザイン・オフィス
◆装丁
　野中耕一
◆編集協力
　（有）耕作舎
◆編集担当
　横田名津子

「花と木の名前」1200がよくわかる図鑑

監修者　阿武恒夫
編集人　八木優子
発行人　倉次辰男
印刷所　大日本印刷株式会社
製本所　株式会社若林製本工場
発行所　株式会社主婦と生活社
　　　　〒104-8357 東京都中央区京橋3-5-7
　　　　編集部 Tel.03-3563-5455
　　　　販売部 Tel.03-3563-5121

Ⓡ本書を無断で複写複製（電子化を含む）することは、著作権法上の例外を除き、禁じられています。本書をコピーされる場合は、事前に日本複製権センター（JRRC）の許諾を受けてください。また、本書を代行業者等の第三者に依頼してスキャンやデジタル化をすることは、たとえ個人や家庭内の利用であっても一切認められておりません。
JRRC（https://jrrc.or.jp）Eメール:jrrc_info@jrrc.or.jp　tel:03-6809-1281）

ISBN978-4-391-13114-7
●充分に気をつけながら造本しておりますが、万一、落丁、乱丁その他不良品の場合は、お買い求めの書店か小社生産部（電話03-3563-5125）までお申し出下さい。お取り替えさせていただきます。
©SHUFU-TO-SEIKATSUSHA　2005　Printed in Japan

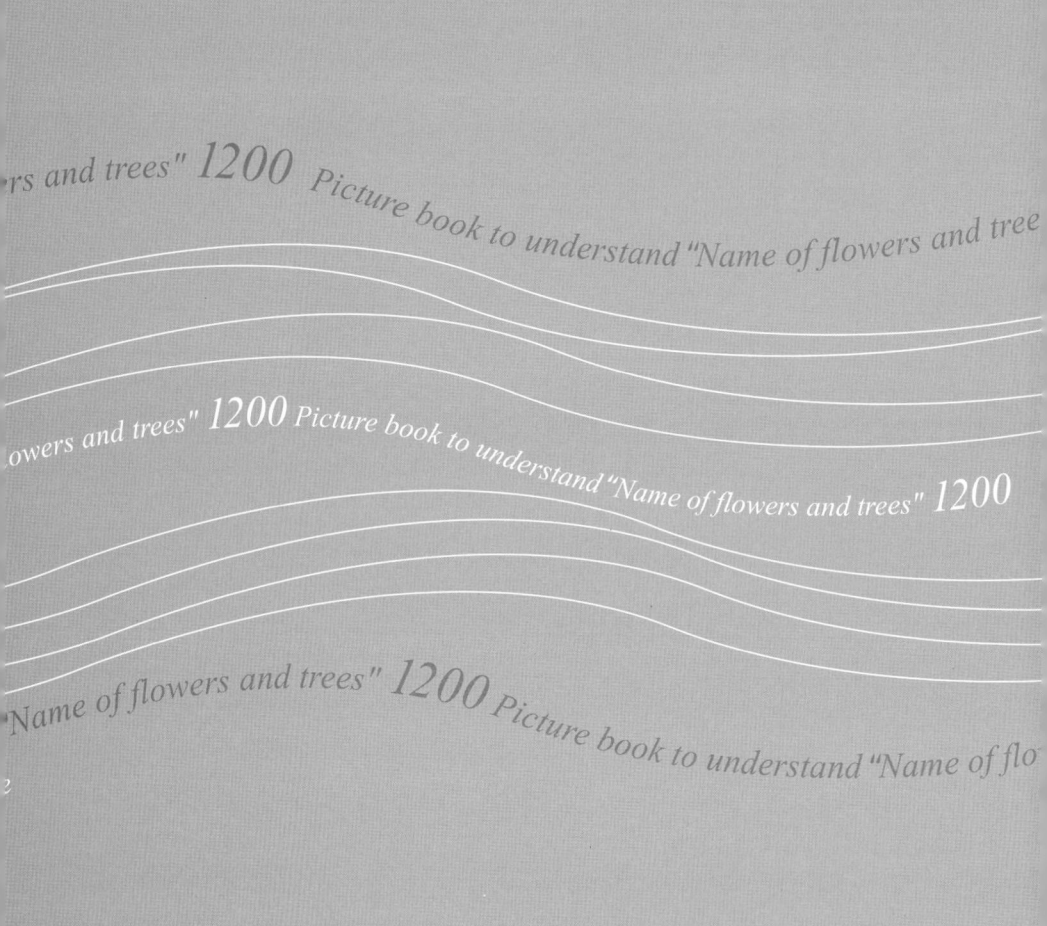

Picture book to understand "Name of flowers and trees" 1200